CW01637631

ΕΧΕΙΣ ΕΠΙΛΕΓΕΙ ΩΣ
Ο ΠΙΟ ΠΙΘΑΝΟΣ ΝΙΚΗΤΗΣ
ΣΤΗΝ ΠΙΟ ΕΠΙΚΙΝΔΥΝΗ
ΑΠΟΣΤΟΛΗ ΟΛΩΝ ΤΩΝ
ΕΠΟΧΩΝ – ΜΙΑ ΑΝΑΖΗΤΗΣΗ
ΖΩΤΙΚΗΣ ΣΗΜΑΣΙΑΣ ΓΙΑ ΤΗΝ
ΟΙΚΟΓΕΝΕΙΑ ΚΕΪΧΙΛ ΚΑΙ ΤΟΝ
ΠΛΑΝΗΤΗ ΓΕΝΙΚΟΤΕΡΑ...

Ο ΛΑΒΥΡΙΝΘΟΣ ΤΩΝ ΣΚΕΛΕΤΩΝ

THE 39 CLUES

RICK RIORDAN

Μετάφραση: Μαρία Αγγελίδου

εκδόσεις
ΑΓΚΥΡΑ

Copyright © 2008 by Scholastic Inc. All rights reserved.
Published by arrangement with Scholastic Inc.,
557 Broadway, New York, NY 10012, USA.
THE 39 CLUES and associated logos are registered trademarks
and/or trademarks of Scholastic Inc.

Book design and illustration by SJI Associates, Inc.
Back cover photos by James Levin © Scholastic Inc.

Πρώτη έκδοση: © Σεπτέμβριος 2008

www.NessieLives.com

Επιμέλεια-Διορθώσεις: Νέστορας Χούνος

© 2009 ΕΚΔΟΣΕΙΣ ΑΓΚΥΡΑ, Δ.Α. ΠΑΠΑΔΗΜΗΤΡΙΟΥ Α.Β.Ε.Ε.
για την ελληνική γλώσσα
Λ. Κατσώνη 271 & Γ. Παπανδρέου, Άγιοι Ανάργυροι, Τ.Κ. 135 62
Τηλ.: 210 2693800-4, Fax: 210 2693806
Κεντρικό κατάστημα: ΑΓΚΥΡΑ ΠΟΛΥΧΩΡΟΣ
Σόλωνος 124, Αθήνα, Τ.Κ. 106 81
Τηλ.: 210 3837667, 210 3837540, Fax: 210 3837066
e-mail agyra@agyra.gr • www.agyra. gr
Τίτλος πρωτοτύπου: *The 39 clues - Book One - The Maze of Bones*

ISBN: 978-960-422-830-0

Απαγορεύεται η αναπαραγωγή μέρους ή όλης της έκδοσης, η μεταφορά σε οποιοδήποτε ηλεκτρονικό αποθηκευτικό σύστημα ή αναμετάδοση με οιασδήποτε μορφής ηλεκτρονικά, μηχανικά, φωτοτυπικά ή άλλα μέσα, χωρίς την προηγούμενη γραπτή άδεια του εκδότη. (Ν. 2121/1993, καθώς και κανόνες του Διεθνούς Δικαίου που ισχύουν και στην Ελλάδα).

Στους Χέιλι και Πάτρικ,
που δέχτηκαν την πρόκληση

ΚΕΪΧΙΛ	**CAHILL**
ΛΟΥΣΙΑΝ	*LUCIAN*
ΤΟΜΑΣ	*TOMAS*
ΕΚΑΤΕΡΙΝΑ	*EKATERINA*
ΤΖΑΝΟΥΣ	*JANUS*
Γκρέις	Grace
Έιμι	Amy
Νταν	Dan
ΚΑΜΠΡΑ	KABRA
Ίαν	Ian
Ναταλί	Natalie
ΧΟΛΤ	HOLT
Άιζενχάουερ	Eisenhower
Μάντισον	Madison
Ρέγκαν	Reagan
ΣΤΑΡΛΙΝΓΚ	STARLING
Νεντ	Ned
Τεντ	Ted
Σινέντ	Sinead
Τζόνα Γουίζαρντ	Jonah Wizard
Άλισταιρ Ω	Alistair Oh
Ιρίνα Σπάσκι	Irina Spasky
Γουίλιαμ Μακιντάιρ	William McIntyre
Σαλαντίν	Saladin
ΜΑΝΤΡΙΓΚΑΛ	MADRIGALS

ΚΕΦΑΛΑΙΟ 1

Πέντε λεπτά πριν πεθάνει, η Γκρέις Κέιχιλ άλλαξε τη διαθήκη της.

Ο δικηγόρος της έβγαλε από τον χαρτοφύλακά του τον φάκελο, που εδώ και εφτά χρόνια ήταν το πιο καλά φυλαγμένο μυστικό της. Θα ήταν αρκετά τρελή ώστε να τον χρησιμοποιήσει; Ο Γουίλιαμ Μακιντάιρ διατηρούσε μεγάλες αμφιβολίες.

«Μαντάμ», ρώτησε. «Είστε βέβαιη;»

Η Γκρέις κοίταξε έξω από το παράθυρο, τις ηλιόλουστες πελούζες γύρω από το σπίτι της. Ο γάτος της, ο Σαλαντίν, ζάρωσε δίπλα της· στιγμή δεν είχε ξεκολλήσει από 'κεί όσο καιρό ήταν άρρωστη. Σήμερα, ωστόσο, η παρουσία του δεν μπορούσε να της δώσει ούτε ανακούφιση ούτε ηρεμία. Ήταν έτοιμη να πυροδοτήσει γεγονότα, που θα προκαλούσαν ίσως το τέλος του πολιτισμού.

«Ναι, Γουίλιαμ». Πονούσε με κάθε της ανάσα. «Είμαι βέβαιη».

Ο Γουίλιαμ έσπασε τη σφραγίδα, που κρατούσε κλειστό τον καφέ σκληρό φάκελο. Ήταν ψηλός, κοκαλιάρης άντρας. Η μύτη του, λεπτή και σουβλερή σαν ακίδα ηλιακού ρολογιού, έριχνε πάντα τη σκιά της στη μια ή στην άλλη μεριά του προσώπου του. Ήταν ο σύμβουλος της Γκρέις κι ο πιο έμπιστος φίλος της, αν όχι όλα, τουλάχιστον τα μισά χρόνια της ζωής της. Είχαν μοιραστεί πάμπολλα μυστικά οι δυο τους, αλλά κανένα τόσο επικίνδυνο όσο ετούτο.

Της έδωσε το έγγραφο να το δει. Μια κρίση βήχα την τάραξε σύγκορμη. Ο Σαλαντίν νιαούρισε ανήσυχος. Όταν ο βήχας υποχώρησε, ο Γουίλιαμ την βοήθησε να πιάσει την πένα. Με χέρι αδύναμο έβαλε την υπογραφή της στο χαρτί.

«Είναι πολύ νέοι», μουρμούρισε ο Γουίλιαμ. «Αν είχαν τουλάχιστον τους γονείς τους...»

«Δεν έχουν τους γονείς τους», είπε πικρόχολα η Γκρέις. «Και τώρα πρέπει να το κάνουν. Είναι η μοναδική μας ελπίδα».

«Αν δεν πετύχουν...»

«Τότε, πεντακόσια χρόνια δουλειάς θα πάνε χαμένα», είπε η Γκρέις. «Όλα θα καταστραφούν. Η οικογένεια, ο κόσμος... τα πάντα».

Ο Γουίλιαμ έγνεψε στενοχωρημένος. Και πήρε τον φάκελο από τα χέρια της.

Η Γκρέις έγειρε ξανά στα μαξιλάρια της, χαϊδεύοντας το ασημένιο τρίχωμα του Σαλαντίν. Αυτό που έβλεπε έξω από το παράδυρο, γέμιζε την καρδιά της λύπη. Παραήταν όμορφη τούτη η μέρα για να πεθάνει. Ήθελε να χαρεί ένα τελευταίο πικνίκ με τα παιδιά. Ήθελε να νιώσει ξανά νέα και δυνατή, να ταξιδέψει πάλι τον κόσμο.

Αλλά το φως έσβηνε σιγά σιγά από τα μάτια της. Τα πνευμόνια της αγκομαχούσαν. Έσφιξε το περιδέραιο από νεφρίτη, που κρεμόταν στο στήθος της – φυλαχτό, που είχε βρει στην Κίνα πριν από πολλά χρόνια. Την είχε συντροφέψει σε πολλές συναντήσεις με τον θάνατο, την είχε βοηθήσει πολλές φορές να του το σκάσει. Μόνο που το φυλαχτό της δεν μπορούσε πια να την σώσει.

Είχε δουλέψει σκληρά για να φτάσει έτοιμη σε τούτη τη μέρα. Κι ωστόσο, ήταν πολλά αυτά που δεν είχε προλάβει να κάνει... πολλά αυτά που δεν είχε προλάβει να πει στα παιδιά.

«Θα πρέπει να τα βγάλουν πέρα με όσα έχουν. Και με όσα ξέρουν», ψιθύρισε.

Και μ' αυτά τα λόγια η Γκρέις Κέιχιλ έκλεισε τα μάτια της για στερνή φορά.

Όταν σιγουρεύτηκε πως η Γκρέις είχε πεθάνει, ο Γουίλιαμ Μακιντάιρ πήγε στο παράθυρο κι έκλεισε τις κουρτίνες. Ο Γουίλιαμ διάλεξε το σκοτάδι. Του φάνηκε πιο ταιριαστό για τη δουλειά που έπρεπε να κάνει.

Η πόρτα άνοιξε πίσω του. Ο γάτος της Γκρέις ρουθούνισε ανήσυχος και κρύφτηκε κάτω από το κρεβάτι.

Ο Γουίλιαμ δεν γύρισε να δει. Συνέχισε να κοιτάζει την υπογραφή της Γκρέις Κέιχιλ στη νέα διαθήκη της – που ήταν πια το σημαντικότερο έγγραφο στην ιστορία της οικογένειας.

«Λοιπόν;» ρώτησε μια απότομη φωνή.

Ο Γουίλιαμ γύρισε. Ένας άντρας στεκόταν στο άνοιγμα της πόρτας· το πρόσωπό του έμενε κρυμμένο στις σκιές, το κοστούμι του ήταν κατάμαυρο σαν το λάδι τη νύχτα.

«Ήρθε η ώρα», είπε ο Γουίλιαμ. «Φρόντισε να μην υποψιαστούν τίποτα».

Ο Γουίλιαμ δεν μπορούσε να είναι σίγουρος, αλλά του φάνηκε πως ο άντρας με τα μαύρα χαμογέλασε.

«Μην ανησυχείς», ήρθε η απάντηση. «Ούτε που θα τους περάσει ποτέ από το μυαλό».

ΚΕΦΑΛΑΙΟ 2

Ο Νταν Κέιχιλ ήταν απολύτως βέβαιος πως είχε την πιο εκνευριστική μεγαλύτερη αδερφή σ' όλο τον πλανήτη. Είχε, μάλιστα, αυτή τη βεβαιότητα, *πριν* εκείνη πετάξει στα σκουπίδια δύο ολόκληρα εκατομμύρια δολάρια.

Όλα άρχισαν στην κηδεία της γιαγιάς τους. Ο Νταν ένιωθε –είναι η αλήθεια– μια ευχάριστη αναστάτωση, που φυσικά έκρυβε καλά απ' όλους. Ήλπιζε πως όταν θα 'φευγαν όλοι οι άλλοι, θα κατάφερνε να σχεδιάσει στα κλεφτά ένα αποτύπωμα της ταφόπλακας. Λογάριαζε πως η γιαγιά του δεν θα θύμωνε. Ήταν και πολύ πρώτη η γιαγιά του.

Του άρεσε του Νταν να μαζεύει διάφορα πράγματα: κάρτες με παίκτες του μπέιζμπολ, αυτόγραφα διάσημων παρανόμων, όπλα της εποχής του Εμφυλίου, σπάνια νομίσματα, κι όλους τους γυψονάρθηκες που είχε φορέσει από τότε που πήγαινε στο νηπιαγωγείο (και τους δώδεκα). Τον τελευταίο καιρό είχε αρχίσει μια καινούρια συλλογή: αποτύπωνε με κάρβουνο επιτάφιες πλάκες. Και είχε μερικές αχτύπητες στο σπίτι. Η αγαπημένη του έλεγε:

ΠΡΟΥΕΛΑ ΓΚΟΥΝΤ
1891-1929
ΠΕΘΑΝΑ. ΑΣ ΤΟ ΓΙΟΡΤΑΣΟΥΜΕ.

Νόμιζε πως αν πρόσθετε το αποτύπωμα από την ταφόπλακα της γιαγιάς του στη συλλογή του, δεν θα ένιωθε πως εκείνη είχε φύγει για πάντα.

Τέλος πάντων, σ' όλο τον δρόμο από τη Βοστόνη ως το Γουόρσεστερ, όπου θα γινόταν η κηδεία, η θεία Μπέατρις οδηγούσε σαν τρελή σε αργή κίνηση. Πήγαινε με είκοσι πέντε μίλια την ώρα στον αυτοκινητόδρομο, αλλάζοντας όποτε ήθελε από τη μια λωρίδα στην άλλη· και τ' άλλα αυτοκίνητα κορνάριζαν και φρενάριζαν απότομα κι έβγαιναν έξω από τον δρόμο και τέτοια. Η θεία Μπέατρις συνέχιζε να σφίγγει το τιμόνι με δάχτυλα γεμάτα δαχτυλίδια. Το ρυτιδιασμένο της πρόσωπο ήταν βαμμένο με κατακόκκινο κραγιόν και πούδρα – πράγμα που έκανε τα ασπρογάλανα μαλλιά της να φαντάζουν σχεδόν μπλε. Ο Νταν αναρωτήθηκε αν οι οδηγοί που διασταυρώνονταν μαζί της, έβλεπαν τη νύχτα εφιάλτες με γέρικους κλόουν.

«Έιμι!» φώναξε, καθώς ένα ακόμα μεγάλο τζιπ βρέθηκε φρενάροντας στη βοηθητική λωρίδα, επειδή η Μπέατρις είχε απλώς χωθεί μπροστά του χωρίς καμιά προειδοποίηση. «Σταμάτα να διαβάζεις μέσα στο αυτοκίνητο! Δεν κάνει!»

«Μα, θεία Μπέατρις...»

«Κλείσε το βιβλίο, δεσποινίς!»

Και η Έιμι υπάκουσε – όπως έκανε πάντα.

Η Έιμι δεν καβγάδιζε ποτέ με τους μεγάλους. Είχε μακριά κοκκινοκάστανα μαλλιά, όχι σκουρόξανθα, σαν του Νταν. Αυτό βοηθούσε τον Νταν να παριστάνει πως η αδερφή του ήταν τάχα πλάσμα εξωγήινο, που με κάποιον τρόπο είχε πάρει τη θέση της αδερφής του. Δυστυχώς είχαν ολόιδια μάτια – πράσινα σαν τον νεφρίτη, έλεγε η γιαγιά τους.

Η Έιμι ήταν τρία χρόνια μεγαλύτερη και οκτώ πόντους ψηλότερη από τον Νταν – και δεν τον άφηνε στιγμή να το ξεχάσει αυτό. Λες κι ήταν τίποτα σπουδαίο να είναι κανείς δεκατεσσάρων χρονών. Συνήθως κυκλοφορούσε με τζιν και πολυφορεμένες μακό μπλούζες, γιατί δεν της άρεσε να τραβάει την προσοχή. Σήμερα, όμως, φορούσε μαύρο φόρεμα, σαν να 'τανε νύφη σε γάμο βρικολάκων.

Ο Νταν ήλπιζε πως το ντύσιμό της ήταν το ίδιο άβολο με το κοστούμι και τη γραβάτα του. Η θεία Μπέατρις είχε πάθει κρίση, όταν τον είδε ντυμένο για την κηδεία με τη στολή νίντζα. Η Γκρέις, βέβαια, δεν θα νοιαζόταν καθόλου αν πήγαινε στην κηδεία της άνετος κι επικίνδυνος, όπως ήταν πάντα όταν φορούσε τη στολή του νίντζα. Αλλά η θεία Μπέατρις δεν καταλάβαινε από τέτοια. Ώρες ώρες, δυσκολευόταν να πιστέψει πως η θεία Μπέατρις και η Γκρέις ήταν αδερφές.

«Θυμίστε μου να απολύσω την νταντά σας μόλις επιστρέψουμε στη Βοστόνη», είπε μουτρωμένη η θεία Μπέατρις. «Πολύ σας έχει κακομάθει».

«Η Νέλι είναι πολύ καλή!» διαμαρτυρήθηκε ο Νταν.

«Χμμμφ! Αυτή η *Νέλι* παραλίγο να σ' αφήσει να κάψεις τη διπλανή πολυκατοικία!»

«Ακριβώς!»

Κάθε δυο, τρεις βδομάδες, η θεία Μπέατρις απέλυε την κοπέλα που τους πρόσεχε και προσλάμβανε καινούρια. Το μόνο καλό στην υπόθεση ήταν πως δεν έμενε μαζί τους η ίδια η θεία Μπέατρις. Ζούσε σ' ένα συγκρότημα στην άλλη άκρη της πόλης, όπου τα παιδιά δεν επιτρέπονταν. Κι έτσι μάθαινε τα κατορθώματα του Νταν πάντα με λίγες μέρες καθυστέρηση.

Η Νέλι είχε κρατήσει περισσότερο απ' όλες τις προηγούμενες. Ο Νταν την συμπαθούσε: έφτιαχνε τρομερές βάφλες και το κόλλημα που είχε με το iPod της άγγιζε το επίπεδο εγκεφαλικής βλάβης. Δεν άκουσε καν την έκρηξη, όταν οι αυτοσχέδιες ρουκέτες του Νταν τινάχτηκαν στον αέρα, βάζοντας στο σημάδι την απέναντι πολυκατοικία. Ο Νταν θα νοσταλγούσε τη Νέλι.

Η θεία τους συνέχισε να οδηγεί μουρμουρίζοντας μέσα από τα δόντια της για τα κακομαθημένα παιδιά. Η Έιμι ξαναγύρισε νοερά στο τεράστιο βιβλίο της. Τις τελευταίες δυο μέρες, αφότου πληροφορήθηκαν τον θάνατο της Γκρέις, η Έιμι βάλθηκε να διαβάζει ακόμα περισσότερο απ' όσο συνήθιζε. Ο Νταν ήξερε πως το διάβασμα ήταν η κρυψώνα της αδερφής του – εκεί κρυβόταν, εκεί έβρισκε καταφύγιο η Έιμι. Αλλά του Νταν δεν του άρεσε· ένιωθε πως τον άφηνε κι αυτόν απέξω.

«Τι διαβάζεις τώρα;» την ρώτησε. «Καμιά μελέτη για τα μεσαιωνικά πόμολα της Ευρώπης; Ή την ιστορία της πετσέτας, από την αρχαιότητα μέχρι σήμερα;»

Η Έιμι γύρισε και τον κοίταξε θυμωμένη – ή πιο θυμωμένη απ' ό,τι συνήθως. «Να κοιτάς τη δουλειά σου, βλαμμένο!»

«Δεν μπορείς να λες βλαμμένο έναν άρχοντα νίντζα. Ατίμασες την οικογένεια. Πρέπει να κάνεις *σεπούκου*, ν' αυτοκτονήσεις τρυπώντας την κοιλιά σου, όπως οι σαμουράι».

Η Έιμι του γύρισε την πλάτη επιδεικτικά.

Λίγα μίλια πιο πέρα, τα σπίτια της πόλης αραίωσαν και τα διαδέχτηκε η εξοχή. Το τοπίο άρχισε να θυμίζει τα Σαββατοκύριακα που περνούσαν στη γιαγιά τους. Και παρόλο που ο Νταν είχε ορκιστεί πως δεν θα 'βαζε τα κλάματα, άθελά του ένιωσε τη λύπη σαν κόμπο στον λαιμό του. Η Γκρέις ήταν και πολύ πρώτη! Η καλύτερη γιαγιά του κόσμου. Φερόταν στον ίδιον και στην Έιμι σαν να 'ταν αληθινοί άνθρωποι – όχι παιδιά. Γι' αυτό κι επέμενε να την φωνάζουν Γκρέις· ούτε γιαγιά, ούτε γιαγιάκα, ούτε γιαγιούλα, ούτε άλλες τέτοιες χαζομάρες. Κι ήταν από τους ελάχιστους ανθρώπους που νοιάζονταν στ' αλήθεια για την Έιμι και τον ίδιον. Τώρα είχε πεθάνει, και έπρεπε να πάνε στην κηδεία της και να συναντήσουν ένα σωρό συγγενείς που *ποτέ* δεν είχαν σταθεί καλοί κι ευγενικοί μαζί τους...

Το οικογενειακό νεκροταφείο βρισκόταν στους πρόποδες του λόφου, όπου ήταν χτισμένο το σπίτι. Ο Νταν το είχε βρει ανόητο, που είχαν παραγγείλει νεκροφόρα για να μεταφέρουν την Γκρέις λίγες εκατοντάδες μέτρα όλα κι όλα. Θα μπορούσαν να βάλουν ροδάκια στο φέρετρο, όπως έβαζαν στις βαλίτσες. Και θα γινόταν μια χαρά η δουλειά τους.

Σύννεφα καλοκαιρινής μπόρας είχαν αρχίσει να μαζεύονται πάνω από τα κεφάλια τους. Το αρχοντικό των Κέιχιλ φάνταζε σκοτεινό και αυστηρό στην κορυφή του λόφου, σαν πύργος.

Ο Νταν αγαπούσε το σπίτι της Γκρέις, με τα αμέτρητα δωμάτιά του και τις καμινάδες του και τα παράθυρα με τα βιτρό του.

Ακόμα περισσότερο αγαπούσε το νεκροταφείο των Κέιχιλ. Μια ντουζίνα ραγισμένες ταφόπλακες σκόρπιες σ' ένα πράσινο λιβάδι μέσα στα δέντρα, δίπλα σε μια μικρή ρεματιά. Κάποιες ήταν τόσο παλιές, που οι επιγραφές τους είχαν ξεθωριάσει. Τα Σαββατοκύριακα που περνούσαν κοντά της, η Γκρέις τούς πήγαινε συχνά περίπατο ως εκεί. Η Γκρέις και η Έιμι άπλωναν μια κουβέρτα στο γρασίδι και κάθονταν εκεί όλο το απόγευμα, διαβάζοντας και κουβεντιάζοντας, ενώ ο Νταν εξερευνούσε τους τάφους και το δάσος τριγύρω και τη ρεματιά.

Σταμάτα, πρόσταξε τον εαυτό του ο Νταν. *Μην αρχίζεις τους συναισθηματισμούς*.

«Τι πολύς κόσμος», μουρμούρισε η Έιμι, όταν το αυτοκίνητο σταμάτησε μπροστά στην είσοδο.

«Δεν φαντάζομαι να φρικάρεις...»

Η Έιμι έπαιξε με τον γιακά της. «Δεν... δεν θα φρικάρω. Αλλά...»

«Το ξέρω ότι δεν σ' αρέσει η πολυκοσμία», την έκοψε ο αδερφός της. «Αλλά *το ήξερες* ότι θα μαζεύονταν πολλοί για την κηδεία. Κάθε χρόνο τόσοι μαζεύονται στην οικογενειακή συγκέντρωση».

Τους χειμώνες, όσο μπορούσε να θυμηθεί ο Νταν, η Γκρέις προσκαλούσε συγγενείς απ' όλα τα μέρη του κόσμου και τους φιλοξενούσε στο σπίτι της για μια βδομάδα. Το αρχοντικό γέμιζε Κινέζους Κέιχιλ και Εγγλέζους Κέιχιλ και και Νοτιοαφρικανούς Κέιχιλ και Κέιχιλ από τη Βενεζουέλα. Οι περισσότεροι δεν λέγονταν καν Κέιχιλ· η Γκρέις, όμως, τον διαβεβαίωνε πως ήταν όλοι συγγενείς τους. Τους έλεγε για πρώτα και δεύτερα και τρίτα ξαδέρφια, ώσπου το μυαλό του Νταν άρχιζε να θολώνει και να πονάει. Η Έιμι κρυβόταν τις περισσότερες φορές στη βιβλιοθήκη, μαζί με τον γάτο.

«Ναι, ναι, εντάξει», είπε τώρα η αδερφή του. «Αλλά... θέλω να πω... *κοίτα* τους!»

Δεν είχε άδικο. Ήταν κάπου τετρακόσιοι άνθρωποι μαζεμένοι δίπλα στο μνήμα.

«Μόνο για την περιουσία της νοιάζονται», δήλωσε ο Νταν.

«Νταν!»

«Τι; Την αλήθεια λέω!»

Είχαν μόλις ανακατευτεί με το πλήθος, όταν ξαφνικά ο Νταν βρέθηκε αναποδογυρισμένος, με τα πόδια πάνω και το κεφάλι κάτω.

«Έεεε!» ούρλιαξε.

«Κοιτάξτε, παιδιά», είπε ένα κορίτσι. «Πιάσαμε έναν ποντικό!»

Ο Νταν δεν μπορούσε να δει, έτσι όπως είχε βρεθεί τα πάνω κάτω. Αλλά γυρίζοντας τα μάτια του όσο άντεχαν κατάφερε να δει τις δυο μικρές Χολτ, τη Μάντισον και τη Ρέγκαν, δεξιά κι αριστερά του, να τον κρατούν από τους αστραγάλους. Οι δίδυμες είχαν ίδιες –κόκκινες– αθλητικές στολές, ίδιες ξανθιές αλογοουρές και το ίδιο κακό χαμόγελο. Ήταν έντεκα χρονών, συνομήλικες με τον Νταν· αλλά δεν δυσκολεύονταν να τον κρατήσουν στον αέρα. Ο Νταν είδε πίσω τους κι άλλες κόκκινες αθλητικές στολές – τα υπόλοιπα μέλη της οικογένειας Χολτ. Το σκυλί τους, ο Άρνολντ, ένα μονίμως αγριεμένο πιτμπούλ, έτρεχε σαν φρενιασμένο ανάμεσα στα πόδια τους γαβγίζοντας.

«Να τον πετάξουμε στη ρεματιά», πρότεινε η Μάντισον.

«Εγώ λέω να τον πετάξουμε στους θάμνους!» είπε η Ρέγκαν. «Ποτέ δεν κάνουμε αυτό που λέω *εγώ!*»

Ο μεγαλύτερος αδερφός τους, ο Χάμιλτον, χαζογέλασε. Δίπλα του ο μπαμπάς τους, ο Άιζενχάουερ Χολτ, κι η μαμά τους, η Μαίρη-Τοντ, χαμογελούσαν ενθουσιασμένοι – λες κι όλα αυτά δεν ήταν παρά ένα θαυμάσιο αστείο.

«Κορίτσια!» είπε ο Άιζενχάουερ. «Σταματήστε! Σε κηδεία είμαστε! Δεν επιτρέπεται ν' αρπάζουμε όποιον βρίσκουμε και να τον γυρίζουμε ανάποδα στις κηδείες! Μια κηδεία είναι σαν... γιορτή».

«Έιμι!» τσίριξε ο Νταν. «Έλα να βοηθήσεις!»

Το πρόσωπο της αδερφής του είχε ασπρίσει. «Α-α-αφήστε τ-τ-τ...», τραύλισε.

Ο Νταν βόγκηξε απελπισμένος. «ΝΑ ΜΕ ΑΦΗΣΕΤΕ! προσπαθεί να σας πει!»

Η Μάντισον και η Ρέγκαν τον άφησαν – να πέσει με το κεφάλι.

«Ώωωωχ!» είπε ο Νταν.

«Μ-μ-μάντισον!» διαμαρτυρήθηκε η Έιμι.

«Ν-ν-ναι;» κορόιδεψε η Μάντισον. «Μου φαίνεται πως από το πολύ διάβασμα το μυαλό σου έχει γίνει πουρές, κακομοίρα μου!»

Όποιος άλλος κι αν του το 'χε κάνει αυτό, ο Νταν θα ανταπέδιδε το χτύπημα. Αλλά με τους Χολτ δεν τα 'βαζε. Ακόμα κι η Μάντισον με τη Ρέγκαν, οι μικρότερες της οικογένειας, μπορούσαν να τον κάνουν αλοιφή. Όλη η οικογένεια Χολτ ήταν σωστά παιδοβούβαλα. Είχαν χέρια πελώρια, σβέρκους χοντρούς και τα πρόσωπά τους θύμιζαν Actionman ή G.I. Joe. Ακόμα κι η μαμά τους έμοιαζε σαν να κάπνιζε πούρα και να ξυριζόταν τουλάχιστον μια φορά την ημέρα.

«Κοιτάχτε τα όλα εδώ, όσο ακόμα προλαβαίνετε, χαμένα!» είπε η Μάντισον. «Γιατί σήμερα είναι η τελευταία σας μέρα εδώ πέρα. Δεν πρόκειται να ξαναπατήσετε το πόδι σας στο αρχοντικό των Κέιχιλ, τώρα που η γριά στρίγκλα πέθανε».

«*Γάουφ!*» έκανε ο Άρνολντ, το πιτμπούλ.

Ο Νταν έψαξε τριγύρω να βρει τη θεία Μπέατρις, αλλά η θεία τους δεν ήταν κοντά τους. Όπως πάντα, είχε ήδη ξεμακρύνει κι είχε πιάσει κουβέντα με τους άλλους γέρους.

«Η Γκρέις δεν ήταν στρίγκλα», είπε ο Νταν. «Κι *εμείς* θα κληρονομήσουμε το σπίτι της!»

Ο μεγάλος αδερφός, ο Χάμιλτον, έβαλε τα γέλια.

«Ναι, καλά». Τα μαλλιά του, χτενισμένα προς τη χωρίστρα στη μέση του κεφαλιού του, ανασηκώνονταν σαν πτερύγιο καρχαρία. «Περίμενε ν' ανοίξουν τη διαθήκη, κοντοστούπη! Και θα σας πετάξω έξω εγώ ο ίδιος! Με τις κλοτσιές!»

«Φτάνει!» είπε ο μπαμπάς Χολτ. «Αρκετά ως εδώ. Παράταξη εφ' ενός ζυγού τώρα!... Τρία, μαρς!»

Η οικογένεια στοιχήθηκε κι άρχισε να κατευθύνεται με τροχαδάκι προς το μνήμα, παραμερίζοντας και σπρώχνοντας όσους συγγενείς έβρισκε στον δρόμο της – ενώ ο Άρνολντ ριχνόταν με δαγκωνιές στους αστραγάλους όσων τον εμπόδιζαν να περάσει.

«Εντάξει το κεφάλι σου;» ρώτησε όλο τύψεις η Έιμι.

Ο Νταν έγνεψε καταφατικά. Τον είχε πειράξει λιγάκι, που η Έιμι δεν τον βοήθησε. Αλλά δεν είχε νόημα ν' αρχίσει τώρα τα παράπονα. Η γλώσσα της αδερφής του πάντα δενόταν κόμπος μπροστά στους ξένους. «Θεέ μου, πόσο τους μισώ τους Χολτ».

«Υπάρχουν και χειρότεροι». Η Έιμι έδειξε προς τη μεριά του τάφου και ο Νταν, γυρίζοντας, ένιωσε την καρδιά του να βουλιάζει.

«Εμ, βέβαια! Οι Κόμπρες», μουρμούρισε.

Ο Ίαν και η Ναταλί Κάμπρα στέκονταν δίπλα στο φέρετρο της Γκρέις, σαν αγγελούδια. Και μιλούσαν με τον εφημέριο. Φορούσαν πανάκριβα πένθιμα ρούχα, ραμμένα από διάσημους σχεδιαστές μόδας, που τόνιζαν τα μεταξένια μαύρα μαλλιά και το δέρμα τους, στο χρώμα της κανέλας. Θα μπορούσαν και οι δυο να είναι ανήλικα τοπ μόντελ.

«Δεν θα κάνουν τίποτα την ώρα της κηδείας», είπε ο Νταν – παρακαλώντας από μέσα του να βγει αληθινός. «Ήρθαν για τα λεφτά της Γκρέις, όπως κι όλοι οι άλλοι. Αλλά δεν θα τα πάρουν».

Η Έιμι έσμιξε τα φρύδια της. «Νταν... πιστεύεις στ' αλήθεια αυτό που είπες; Ότι δηλαδή εμείς θα κληρονομήσουμε το σπίτι;»

«Φυσικά! Αφού η Γκρέις εμάς αγαπούσε πιο πολύ. Εμείς ερχόμασταν εδώ πιο συχνά απ' όλους!»

Η Έιμι αναστέναξε – με τον αναστεναγμό των μεγάλων, που θέλουν να πουν ότι τα παιδιά είναι πολύ μικρά και δεν καταλαβαίνουν. Ο Νταν σιχαινόταν αυτόν τον αναστεναγμό.

«Έλα», είπε τέλος η αδερφή του. «Ας τελειώνουμε μ' αυτή την ιστορία». Και μαζί οι δυο τους ανακατεύτηκαν με το πλήθος.

Ο Νταν παρακολούθησε την κηδεία σαν μέσα από ομίχλη, σαν να μην έβλεπε καλά, σαν να μην μπορούσε να καταλάβει τι ακριβώς έβλεπε. Ο εφημέριος είπε κάτι για στάχτες. Χαμήλωσαν το φέρετρο μέσα στο μνήμα. Όλοι έριξαν μέσα από μια χούφτα χώμα. Ο Νταν είχε την εντύπωση πως σ' όλους άρεσε πολύ αυτό το κομμάτι της τελετής· ιδίως στον Ίαν και στη Ναταλί.

Αναγνώρισε κάποιους ακόμα συγγενείς: τον Άλιστερ Ω, τον Κορεάτη γέρο, που είχε στο μπαστουνάκι του διαμαντένια μύτη και επέμενε να τον φωνάζουν

Θείο· τη Ρωσίδα κυρία Ιρίνα Σπάσκι, που ανοιγόκλεινε ασταμάτητα το ένα της μάτι κι όλοι την έλεγαν Σπάστι πίσω από την πλάτη της· τα τρίδυμα Στάρλινγκ – που άκουγαν στα ονόματα Νεντ, Τεντ και Σινέντ κι έμοιαζαν με παίκτες λακρός της ομάδας κάποιου πρωτοκλασάτου κολεγίου. Ήταν εκεί ακόμα κι εκείνο το παιδί από την τηλεόραση, ο Τζόνα Γουίζαρντ: στεκόταν και τον φωτογράφιζαν με ένα τσούρμο κορίτσια γύρω του και διάφοροι έκαναν ουρά για να του μιλήσουν. Ήταν ντυμένος όπως ακριβώς έβγαινε και στην τηλεόραση, με αρμαθιές ολόκληρες από ασημένιες αλυσίδες και βραχιόλια, σκισμένο τζιν και μαύρο στενό φανελάκι, απ' αυτά που φοράνε οι νεαροί για να δείχνουν τα μπράτσα τους – πράγμα που ήταν βλακεία του, μια και δεν είχε μπράτσα να δείξει. Ένας μεσόκοπος κοστουμαρισμένος Αφροαμερικανός στεκόταν πίσω του, γράφοντας κάτι στο Μπλάκμπερι, που κρατούσε στη χούφτα του. Μάλλον ο μπαμπάς του Τζόνα. Ο Νταν είχε ακούσει πως ο Τζόνα Γουίζαρντ ήταν συγγενής των Κέιχιλ, αλλά δεν τον είχε ξανασυναντήσει ποτέ του. Αναρωτήθηκε αν έπρεπε να του ζητήσει αυτόγραφο.

Μετά τη νεκρώσιμη ακολουθία, ένας τύπος με σκούρο γκρίζο κοστούμι ανέβηκε στο βήμα. Ο Νταν βρήκε αόριστα γνωστό το πρόσωπό του. Ο άντρας είχε μακριά σουβλερή μύτη και φαλάκρα. Του Νταν τού θύμισε όρνεο.

«Σας ευχαριστώ όλους που ήρθατε», είπε με ύφος σοβαρό. «Είμαι ο Γουίλιαμ Μακιντάιρ, δικηγόρος της κυρίας Κέιχιλ κι εκτελεστής της διαθήκης της».

«Εκτελεστής της;» ψιθύρισε ο Νταν στην Έιμι. «Τι είναι αυτά που λέει; Την σκότωσε;»

«Όχι, ηλίθιε», του απάντησε ψιθυριστά η Έιμι. «Εκτελεστής της διαθήκης της, θα πει ότι είναι υπεύθυνος για να εκτελεστεί σωστά η διαθήκη της».

«Αν κοιτάξετε μέσα στο πρόγραμμα που σας μοιράσαμε», συνέχισε ο Γουίλιαμ Μακιντάιρ, «ορισμένοι από σας θα βρείτε ένα προσκλητήριο με χρυσό περιθώριο».

Αναστατωμένα μουρμουρητά ακούστηκαν, καθώς τετρακόσια άτομα άρχισαν να φυλλομετρούν τα προγράμματα που κρατούσαν στα χέρια τους. Τέλος, τα περισσότερα ξέσπασαν σε βλαστήμιες και διαμαρτυρίες, επειδή δεν είχαν βρει τίποτα. Ο Νταν έψαξε το πρόγραμμά του. Μέσα βρήκε ένα προσκλητήριο με χρυσό περιθώριο, ένα προσκλητήριο, που έγραφε:

«Το ήξερα!» είπε ο Νταν.

«Σας διαβεβαιώ», είπε ο κύριος Μακιντάιρ υψώνοντας τη φωνή του για να τον ακούσουν όλοι, «ότι τα προσκλητήρια δεν μοιράστηκαν τυχαία. Ζητώ συγγνώμη απ' όσους αποκλείστηκαν. Η Γκρέις Κέιχιλ δεν είχε κακή πρόθεση. Απ' όλα τα μέλη της οικογένειας Κέιχιλ, λίγα μόνο θεωρήθηκαν κατάλληλα και προσκλήθηκαν στην ανάγνωση της διαθήκης της».

Το πλήθος έβαλε τις φωνές. Στο τέλος, ο Νταν δεν άντεξε και ρώτησε με δυνατή φωνή: «Κατάλληλα για ποιο πράγμα;»

«Εσύ ειδικά, Νταν», μουρμούρισε ο Ίαν Κάμπρα πίσω του, «κρίθηκες κατάλληλος για τον τίτλο του μεγαλύτερου αμερικανικού βλήματος».

Η αδερφή του, η Ναταλί, γέλασε. Στεκόταν κρατώντας το προσκλητήριό της και το ύφος της έδειχνε μεγάλη ικανοποίηση.

Πριν προλάβει ο Νταν να χώσει μια γερή κλοτσιά στον Ίαν, ο άντρας με το γκρίζο κοστούμι απάντησε: «Κατάλληλοι για να κληρονομήσουν μέρος της περιουσίας της Γκρέις Κέιχιλ. Και τώρα θα παρακαλέσω όσους από σας έχουν πάρει πρόσκληση, να περάσουν στο Μεγάλο Σαλόνι».

Όσοι κρατούσαν προσκλητήρια προχώρησαν βιαστικά προς το σπίτι, σαν να 'χε φωνάξει κάποιος, «Τρέξτε! Μοιράζουν τζάμπα φαγητό!»

Η Ναταλί Κάμπρα έκλεισε το μάτι στον Νταν. «Ciao, ξάδερφε! Πρέπει να βιαστούμε να παραλάβουμε την κληρονομιά μας!» Και μαζί με τον αδερφό της ανηφόρισαν το δρομάκι προς την είσοδο του αρχοντικού.

«Μην τους δίνεις σημασία», είπε η Έιμι. «Ξέρεις, Νταν, μπορεί και να 'χεις δίκιο. Μπορεί και να κληρονομήσουμε κάτι».

Μα ο Νταν σούφρωσε τα φρύδια του. Αν αυτή η πρόσκληση ήταν κάτι τόσο σπουδαίο, γιατί ο δικηγόρος ήταν τόσο κατσούφης κι αγέλαστος; Και γιατί η Γκρέις είχε καλέσει και τους Κάμπρα;

Μπαίνοντας από τη μεγάλη πόρτα της εισόδου, ο Νταν έριξε μια ματιά στο πέτρινο υπέρθυρο – ένα μεγάλο Κ τριγυρισμένο από τέσσερα μικρότερα σχέδια: έναν δράκο, μια αρκούδα, έναν λύκο και δυο φίδια αγκαλιασμένα γύρω από ένα σπαθί. Το οικόσημο της οικογένειας εντυπωσίαζε πάντα τον Νταν, κι ας μην ήξερε τη σημασία του. Όλα τα ζώα έμοιαζαν να τον κοιτάζουν, σαν να 'ταν έτοιμα να ορμήσουν. Ακολούθησε το ρεύμα του κόσμου που πήγαινε προς το σαλόνι, ενώ από μέσα του αναρωτιόταν γιατί αυτά τα ζώα έδειχναν τόσο αγριεμένα.

Το Μεγάλο Σαλόνι ήταν πραγματικά μεγάλο –σαν γήπεδο μπάσκετ– κι είχε στους τοίχους του τόνους αραδιασμένες πανοπλίες και στοιβαγμένα σπαθιά· και τα παράθυρά του ήταν τεράστια, λες και θα χιμούσε μέσα από στιγμή σε στιγμή πετώντας ο ίδιος ο Μπάτμαν.

Ο Γουίλιαμ Μακιντάιρ περίμενε όρθιος μπροστά σ' ένα τραπέζι στο βάθος, με μια οθόνη πίσω του. Οι καλεσμένοι έπαιρναν σιγά σιγά τις θέσεις τους στις καρέκλες, που ήταν τοποθετημένες σε σειρές απέναντί του. Θα 'ταν περίπου σαράντα, μαζί με τους Χολτ και τους Κάμπρα και τη θεία Μπέατρις (η οποία έδειχνε τρομερά ενοχλημένη, που ήταν εκεί – εκτός κι αν ήταν ενοχλημένη επειδή *όλοι οι άλλοι* ήταν εκεί, προσκαλεσμένοι στο άνοιγμα της διαθήκης της αδερφής της).

Ο κύριος Μακιντάιρ σήκωσε το χέρι του ζητώντας ησυχία. Έβγαλε ένα χαρτί από έναν σκούρο δερμάτινο χαρτοφύλακα, στερέωσε τα γυαλιά του στη μύτη του κι άρχισε να διαβάζει: «Εγώ, η Γκρέις Κέιχιλ, έχουσα σώας τας φρένας, αποφασίζω και διαθέτω όλη μου την περιουσία μοιράζοντάς την ανάμεσα σ' αυτούς που θα δεχτούν την πρόκληση και σ' αυτούς που δεν θα την δεχτούν».

«Ουάου», διέκοψε ο Άιζενχάουερ Χολτ. «Ποια πρόκληση; Τι εννοεί;»

«Θα έρθω και σ' αυτό, κύριε». Ο κύριος Μακιντάιρ ξερόβηξε να καθαρίσει τον λαιμό του και συνέχισε: «Σας διάλεξα, γιατί πιστεύω πως είστε ικανοί να τα βγάλετε πέρα στη μεγαλύτερη, στην πιο επικίνδυνη περιπέτεια όλων των εποχών – σ' ένα κυνήγι ζωτικής σπουδαιότητας για την οικογένεια Κέιχιλ και για την ανθρωπότητα γενικά».

Σαράντα άνθρωποι βάλθηκαν να μιλούν ταυτοχρόνως, ρωτώντας, απαιτώντας απαντήσεις.

«Επικίνδυνη περιπέτεια;» τσίριξε η εξαδέρφη Ίνγκριντ. «Τι είναι αυτά που λέει;»

«Εγώ νόμιζα ότι θα μιλούσαμε για χρήματα!» έμπηξε τις φωνές ο θείος Χοσέ. «Τι κυνήγια είναι αυτά;

Για ποιους μας πέρασε; Είμαστε Κέιχιλ! Όχι τυχοδιώκτες!»

Ο Νταν είδε τον Ίαν και τη Ναταλί Κάμπρα ν' αλλάζουν ένα βλέμμα με νόημα. Η Ιρίνα Σπάσκι ψιθύρισε κάτι στο αυτί του Άλιστερ Ω. Οι περισσότεροι, όμως, από τους παρευρισκόμενους φαίνονταν το ίδιο σαστισμένοι με τον Νταν.

«Κυρίες! Κύριοι! Σας παρακαλώ!» είπε ο κύριος Μακιντάιρ. «Αν στρέψετε το βλέμμα σας στην οθόνη, ίσως μπορέσει η κυρία Κέιχιλ να σας εξηγήσει την κατάσταση καλύτερα από μένα».

Η καρδιά του Νταν τινάχτηκε. Τι στην ευχή εννοούσε ο κύριος Μακιντάιρ; Ξαφνικά, ένας προβολέας κρεμασμένος από το ταβάνι γουργούρισε παίρνοντας μπροστά. Ο σαματάς μέσα στο σαλόνι έσβησε, καθώς στην οθόνη τρεμόπαιξε η εικόνα της Γκρέις.

Ήταν καθισμένη στο κρεβάτι της, με τον Σαλαντίν στην αγκαλιά της. Φορούσε μαύρη ρόμπα, σαν να 'ταν κι η ίδια ένας από τους μαυροντυμένους συγγενείς που είχαν μαζευτεί για την κηδεία της· αλλά έμοιαζε πολύ πιο υγιής από την τελευταία φορά που την είχε δει ο Νταν. Τα μάγουλά της φαίνονταν ρόδινα, το πρόσωπο και τα χέρια της δεν ήταν πετσί και κόκαλο. Το βίντεο πρέπει να 'χε γυριστεί πριν από μήνες, πριν ο καρκίνος της χειροτερέψει. Ο Νταν ένιωσε έναν κόμπο να του σφίγγει τον λαιμό. Με δυσκολία κρατήθηκε να μην της φωνάξει: *Γκρέις, εγώ είμαι! Ο Νταν!* Αλλά δεν ήταν η Γκρέις, ήταν η εικόνα της. Κοίταξε την Έιμι και είδε ένα δάκρυ να κυλάει στη ρίζα της μύτης της.

«Αγαπητοί μου συγγενείς», είπε η Γκρέις. «Αν βλέπετε αυτό το βίντεο, σημαίνει πως έχω πεθάνει· και πως έχω αποφασίσει να ενεργοποιήσω τη δεύτερη, την εφεδρική διαθήκη μου. Δίχως άλλο, έχετε αρχίσει κιόλας να φωνάζετε και να δημιουργείτε προβλήματα στον καημένο τον κύριο Μακιντάιρ για τον αγώνα που αποφάσισα να θεσπίσω». Η Γκρέις χάρισε στον φακό ένα στεγνό χαμόγελο. «Πάντα ήσασταν ξεροκέφαλοι και φωνακλάδες. Αλλά για μια φορά, σωπάστε κι ακούστε».

«Ε! Για μισό λεπτό!» έκανε να διαμαρτυρηθεί ο Άιζενχάουερ Χολτ· μα η γυναίκα του τον τράβηξε από το μανίκι να σωπάσει.

«Έχετε τον λόγο μου», συνέχισε η Γκρέις, «πως ο αγώνας αυτός δεν είναι ούτε παιχνίδι ούτε απάτη. Είναι, αντιθέτως, μια πολύ σοβαρή υπόθεση. Οι περισσότεροι ξέρετε πως είστε μέλη της οικογένειας των Κέιχιλ. Φοβάμαι, ωστόσο, ότι αγνοείτε πόσο σπουδαία είναι η οικογένειά μας. Ένα μόνο θα σας πω: οι Κέιχιλ έχουν επηρεάσει τον ανθρώπινο πολιτισμό περισσότερο από κάθε άλλη οικογένεια στην ιστορία».

Ακούστηκαν κι άλλες σαστισμένες φωνές. Η Ιρίνα Σπάσκι σηκώθηκε όρθια και φώναξε: «Σιωπή! Θέλω ν' ακούσω!»

«Συγγενείς μου», είπε η εικόνα της Γκρέις στην οθόνη. «Βρίσκεστε αυτή τη στιγμή αντιμέτωποι με τη μεγαλύτερη πρόκληση της ζωής σας. Ο καθένας από σας έχει τη δυνατότητα να επιτύχει. Κάποιοι ανάμεσά σας ίσως προτιμήσουν να ενώσουν τις δυνάμεις τους με άλλους, παρόντες επίσης μέσα σ' αυτό το δωμάτιο – με την ελπίδα ότι έτσι θα τα καταφέρουν πιο εύκολα. Άλλοι, πάλι, θα επιλέξουν να αγωνιστούν μόνοι τους. Φοβάμαι, όμως, ότι οι περισσότεροι δεν θα τολμήσουν να δεχτούν· και θα το βάλουν στα πόδια με την ουρά μέσα στα σκέλια. *Μία* ομάδα μόνο θ' αναδειχτεί νικήτρια. Κι όλοι σας θα πρέπει να θυσιάσετε το μερίδιό σας από την κληρονομιά, για να πάρετε μέρος στον αγώνα».

Σήκωσε έναν σκληρό χαρτονένιο φάκελο σφραγισμένο με κόκκινο βουλοκέρι. Τα μάτια της έλαμπαν, σκληρά σαν ατσάλι. «Όσοι δεχτούν, θα παραλάβουν το πρώτο από τριάντα εννέα στοιχεία. Τα στοιχεία αυτά θα σας οδηγήσουν σ' ένα μυστικό. Ένα μυστικό, που θα σας κάνει πανίσχυρους. Όποιος το 'χει στην κατοχή του, θα κρατήσει στα χέρια του την τύχη αυτού του πλανήτη. Και θα σφραγίσει τη μοίρα της οικογένειας Κέιχιλ. Σας παρακαλώ ν' ακούσετε τώρα όσα θα σας πει ο κύριος Μακιντάιρ. Αφήστε τον να σας εξηγήσει τους κανόνες. Σκεφτείτε καλά, πριν πάρετε την απόφασή σας».

Η Γκρέις κάρφωσε το βλέμμα της στον φακό. Κι ο Νταν θα 'θελε πολύ να την ακούσει να λέει κάτι ειδικά γι' αυτούς: *Νταν και Έιμι, θα μου λείψετε περισσότερο απ' όλους. Για κανέναν άλλον εδώ μέσα δεν νοιάζομαι στ' αλήθεια.* Κάτι τέτοιο.

Αντί γι' αυτό, η Γκρέις είπε: «Βασίζομαι σε όλους σας. Καλή τύχη και αντίο».

Η οθόνη άδειασε. Η Έιμι έσφιξε το χέρι του Νταν. Τα δάχτυλά της έτρεμαν. Ο Νταν ένιωσε σαν να είχαν χάσει την Γκρέις, για δεύτερη φορά. Ύστερα, όλοι γύρω τους βάλθηκαν να μιλούν συγχρόνως.

«Η σπουδαιότερη οικογένεια στην ιστορία της ανθρωπότητας;» τσίριξε η εξαδέρφη Ίνγκριντ. «Είναι τρελή;»

«Ξεροκέφαλοι;» μούγκρισε ο Άιζενχάουερ Χολτ. *«Ποιους* είπε ξεροκέφαλους; *Εμάς;»*

«Γουίλιαμ!» Η φωνή του Άλιστερ Ω σκέπασε τις υπόλοιπες. «Μια στιγμή! Υπάρχουν κάποιοι εδώ, που δεν τους έχω ξαναδεί· άνθρωποι που ίσως δεν ανήκουν στην οικογένεια. Πώς μπορούμε να είμαστε σίγουροι...;»

«Όποιος βρίσκεται εδώ μέσα, κύριε», απάντησε ο κύριος Μακιντάιρ, «είναι μέλος της οικογένειας Κέιχιλ. Είτε λέγεται Κέιχιλ είτε όχι. Το επώνυμο δεν έχει σημασία. Σημασία έχει το αίμα. Και το αίμα των Κέιχιλ κυλάει στις φλέβες όλων σας».

«Ακόμα και στο δικό σας, κύριε Μακιντάιρ;» ρώτησε η Ναταλί Κάμπρα με τη μεταξένια βρετανική προφορά της.

Ο ηλικιωμένος δικηγόρος κοκκίνισε. «Αυτό, δεσποινίς, δεν έχει καμιά σχέση με το θέμα μας. Και τώρα, αν μου επιτρέπετε...»

«Μα τι σημαίνει αυτό... Ότι πρέπει να θυσιάσουμε το μερίδιό μας από την κληρονομιά;» γκρίνιαξε η θεία Μπεάτρις. «Πού είναι τα λεφτά; Αλλά κάτι τέτοιες παλαβομάρες έκανε πάντα η αδερφή μου!»

«Κυρία μου», είπε ο κύριος Μακιντάιρ. «Έχετε το δικαίωμα ν' αρνηθείτε την πρόκληση. Σ' αυτή την περίπτωση, θα πάρετε αυτό που βρίσκεται κάτω από την καρέκλα σας».

Την ίδια στιγμή, σαράντα άνθρωποι ψαχούλεψαν κάτω από τις καρέκλες τους. Ο Άιζενχάουερ Χολτ βιαζόταν τόσο πολύ, που σήκωσε την καρέκλα της Ρέγκαν μαζί με τη Ρέγκαν. Ο Νταν βρήκε κάτω από τη δική του έναν φάκελο στερεωμένο με σελοτέιπ. Όταν τον άνοιξε, βρήκε ένα πράσινο χαρτί με νούμερα και με τις λέξεις ΒΑΣΙΛΙΚΗ ΤΡΑΠΕΖΑ ΤΗΣ ΣΚΟΤΙΑΣ. Το ίδιο βρήκε και η Έιμι. Το ίδιο κι όλοι οι άλλοι μέσα στο σαλόνι.

«Αυτό που κρατάτε στα χέρια σας είναι μια τραπεζική επιταγή», εξήγησε ο κύριος Μακιντάιρ. «Η οποία θα επικυρωθεί μόνο αν παραιτηθείτε από το δικαίωμά σας να συμμετάσχετε στον αγώνα. Αν τελικά αποφασίσετε να πάρετε το μερίδιό σας από την κληρονομιά, θα βγείτε από 'δώ με ένα εκατομμύριο δολάρια στην τσέπη σας. Και δεν θα χρειαστεί να ξανασκεφτείτε ποτέ σας την Γκρέις Κέιχιλ ή τις τελευταίες επιθυμίες της. Αν, όμως, προτιμήσετε τα στοιχεία... θα φύγετε μ' ένα στοιχείο – ένα και μοναδικό στοιχείο. Αυτή θα είναι όλη κι όλη η κληρονομιά σας. Καθόλου χρήματα. Κανένα περιουσιακό στοιχείο. Ένα στοιχείο όλο κι όλο, που θα σας οδηγήσει στον πιο σπουδαίο θησαυρό του κόσμου. Ένα στοιχείο, που ή θα σας εξασφαλίσει απίστευτη δύναμη...»

Τα γκρίζα μάτια του Γουίλιαμ φάνηκαν για μια στιγμή να καρφώνονται στον Νταν: «... ή θα σας σκοτώσει. Ένα εκατομμύριο δολάρια. Ή το στοιχείο. Έχετε πέντε λεπτά ν' αποφασίσετε».

ΚΕΦΑΛΑΙΟ 3

Η Έιμι Κέιχιλ ήταν απολύτως βέβαιη πως είχε τον πιο εκνευριστικό μικρότερο αδερφό σ' όλο τον πλανήτη. Είχε μάλιστα αυτή τη βεβαιότητα, *πριν* εκείνος κοντέψει σχεδόν να την σκοτώσει.

Όλα άρχισαν, όταν ο κύριος Μακιντάιρ διάβασε τη διαθήκη της γιαγιάς τους και τους έδειξε το βίντεο.

Η Έιμι σάστισε. Βρέθηκε να κρατάει στα χέρια της ένα χαρτάκι, που άξιζε ένα εκατομμύριο δολάρια. Και μια πρόκληση; Ένα επικίνδυνο μυστικό; Τι ήταν όλα αυτά; Κοίταξε την άδεια οθόνη. Δεν το χωρούσε το μυαλό της πως η γιαγιά της είχε κάνει τέτοιο πράγμα. Αν έκρινε κανείς από την όψη της Γκρέις, το βίντεο είχε γυριστεί πριν από μήνες. Βλέποντας τη γιαγιά της έτσι, στην οθόνη, η Έιμι είχε πονέσει περισσότερο απ' ό,τι θα πονούσε αν της έβαζαν αλάτι σε ανοιχτή πληγή. Πώς είχε μπορέσει η Γκρέις να σχεδιάσει κάτι τόσο μεγάλο και σπουδαίο, και να μην τους πει τίποτα;

Η Έιμι δεν περίμενε να κληρονομήσει τίποτα. Ήθελε μόνο κάτι για να θυμάται την Γκρέις – ένα αναμνηστικό... ένα κομμάτι ίσως από τα όμορφα κοσμήματά της. Και τώρα... Τώρα τα είχε τελείως χαμένα.

Το γεγονός ότι ο Νταν χοροπηδούσε ασταμάτητα δίπλα της, σαν να κατουριόταν, δεν την βοηθούσε καθόλου. «Ένα εκατομμύριο δολάρια!» έλεγε και ξανάλεγε με αλλαγμένη φωνή ο αδερφός της. «Θα μπορούσα να πάρω την κάρτα του νεαρού Μίκι Μαντλ *και* την κάρτα του Μπέιμπ Ρουθ, από το 1914!»

Η γραβάτα του είχε γείρει κι ο κόμπος της έγερνε στραβά, όπως στραβό ήταν και το χαμόγελό του. Κάτω από το ένα μάτι του είχε ακόμα την ουλή από το χτύπημα που είχε φάει όταν ήταν εφτά χρονών, τότε που έπαιζε απόβαση κομάντο κι είχε πέσει πάνω στο πλαστικό ντουφέκι του AK-47. Τέτοιος σατανάς ήταν. Αλλά αυτό που η Έιμι δεν μπορούσε να του συγχωρέσει, ήταν η άνεσή του μ' όλους αυτούς τους ανθρώπους γύρω του... Λες και δεν τον ενοχλούσαν καθόλου.

Η Έιμι σιχαινόταν την πολυκοσμία. Ένιωθε σαν να ήταν όλων τα μάτια καρφωμένα πάνω της, θαρρείς και την περίμεναν να κάνει τη βλακεία και να γίνει ρεζίλι. Μερικές φορές έβλεπε στους εφιάλτες της πως βρισκόταν στον πάτο ενός λάκκου κι όλοι οι γνωστοί της ήταν από πάνω της και την κοίταζαν γελώντας κοροϊδευτικά. Πάσχιζε να σκαρφαλώσει και να βγει από τον λάκκο, αλλά δεν τα κατάφερνε.

Αυτό που λαχταρούσε τώρα ήταν να τρέξει στη βιβλιοθήκη της Γκρέις και να κρυφτεί σε μια γωνιά μ' ένα βιβλίο στα χέρια. Ήθελε να βρει τον Σαλαντίν, τον αιγυπτιακό γάτο ράτσας Μάου της Γκρέις, και να κουλουριαστεί μαζί του στην κρυψώνα της. Αλλά η Γκρέις είχε πεθάνει κι ο κακομοίρης ο γάτος... ποιος ξέρει πού να 'ταν τώρα... Ανοιγόκλεισε τα μάτια της να διώξει τα δάκρυα, και στο μυαλό της ήρθε η τελευταία φορά που είχε συναντήσει τη γιαγιά της.

Θα με κάνεις περήφανη, Έιμι, είχε πει η Γκρέις. Κάθονταν στο μεγάλο κρεβάτι της Γκρέις με τις τέσσερις κολόνες και τον ουρανό. Κι ο Σαλαντίν γουργούριζε δίπλα τους. Η Γκρέις τής είχε δείξει έναν χάρτη της Αφρικής σχεδιασμένο με το χέρι· και της είχε πει ιστορίες από τον καιρό που γύριζε τον κόσμο, νεαρή ακόμα εξερευνήτρια. Η Γκρέις ήταν αδύνατη κι άρρωστη. Αλλά τα μάτια της έλαμπαν όπως πάντα. Το φως του ήλιου έκανε τα μαλλιά της να γυαλίζουν ασημένια. *Έζησα πολλές περιπέτειες, καλή μου. Αλλά θα ξεθωριάσουν και θα σβήσουν δίπλα στις δικές σου.*

Η Έιμι βούρκωσε. Πώς είχε περάσει από το μυαλό της Γκρέις ότι η Έιμι θα ζούσε μεγάλες περιπέτειες; Με το ζόρι κατάφερνε να μαζεύει κάθε πρωί το κουράγιο της για να πάει στο σχολείο.

«Θα μπορούσα ν' αγοράσω πραγματικό σπαδί νίντζα», συνέχιζε μαγεμένος ο Νταν. «Ή μια σπάδα από την εποχή του Εμφυλίου!»

«Νταν, βούλωσ' το», είπε η Έιμι. «Δεν είναι ώρα για παιχνίδια κι αστεία».

«Μα τα λεφτά...»

«Ναι», απάντησε η αδερφή του. «Αλλά αν πάρουμε τα λεφτά, θα πρέπει να τα κρατήσουμε για τα δίδακτρα στο κολέγιο και τέτοια. Την ξέρεις τη θεία Μπεάτρις».

Ο Νταν έσμιξε τα φρύδια του, σαν να προσπαθούσε να θυμηθεί. Ήξερε πολύ καλά πως η θεία Μπέατρις τους φρόντιζε μόνο και μόνο εξαιτίας της Γκρέις. Η Έιμι θα προτιμούσε να τους είχε υιοθετήσει η Γκρέις, όταν πέθαναν οι γονείς τους. Αλλά η γιαγιά τους δεν το έκανε. Για λόγους που ποτέ δεν εξήγησε, είχε πιέσει την Μπέατρις ν' αναλάβει την κηδεμονία τους.

Τα τελευταία εφτά χρόνια, στο έλεος πια της Μπέατρις, ο Νταν και η Έιμι ζούσαν σ' ένα μικρό διαμερισματάκι αλλάζοντας τη μια νταντά μετά την άλλη. Η Μπέατρις πλήρωνε για όλα, αλλά δεν πλήρωνε πολλά. Η Έιμι και ο Νταν είχαν πάντα αρκετό φαγητό στο σπίτι κι έπαιρναν μια καινούρια αλλαξιά ρούχων κάθε έξι μήνες – μα αυτό ήταν όλο. Ούτε δώρα γενεθλίων, ούτε κεράσματα, ούτε χαρτζιλίκι, ούτε τίποτα. Πήγαιναν σε δημόσιο σχολείο και η Έιμι δεν είχε ποτέ χρήματα ν' αγοράσει δικά της βιβλία. Δανειζόταν από τη βιβλιοθήκη ή πήγαινε σ' ένα βιβλιοπωλείο στο Μπόιλστον, που πουλούσε μεταχειρισμένα· εκεί την ήξεραν. Ο Νταν έβγαζε το χαρτζιλίκι του αγοράζοντας και πουλώντας ακριβότερα συλλεκτικές κάρτες· αλλά δεν ήταν και πολλά.

Όλες τις εργάσιμες ημέρες της εβδομάδας, επί εφτά ολόκληρα χρόνια, η Έιμι κάκιζε την Γκρέις που δεν τους είχε αναλάβει η ίδια. Αλλά κάθε Σαββατοκύριακο, ξεχνούσε εντελώς τον θυμό της. Όταν έφταναν στο αρχοντικό, η Γκρέις τούς έδινε την αμέριστη προσοχή της. Τους φερόταν σαν να 'ταν οι σημαντικότεροι άνθρωποι του κόσμου. Όποτε η Έιμι έβρισκε το θάρρος να την ρωτήσει γιατί δεν τους κρατούσε κοντά της, η Γκρέις χαμογελούσε λυπημένα. *Υπάρχουν λόγοι, καλή μου. Μια μέρα θα καταλάβεις*.

Τώρα, η Γκρέις είχε πεθάνει. Η Έιμι δεν ήξερε τι σκοπούς είχε η θεία Μπέατρις. Το σίγουρο ήταν πως θα χρειάζονταν χρήματα, που θα τους επέτρεπαν να αποκτήσουν έναν βαθμό ανεξαρτησίας. Θα μπορούσαν να μετακομίσουν σ' ένα μεγαλύτερο διαμέρισμα. Θα μπορούσαν ν' αγοράζουν βιβλία όποτε ήθελαν. Να πάνε στο κολέγιο. Η Έιμι λαχταρούσε να πάει στο Χάρβαρντ. Ήθελε να σπουδάσει ιστορία και αρχαιολογία. Κι η μαμά της θα συμφωνούσε – αν ζούσε.

Δηλαδή... έτσι νόμιζε η Έιμι. Η Έιμι ήξερε ελάχιστα πράγματα για τους γονείς της. Δεν ήξερε καν γιατί αυτή κι ο Νταν είχαν το επώνυμο της μαμάς τους –Κέιχιλ– ενώ τον μπαμπά τους τον έλεγαν Τρεντ. Είχε ρωτήσει κάποτε την Γκρέις, αλλά εκείνη είχε απλώς χαμογελάσει. «Έτσι ήθελαν οι γονείς σας», είχε απαντήσει. Μα ο τόνος της πεισματωμένης περηφάνιας στη φωνή της, έκανε την Έιμι να υποψιαστεί ότι στην πραγματικότητα ήταν ιδέα της Γκρέις να πάρουν οι δυο τους το όνομα των Κέιχιλ.

Η Έιμι δυσκολευόταν να θυμηθεί το πρόσωπο της μαμάς της. Δυσκολευόταν να θυμηθεί *οτιδήποτε* σχετικό με τους γονείς της πριν από την τρομερή νύχτα του θανάτου τους – κι αυτό ήταν κάτι που προτιμούσε να μην το σκέφτεται.

«Εντάξει», είπε ο Νταν ξεστομίζοντας προσεκτικά τις συλλαβές μία μία. «Εγώ θα ξοδέψω το *δικό μου* εκατομμύριο στη συλλογή μου. Εσύ μπορείς να ξοδέψεις το δικό σου για να πας στο κολέγιο. Έτσι θα 'μαστε κι οι δυο ευχαριστημένοι».

Η Έιμι ένιωσε ένα σφίξιμο στην καρδιά της. Καβγάδες είχαν ξεσπάσει παντού γύρω της. Οι Χολτ έμοιαζαν λες κι έκαναν γυμνάσια στο πεδίο της μάχης. Η Σινέντ Στάρλινγκ προσπαθούσε να χωρίσει τους αδερφούς της, τον Νεντ και τον Τεντ, για να μη στραγγαλίσουν ο ένας τον άλλον. Η Ιρίνα Σπάσκι μιλούσε σαν πολυβόλο στον Τζόνα Γουίζαρντ, τον νεαρό από την τηλεόραση, και τον πατέρα του – κι από το ύφος με το οποίο την κοίταζαν, ήταν ολοφάνερο πως κανείς από τους δυο δεν καταλάβαινε ρώσικα. Θυμωμένες φωνές βούιζαν απ' άκρη σ' άκρη στο Μεγάλο Σαλόνι, θαρρείς και ξέσκιζαν την ίδια την Γκρέις, έτσι όπως προσπαθούσαν να κομματιάσουν την περιουσία της. Κανένας τους δεν έδινε δεκάρα για τη γιαγιά της Έιμι, που είχε πεθάνει.

Ξάφνου, κάποιος πίσω της είπε: «Εσείς, φυσικά, δεν πρόκειται να πάρετε μέρος στον αγώνα».

Ήταν ο Ίαν Κάμπρα με την εκνευριστική αδερφή του, τη Νατάλί, δίπλα του. Άθελά της η Έιμι ένιωσε το στομάχι της να σφίγγεται· ο Ίαν ήταν πολύ όμορφος. Είχε υπέροχο σκούρο δέρμα, μάτια κεχριμπαρένια και τέλειο χαμόγελο. Ήταν δεκατεσσάρων χρονών, συνομήλικός της. Και φορούσε μεταξωτό κοστούμι και γραβάτα. Κι εκτός απ' αυτά, μύριζε όμορφα – ναι, μύριζε γαρίφαλο. Η Έιμι νευρίασε με τον εαυτό της, που το πρόσεξε.

«Θα στενοχωρηθώ πολύ αν σας συμβεί κακό», είπε βραχνά ο Ίαν. «Άσε που χρειάζεστε τα χρήματα».

Η Ναταλί έφερε τα χέρια στο στόμα της, παριστάνοντας την ξαφνιασμένη. Έτσι όπως ήταν ντυμένη στα σατέν και με τα υπέροχα κατάμαυρα μαλλιά της να πέφτουν λαμπερά και πλούσια στον ένα της ώμο, έμοιαζε με κούκλα ψεύτικη σε φυσικό μέγεθος. «Δίκιο έχεις, Ίαν! Είναι φτωχοί. Όλο το ξεχνάω. Ποιος θα το πίστευε πως είμαστε συγγενείς;»

Η Έιμι ένιωσε το αίμα ν' ανεβαίνει και να βάφει κόκκινα τα μάγουλά της. Θα 'θελε να δώσει μια τσουχτερή απάντηση στη Ναταλί, αλλά η φωνή της δεν έβγαινε.

«Αλήθεια;» είπε ο Νταν. «Ε, πού ξέρεις; Μπορεί και να μην είμαστε! Μπορεί να 'σαστε μεταλλαγμένοι εξωγήινοι. Γιατί τα *αληθινά* παιδιά δεν ντύνονται τραπεζίτες, ούτε ταξιδεύουν δεξιά κι αριστερά με το ιδιωτικό τζετ του μπαμπά τους».

Ο Ίαν χαμογέλασε. «Με παρεξήγησες, αγαπητέ ξάδερφε. Είμαστε πολύ χαρούμενοι, που η τύχη σάς χαμογέλασε. Και θα χαρούμε ακόμα περισσότερο, όταν θα πάρετε τα χρήματα και θα ζήσετε ωραία και καλά και δεν θα ξανασυναντηθούμε ποτέ πια».

«Η Γκρ-γκρ-Γκρέις», κατάφερε να τραυλίσει η Έιμι μισώντας τη φωνή της, που δεν εννοούσε να συνεργαστεί μαζί της. «Η Γκρ-Γκρέις θα ήθελε...»

«Τι πράγμα; Να παίξετε τη ζωή σας κορόναγράμματα;» αποτέλειωσε τη φράση της ο Ίαν. «Πού το ξέρεις; Σας είχε μιλήσει γι' αυτόν τον αγώνα που σχεδίαζε;»

Ούτε ο Νταν ούτε η Έιμι απάντησαν.

«Μάλιστα», είπε ο Ίαν. «Σας καταλαβαίνω – πρέπει να 'ναι τρομερό... Να νομίζετε οτι ήσασταν οι αγαπημένοι της, κι ύστερα να διαπιστώνετε ξαφνικά ότι δεν σας είχε πει τίποτα! Ίσως δεν ήσασταν και τόσο σημαντικοί για τη γριά, όσο θέλατε να πιστεύετε, ε;»

«Ίαν!» μπήκε στην κουβέντα και η Ναταλί. «Ίσως η Γκρέις ήξερε πως δεν θα τα έβγαζαν πέρα και γι' αυτό δεν τους είχε μιλήσει. Απ' ό,τι φαίνεται, ο αγώνας θα είναι μάλλον επικίνδυνος». Η Ναταλί χαμογέλασε στην Έιμι. «Δεν θα θέλαμε να σας δούμε να πεθαίνετε – και μάλιστα με τρόπο οδυνηρό και βασανιστικό. Όχι, όχι, καθόλου...!»

Και μ' αυτά τα λόγια οι Κάμπρα τούς γύρισαν την πλάτη κι ανακατεύτηκαν με το πλήθος.

«Όχι, όχι, καθόλου!» κορόιδεψε ο Νταν. «Τι σιχαμένα πλάσματα!»

Η Έιμι έπιασε τον μισό εαυτό της να θέλει να τρέξει πίσω από τους Κάμπρα και να τους σπάσει στο κεφάλι την πρώτη καρέκλα που θα 'πεφτε στα χέρια της. Μα ο άλλος μισός εαυτός της ήθελε να συρθεί κάτω από μια πέτρα και να κρυφτεί. Ήθελε, ήθελε πολύ να τους βρίσει· αλλά δεν είχε κατορθώσει ούτε να τους *μιλήσει.*

«Θα πάρουν μέρος στον αγώνα», μουρμούρισε.

«Ε, λογικό δεν είναι;» είπε ο Νταν. «Τι να τα κάνουν αυτοί άλλα δυο ψωροεκατομμύρια δολάρια; Δεν τους κοστίζει τίποτα να τ' αρνηθούν!»

«Ναι, αλλά γιατί ήρθαν και μας μίλησαν; Για να μας φοβερίσουν! Δεν θέλουν ν' ανακατευτούμε!»

«Ίσως πεθάνουν *αυτοί* με οδυνηρό και βασανιστικό τρόπο», είπε ο Νταν. «Αναρωτιέμαι, πάντως, τι να είναι αυτός ο θησαυρός».

«Τι σημασία έχει;» απάντησε η Έιμι όλο πίκρα. «*Εμείς* δεν μπορούμε να πάρουμε μέρος στο κυνήγι του. Αφού δεν έχουμε δεκάρα. Δεκάρα τσακιστή».

Παρ' όλα αυτά, συνέχισε να το σκέφτεται. Η Γκρέις είχε ταξιδέψει σ' ολόκληρο τον κόσμο. Μήπως ο θησαυρός ήταν κρυμμένος σε κάποιον χαμένο τάφο στην Αίγυπτο...; Μήπως ήταν θησαυρός πειρατικός; Ο κύριος Μακιντάιρ είχε πει ότι όποιος τον έβρισκε, θα γινόταν πανίσχυρος. Θα εξουσίαζε τη γη. Τι ήταν αυτό που μπορούσε να δώσει τόση δύναμη στον κάτοχό του; Και γιατί υπήρχαν ακριβώς 39 στοιχεία;

Δεν μπορούσε ν' αντισταθεί – ένιωθε την περιέργεια να φουντώνει μέσα της. Της άρεσαν τα μυστήρια. Όταν ήταν μικρή, έκανε τάχα πως η μαμά της ήταν ακόμα ζωντανή και πήγαιναν μαζί στις ανασκαφές της. Μερικές φορές, τις συνόδευε και η Γκρέις. Οι τρεις μαζί, ευτυχισμένες, εξερευνούσαν τον κόσμο. Αλλά αυτό δεν ήταν παρά ένα παιδιάστικο όνειρο. Ένα παιχνίδι της φαντασίας της.

«Κρίμα», γκρίνιαξε ο Νταν. «Πολύ θα 'θελα να τους τα βγάλω ξινά τα γέλια, των σιχαμένων... Να τους τις δώσω να τις φάνε τις ειρωνείες τους...»

Εκείνη τη στιγμή τούς άρπαξε από τα μπράτσα η θεία Μπεάτρις. Το πρόσωπό της ήταν παραμορφωμένο από θυμό και η ανάσα της μύριζε ναφθαλίνη. «Εσάς τους δυο δεν πρόκειται να σας αφήσω να κάνετε καμιά κουταμάρα! Εγώ θα τσεπώσω το εκατομμύριό μου – και το ίδιο θα κάνετε κι εσείς! Και μη φοβάστε: θα τα βάλω στην τράπεζα τα δικά σας, ώσπου να μεγαλώσετε. Θα ξοδεύω μόνο τους τόκους. Σ' αντάλλαγμα θα συνεχίσω να είμαι κηδεμόνας σας. Θα σας κάνω τη χάρη να σας κρατήσω υπό την επίβλεψή μου».

Η Έιμι πνίγηκε σχεδόν από την οργή της. «Θα... θα *μας κάνεις τη χάρη* να είσαι ο κηδεμόνας μας; *Θα μας κάνεις τη χάρη* να σου δώσουμε τα δυο εκατομμύρια δολάρια, που είναι το μερίδιό μας;»

Όταν απόσωσε τη φράση της, ξαφνιάστηκε. Πώς είχε καταφέρει να πει τόσες λέξεις στη σειρά χωρίς να τραυλίσει; Η θεία Μπέατρις την τρόμαζε συνήθως μέχρι θανάτου. Ακόμα κι ο Νταν την κοίταξε εντυπωσιασμένος.

«Για πρόσεχε πώς μιλάς, δεσποινίς μου!» την φοβέρισε η θεία Μπέατρις. «Θα κάνετε αυτό που πρέπει, αλλιώς...»

«Αλλιώς τι θα γίνει;...» ρώτησε με ύφος αθώο ο Νταν.

Το πρόσωπο της θείας Μπέατρις έγινε κατακόκκινο. «Αλλιώς, μικρέ αντάρτη, θα παραιτηθώ από την κηδεμονία σας και θα σας παραδώσω στην Κοινωνική Πρόνοια. Θα είστε δυο αδέκαρα ορφανά. Και θα φροντίσω να μη σας βοηθήσει ποτέ ξανά κανένας από τους Κέιχιλ. Όλη αυτή η ιστορία είναι καθαρή τρέλα. Θα πάρετε τα χρήματα και θα ξεχάσετε τα γελοία σχέδια της αδερφής μου για να βρεθεί το...»

Κόμπιασε και σταμάτησε απότομα.

«Για να βρεθεί, ποιο;» ρώτησε ο Νταν.

«Να μη σε νοιάζει», είπε η θεία Μπέατρις.

Ταραγμένη η Έιμι συνειδητοποίησε πως η θεία Μπέατρις *φοβόταν.*

«Φροντίστε να πάρετε τη σωστή απόφαση! Αλλιώς δεν πρόκειται να κουνήσω ούτε το μικρό μου δαχτυλάκι για να σας βοηθήσω!»

Μ' αυτά τα λόγια τούς γύρισε την πλάτη κι έφυγε. Η Έιμι κοίταξε τον Νταν, αλλά πριν προλάβει να του πει το παραμικρό, ο κύριος Μακιντάιρ χτύπησε ένα καμπανάκι. Αργά αργά ο σαματάς, οι φωνές κι οι τσακωμοί έσβησαν μέσα στο Μεγάλο Σαλόνι. Οι παρευρισκόμενοι κάθισαν στις θέσεις τους.

«Ήρθε η ώρα», είπε ο κύριος Μακιντάιρ. «Έχω χρέος να σας προειδοποιήσω: παίρνοντας την απόφασή σας δεν θα μπορείτε πια να κάνετε πίσω. Δηλώνοντας την επιλογή σας, δεν θα μπορείτε ν' αλλάξετε γνώμη».

«Μισό λεπτό, Γουίλιαμ», είπε ο Άλιστερ Ω. «Αυτό δεν είναι σωστό. Δεν ξέρουμε σχεδόν τίποτα για τον αγώνα. Πώς να κρίνουμε αν αξίζει να θυσιάσουμε το μερίδιό μας από την κληρονομιά;»

Ο κύριος Μακιντάιρ έσφιξε τα χείλια του. «Δεν έχω το ελεύθερο να σας πω περισσότερα, κύριε. Ξέρετε πως η οικογένεια Κέιχιλ είναι πολύ μεγάλη... και πολύ παλιά. Έχει πολλά παρακλάδια. Μερικοί από σας δεν ξέρατε καν μέχρι σήμερα ότι έχετε το αίμα των Κέιχιλ στις φλέβες σας. Αλλά όπως είπε και η κυρία Γκρέις στο βίντεο, είναι μια οικογένεια που έπαιξε καθοριστικό ρόλο στην εξέλιξη του ανθρώπινου πολιτισμού. Κάποια από τα σπουδαιότερα πρόσωπα της Ιστορίας ήταν Κέιχιλ».

Ψίθυροι έξαψης πλημμύρισαν το σαλόνι.

Το μυαλό της Έιμι έπαιρνε χιλιάδες στροφές, δούλευε πυρετωδώς. Ήξερε από μικρή πως οι Κέιχιλ ήταν μεγάλη και τρανή οικογένεια. Πολλοί πλούσιοι συγγενείς της ζούσαν διασκορπισμένοι σ' όλον τον κόσμο. Αλλά «καθοριστικό ρόλο στην εξέλιξη του πολιτισμού»; Τι εννοούσε ο κύριος Μακιντάιρ; Δεν ήταν και τόσο σίγουρη ότι καταλάβαινε τα λόγια του.

«Σπουδαία ιστορικά πρόσωπα;» γάβγισε ο κύριος Χολτ. «Σαν ποια, δηλαδή;»

Ο κύριος Μακιντάιρ ξερόβηξε καθαρίζοντας τον λαιμό του. «Κύριε! Θα δυσκολευτείτε πολύ να βρείτε μια σημαίνουσα φυσιογνωμία στην ιστορία των τελευταίων αιώνων, που να *μην* ανήκει στην οικογένεια Κέιχιλ».

«Ο Αβραάμ Λίνκολν;» φώναξε η εξαδέρφη Ίνγκριντ. «Η Ελεάνορ Ρούζβελτ;»

«Ναι», απάντησε απλά ο κύριος Μακιντάιρ. «Και ναι».

Στο σαλόνι απλώθηκε μια σιωπή που φανέρωνε έκπληξη.

«Χάρι Χουντίνι!» φώναξε η Μάντισον Χολτ.

«Οι Λιούις και Κλαρκ!» ακούστηκε η αδερφή της, η Ρέγκαν.

«Ναι, ναι και ναι», ήταν η απάντηση του κυρίου Μακιντάιρ.

«Α! Κόφ' το!» μούτρωσε ο κύριος Χολτ. «Αποκλείεται!»

«Συμφωνώ!» είπε ο θείος Χοσέ. «Μας δουλεύεις, Μακιντάιρ».

«Μιλώ απολύτως σοβαρά», τον διαβεβαίωσε ο ηλικιωμένος δικηγόρος. «Και όμως: όλα τα κατορθώματα των Κέιχιλ κατά το παρελθόν, δεν είναι τίποτα σε σύγκριση με την πρόκληση που αντιμετωπίζετε τώρα. Ήρθε η ώρα ν' ανακαλύψετε το μεγαλύτερο μυστικό της οικογένειας, να γίνετε τα πιο ισχυρά μέλη της, από καταβολής κόσμου – ή να πεθάνετε προσπαθώντας».

Η Έιμι ένιωσε κάτι βαρύ και κρύο στο στομάχι της, σαν να 'χε καταπιεί μπάλα κανονιού. Ήταν στ' αλήθεια συγγενής μ' όλους αυτούς τους διάσημους ανθρώπους; Και πώς είχε διανοηθεί η Γκρέις πως η Έιμι θα αποκτούσε μεγαλύτερη δύναμη απ' όλους αυτούς; Και μόνο στη σκέψη την κυρίευσε εκνευρισμός. Με τίποτα δεν θα 'χε το θάρρος να ριχτεί σε μια τόσο επικίνδυνη περιπέτεια.

Αλλά αν αυτή κι ο Νταν δεν δέχονταν την πρόκληση... Θυμήθηκε τη θεία Μπέατρις, που τους είχε αρπάξει από τους αγκώνες λέγοντάς τους να πάρουν τα χρήματα. Η θεία Μπέατρις θα 'βρισκε σίγουρα τον τρόπο να τους κλέψει τα δυο εκατομμύρια δολάρια. Η Έιμι δεν θα είχε το κουράγιο να της σηκώσει κεφάλι. Θα γύριζαν στο στενόχωρο θλιβερό τους διαμερισματάκι και δεν θ' άλλαζε τίποτα στη ζωή τους. Μόνο που δεν θα υπήρχε πια η Γκρέις. Δεν θα είχαν πια τα Σαββατοκύριακα που έσπαζαν τη ρουτίνα της μίζερης ζωής τους. Δεν θα είχαν τίποτα να την θυμούνται. Όταν πέθαναν οι γονείς της, η Έιμι είχε πιστέψει πως τίποτα χειρότερο δεν θα μπορούσε πια να της συμβεί. *Αυτό*, όμως, ήταν χειρότερο. Αυτή κι ο Νταν είχαν μείνει πια ολομόναχοι. Κι ο μόνος τρόπος να ξεφύγουν απ' αυτή την απόλυτη μοναξιά, ήταν ετούτη η τρελή ιδέα: πως ήταν μέλη μιας μεγάλης και σπουδαίας οικογένειας... πως συμμετείχαν σ' έναν μυστηριώδη αγώνα. Τα χέρια της Έιμι άρχισαν να ιδρώνουν.

«Αυτή η περιπέτεια», συνέχιζε ο κύριος Μακιντάιρ, «θα σας οδηγήσει σ' έναν θησαυρό. Αλλά ένας *μόνο* από σας όλους θα τον κάνει δικό του. Ένα άτομο» –το βλέμμα του έπεσε τρεμοπαίζοντας στο πρόσωπο της Έιμι– «ή μία ομάδα θα βρει τον θησαυρό. Περισσότερα δεν μπορώ να σας πω. Ούτε εγώ ξέρω πού θα σας οδηγήσει το κυνήγι αυτό. Μπορώ μόνο να σας βάλω στην αφετηρία, να παρακολουθήσω την πρόοδό σας και να προσφέρω ελάχιστη καθοδήγηση. Λοιπόν – ποιος θα επιλέξει πρώτος;»

Η θεία Μπέατρις σηκώθηκε όρθια. «Όλα αυτά είναι γελοία. Όποιοι από σας παίξουν ετούτο το ανόητο παιχνίδι, θα είναι ηλίθιοι. Εγώ θα πάρω τα χρήματα!»

Ο κύριος Μακιντάιρ έγνεψε καταφατικά. «Όπως επιθυμείτε, κυρία. Τη στιγμή που θα βγείτε από αυτό το δωμάτιο, η τραπεζική επιταγή σας θα επικυρωθεί. Μπορείτε να την εξαργυρώσετε σε οποιοδήποτε παράρτημα της Βασιλικής Τράπεζας της Σκοτίας αμέσως κιόλας. Ο επόμενος, παρακαλώ;»

Σηκώθηκαν μερικοί ακόμα και δήλωσαν πως θα έπαιρναν τα χρήματα. Ο θείος Χοσέ. Η εξαδέρφη Ίνγκριντ. Μια ντουζίνα άλλοι άνθρωποι, που η Έιμι δεν γνώριζε. Έφυγαν όλοι με το πράσινο χαρτάκι στο χέρι, εκατομμυριούχοι.

Μετά σηκώθηκαν σαν ένας άνθρωπος ο Ίαν και η Ναταλί Κάμπρα.

«Δεχόμαστε την πρόκληση», δήλωσε ο Ίαν. «Θα συμμετάσχουμε ως ομάδα των δύο ατόμων. Δώστε μας το στοιχείο».

«Πολύ καλά», είπε ο κύριος Μακιντάιρ. «Τις επιταγές σας, παρακαλώ».

Ο Ίαν και η Ναταλί πλησίασαν στο τραπέζι. Ο κύριος Μακιντάιρ έβγαλε έναν ασημένιο αναπτήρα, έκαψε τις δυο επιταγές κι ύστερα έδωσε στον Ίαν και στη Ναταλί έναν φάκελο από σκληρό χαρτόνι, σφραγισμένο με κόκκινο βουλοκέρι. «Το πρώτο σας στοιχείο. Δεν επιτρέπεται ν' ανοίξετε τον φάκελο, ώσπου να σας δώσω το σύνθημα. Εσείς, Ίαν και Ναταλί Κάμπρα, θα είστε η Ομάδα Ένα».

«Ε!» διαμαρτυρήθηκε ο κύριος Χολτ. «Εμείς αποδεχόμαστε οικογενειακώς την πρόκληση! *Εμείς* πρέπει να είμαστε η Ομάδα Ένα!»

«Είμαστε η Ομάδα Ένα!» άρχισαν να τραγουδούν ρυθμικά τα παιδιά των Χολτ. Και το σκυλί τους, ο Άρνολντ, βάλθηκε να χοροπηδάει και να γαβγίζει στον ίδιο ρυθμό.

Ο κύριος Μακιντάιρ σήκωσε το χέρι του για να επιβάλει ησυχία. «Πολύ καλά, κύριε Χολτ. Τις επιταγές σας, παρακαλώ. Θα είστε η Ομάδα... εεεμμμ, θα είστε κι εσείς Ομάδα».

Έκαναν την ανταλλαγή – πέντε επιταγές του ενός εκατομμυρίου η καθεμία για έναν φάκελο μ' ένα στοιχείο μέσα όλο κι όλο· κι οι Χολτ δεν έπαιξαν ούτε το βλέφαρό τους. Επιστρέφοντας στις θέσεις τους, η Ρέγκαν σκούντησε την Έιμι στον ώμο. «Αν δεν ρισκάρεις, δεν κερδίζεις, μαμόθρεφτο».

Αμέσως μετά σηκώθηκε ο Άλιστερ Ω. «Πολύ καλά. Μου είναι αδύνατον ν' αντισταθώ σ' ένα καλό αίνιγμα. Υποθέτω ότι μπορείτε να με ονομάσετε Ομάδα Τρία».

Στη συνέχεια βγήκαν μπροστά τα τρίδυμα Στάρλινγκ. Ακούμπησαν τις επιταγές τους στο τραπέζι κι άλλα τρία εκατομμύρια δολάρια έγιναν στάχτη.

«*Ντα*», ακούστηκε η φωνή της Ιρίνας Σπάσκι. «Θα παίξω κι εγώ το παιχνίδι. Θα συμμετάσχω μόνη μου».

«Ε! Γιο! Μισό λεπτό!» Ο Τζόνα Γουίζαρντ προχώρησε σέρνοντας τα βήματά του, σαν να 'ταν αλήτης, πανκ των δρόμων, όπως έκανε και στην τηλεόραση, παίζοντας στο *Ποιος θέλει να γίνει γκάνγκστερ;* Πράγμα που ήταν εντελώς γελοίο, γιατί η περιουσία του ξεπερνούσε το ένα δισεκατομμύριο δολάρια και ο ίδιος ζούσε σ' ένα παλάτι στο Μπέβερλι Χιλς. «Είμαι μέσα», είπε και πέταξε την επιταγή του στο τραπέζι. «Δώσε μου το στοιχείο, μεγάλε».

«Θα θέλαμε να κινηματογραφήσουμε τον αγώνα», φώναξε πίσω του ο πατέρας του.

«Όχι», απάντησε ο κύριος Μακιντάιρ.

«Θα κάνει πάταγο στην τηλεόραση», είπε ο μπαμπάς Γουίζαρντ. «Θα μπορούσα να μιλήσω στο στούντιο για να σας κόψουν ένα ποσοστό...»

«Όχι», ξανάπε ο κύριος Μακιντάιρ. «Δεν πρόκειται για διασκέδαση, κύριε. Είναι ζήτημα ζωής και θανάτου».

Ο κύριος Μακιντάιρ κοίταξε όσους είχαν μείνει στο δωμάτιο και κάρφωσε το βλέμμα του στην Έιμι.

«Άλλος;» φώναξε. «Είναι η ώρα ν' αποφασίσετε».

Η Έιμι αντιλήφθηκε πως μόνο η ίδια και ο Νταν δεν είχαν πάρει ακόμα την απόφασή τους. Οι περισσότεροι από τους σαράντα καλεσμένους είχαν προτιμήσει τα χρήματα. Έξι ομάδες είχαν δεχτεί την πρόκληση – όλοι τους μεγαλύτεροι ή πλουσιότεροι ή, φαινομενικά τουλάχιστον, ικανότεροι από την Έιμι και τον Νταν. Η θεία Μπέατρις τους αγριοκοίταξε, θυμίζοντάς τους με το βλέμμα της ότι θα τους έδιωχνε αν τολμούσαν... Ο Ίαν χαμογελούσε όλο αυταρέσκεια. *Ίσως δεν ήσασταν και τόσο σημαντικοί για τη γριά, όσο θέλατε να πιστεύετε, ε;* Η Έιμι θυμήθηκε τα λόγια της εκνευριστικής αδερφής του: *Ίσως η Γκρέις ήξερε οτι δεν θα τα έβγαζαν πέρα και γι' αυτό δεν τους είχε μιλήσει.*

Το πρόσωπο της Έιμι αναψοκοκκίνισε από ντροπή. Ίσως είχαν δίκιο οι Κάμπρα. Όταν οι μικρές Χολτ αναποδογύρισαν τον αδερφό της, η Έιμι δεν είχε κάνει τίποτα για να τον βοηθήσει. Όταν οι Κάμπρα την είχαν προσβάλει, είχε καταπιεί τη γλώσσα της και δεν είχε μπορέσει ν' απαντήσει τίποτα. Πώς θα τα 'βγαζε πέρα με μια επικίνδυνη περιπέτεια; Μ' ένα πραγματικό κυνήγι θησαυρού;

Μα τότε άκουσε μια άλλη φωνή μέσα στο μυαλό της: *Θα καμαρώνω για σένα, Έιμι.*

Και ξαφνικά κατάλαβε: *αυτό* εννοούσε η Γκρέις. Αυτή ήταν η μεγάλη περιπέτεια που θα ζούσε η Έιμι. Αν δεν το τολμούσε, καλά θα 'κανε να συρθεί κάτω από μια πέτρα και να μείνει εκεί κρυμμένη για όλη την υπόλοιπη ζωή της.

Κοίταξε τον αδερφό της. Όσο εκνευριστικός κι αν ήταν, όσο σπαστικά κι αν φερόταν ώρες ώρες, πάντα κατάφερναν να συνεννοηθούν με μια ματιά όλη κι όλη. Δεν ήταν τηλεπάθεια· τίποτα τέτοιο. Απλώς καταλάβαινε τι είχε στο μυαλό του ο Νταν.

Είναι πολλά χρήματα, της είπε ο Νταν. *Τρομερά πολλές, τρομερά φοβερές και σπάνιες συλλεκτικές κάρτες.*

Η μαμά κι ο μπαμπάς θα ήθελαν να προσπαθήσουμε, του απάντησε η Έιμι με τα μάτια. *Η Γκρέις θα ήθελε να προσπαθήσουμε.*

Ναι, αλλά οι κάρτες με τον Μπέιμπ Ρουθ και με τον Μίκι Μαντλ...

Ο Ίαν και η Ναταλί θα αφρίσουν από το κακό τους, τον καλόπιασε η Έιμι. *Και της θείας Μπέατρις θα της έρθει νταμπλάς.*

Ένα χαμόγελο άνθισε στο πρόσωπο του αδερφού της. *Ο Μπέιμπ Ρουθ μπορεί να περιμένει λιγάκι.*

Η Έιμι πήρε την επιταγή του. Μαζί πήγαν ως το τραπέζι του δικηγόρου και η Έιμι σήκωσε με το χέρι της τον αναπτήρα του δικηγόρου.

«Μέσα κι εμείς», του είπε κι έκανε στάχτη τα δυο εκατομμύρια δολάρια.

ΚΕΦΑΛΑΙΟ 4

Ο Νταν ένιωθε ακόμα λιγάκι ζαλισμένος, όπως τότε που είχε φάει είκοσι πακετάκια Σμάρτις. Δεν το χωρούσε ο νους του πως είχαν πετάξει τόσα χρήματα.

Απ' όταν ήταν μικρός ακόμα, ονειρευόταν να κατορθώσει κάτι που θα έκανε περήφανους τους γονείς του. Ήξερε, φυσικά, πως είχαν πεθάνει. Δεν τους θυμόταν παρά ελάχιστα. Κι όμως... πίστευε πως αν κατάφερνε κάτι μεγάλο, κάτι εκπληκτικό – κάτι πιο πρώτο κι απ' την τέλεια συμπληρωμένη συλλογή από κάρτες παικτών του μπέιζμπολ, κάτι πιο σημαντικό κι από τον αληθινό τίτλο του νίντζα... ο Νταν πίστευε πως με κάποιο τρόπο οι γονείς του θα το μάθαιναν. Και θα καμάρωναν. Αυτός ο αγώνας για την πρώτη θέση ανάμεσα στους Κέιχιλ φαινόταν η ιδανική ευκαιρία.

Εξάλλου, του άρεσαν οι θησαυροί. Άσε που είχε κι ένα μπόνους η υπόθεση: το πρόσωπο της θείας Μπέατρις είχε γίνει σχεδόν μελιτζανί, καθώς όρμησε έξω από το δωμάτιο χτυπώντας με δύναμη την πόρτα πίσω της.

Στο Μεγάλο Σαλόνι είχαν μείνει μόνο οι εφτά ομάδες και ο κύριος Μακιντάιρ.

Μετά από μια σιωπή γεμάτη ένταση, ο ηλικιωμένος δικηγόρος είπε: «Ανοίξτε τους φακέλους σας».

ΧΡΙΤΣ, ΧΡΙΤΣ, ΧΡΙΤΣ.

Το στοιχείο ήταν γραμμένο με μαύρα καλλιγραφικά γράμματα σε μπεζ χαρτί. Κι έλεγε:

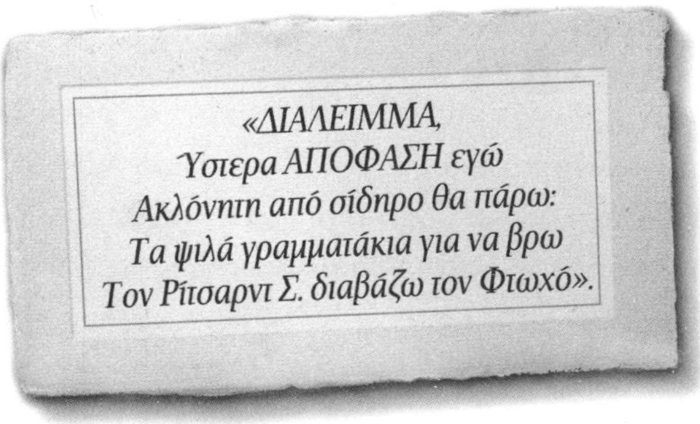
«ΔΙΑΛΕΙΜΜΑ,
Ύστερα ΑΠΟΦΑΣΗ εγώ
Ακλόνητη από σίδηρο θα πάρω:
Τα ψιλά γραμματάκια για να βρω
Τον Ρίτσαρντ Σ. διαβάζω τον Φτωχό».

«Τι είναι *αυτό;*» τσίριξε η Μαίρη-Τοντ Χολτ. «Αυτό είναι όλο κι όλο;»

«Είκοσι λέξεις», μουρμούρισε ο Άιζενχάουερ Χολτ. «Έρχεται, δηλαδή...» άρχισε να λογαριάζει μετρώντας με τα δάχτυλά του.

«Περίπου 250.000 δολάρια η μία», τον βοήθησε ο Άλιστερ Ω. «Αφού η οικογένειά σας έδωσε πέντε εκατομμύρια δολάρια για το στοιχείο. Εμένα μου ήρθε πιο φτηνά. Πλήρωσα μόνο 50.000 δολάρια τη λέξη».

«Βλακείες!» θύμωσε η Μάντισον Χολτ. «Χρειαζόμαστε περισσότερα στοιχεία!»

«Ρίτσαρντ Σ...», μουρμούρισε ο Ίαν. «Ποιος θα μπορούσε να είναι;» Κοίταξε την αδερφή του – και χαμογέλασαν οι δυο τους, σαν να 'χαν μόλις μοιραστεί ένα αστείο, που μόνο αυτοί ήταν σε θέση να καταλάβουν. Ο Νταν πολύ θα 'θελε να τους πάρει με τις κλοτσιές.

«Για μια στιγμή», έσμιξε τα φρύδια ο μπαμπάς του Τζόνα Γουίζαρντ. «Πήραμε όλοι το ίδιο στοιχείο; Γιατί ο γιος μου επιμένει σε ξεχωριστή μεταχείριση. Είναι στο συμβόλαιό του».

«Τα τριάντα εννέα στοιχεία», είπε ο κύριος Μακιντάιρ, «είναι τα σκαλιά που θα σας οδηγήσουν στον τελικό στόχο. Είναι ίδια για όλες τις ομάδες. Το πρώτο, που κρατάτε ήδη στα χέρια σας, είναι το πιο εύκολο απ' όλα».

«Εύκολο;» είπε ο Άλιστερ Ω ανασηκώνοντας τα φρύδια του. «Δηλαδή τα πιο δύσκολα πώς είναι;»

«Πρέπει να ξέρετε, όμως, πως υπάρχουν πολλοί δρόμοι που οδηγούν στη λύση του κάθε γρίφου. Καθ' οδόν θα βρίσκετε στοιχεία και υποδείξεις, που τοποθετήθηκαν εκεί για σας – στοιχεία μικρότερα, που θα σας βοηθούν να φτάσετε στη λύση των μεγαλύτερων, αν θέλετε».

«Αρχίζει να πονάει το κεφάλι μου», είπε η Σινέντ Στάρλινγκ.

«Ο τρόπος που θα δουλέψετε είναι δικό σας θέμα», είπε ο κύριος Μακιντάιρ. «Αλλά να θυμάστε: ψάχνετε όλοι το ίδιο πράγμα – και μόνο μία ομάδα θα φτάσει στον τελικό στόχο. Η ταχύτητα παίζει ρόλο».

Η Ιρίνα Σπάσκι δίπλωσε το χαρτί της, το 'χωσε στην τσάντα της και βγήκε.

Ο Άλιστερ Ω ζάρωσε τα φρύδια του. «Απ' ό,τι φαίνεται, η εξαδέρφη Ιρίνα κάτι σκέφτηκε».

Τα τρίδυμα Στάρλινγκ έσμιξαν τα κεφάλια τους. Κι ύστερα, σαν να 'χε αστράψει μέσα στα μυαλά τους ταυτοχρόνως η ίδια ιδέα, σηκώθηκαν σαν αστραπές, αναποδογυρίζοντας τις καρέκλες τους, και βγήκαν τρέχοντας.

Ο μπαμπάς του Τζόνα Γουίζαρντ τράβηξε τον γιο του σε μια γωνιά. Συζήτησαν για λίγο έντονα μεταξύ τους και ο μπαμπάς βάλθηκε να σφυροκοπάει τα πλήκτρα του Μπλάκμπερι στο χέρι του.

«Έφυγα», είπε ο Τζόνα. «Γεια σας, χαμένοι». Μ' αυτά τα λόγια, πατέρας και γιος έγιναν καπνός.

Τρεις από τις ομάδες είχαν ήδη αναχωρήσει και ο Νταν εξακολουθούσε να μην έχει ιδέα για το νόημα του στοιχείου.

«Λοιπόν», είπε ο Ίαν Κάμπρα και τεντώθηκε τεμπέλικα, σαν να 'χε όλο τον χρόνο δικό του. «Έτοιμη, αδερφούλα;»

«Να ξεφτιλίσουμε τ' αμερικανάκια ξαδέρφια μας;» χαμογέλασε η Ναταλί. «Πάντα!»

Ο Νταν προσπάθησε να τους βάλει τρικλοποδιά, καθώς περνούσαν από δίπλα του· αλλά εκείνοι απέφυγαν το πόδι του και συνέχισαν τον δρόμο τους.

«Εντάξει!» φώναξε ο κύριος Χολτ. «Ομάδα, προοο-σοχή!»

Τα μέλη της οικογένειας Χολτ τινάχτηκαν όρθια στη στιγμή. Το σκυλί τους, ο Άρνολντ, βάλθηκε να χοροπηδάει γύρω τους, όσο ψηλότερα μπορούσε, γαβγίζοντας σαν μανιασμένο – σαν να προσπαθούσε να δαγκώσει τις μύτες τους.

«Πού πάμε, μπαμπά;» ρώτησε ο Χάμιλτον.

«Δεν ξέρω. Αλλά όλοι φεύγουν! Θα τους ακολουθήσουμε!»

Βγήκαν τροχάδην αφήνοντας στο Μεγάλο Σαλόνι την Έιμι, τον Νταν, τον Άλιστερ Ω και τον Γουίλιαμ Μακιντάιρ.

«Πο, πο», στέναξε ο Άλιστερ. Με το μαύρο κοστούμι και τη μεταξωτή γραβάτα του, θύμιζε στον Νταν Εγγλέζο μπάτλερ. Μπάτλερ μ' ένα μυστικό κρυμμένο. Τα μάτια του έμοιαζαν να χαμογελούν, ακόμα κι όταν το πρόσωπό του ήταν σοβαρό. «Νομίζω ότι θα κάνω μια βολτούλα στον κήπο να σκεφτώ το θέμα».

Ο Νταν ανακουφίστηκε βλέποντάς τον να φεύγει. Ο Άλιστερ ήταν ο πιο συμπαθητικός από τους ανταγωνιστές τους – αλλά δεν έπαυε να είναι ανταγωνιστής.

Το παιδί έστρεψε ξανά το βλέμμα του στο στοιχείο, πιο απογοητευμένο από κάθε άλλη φορά. «"ΔΙΑΛΕΙΜΜΑ. Ύστερα ΑΠΟΦΑΣΗ εγώ Ακλόνητη από σίδηρο θα πάρω: Τα ψιλά γραμματάκια για να βρω, Τον Ρίτσαρντ Σ. διαβάζω τον Φτωχό". Δεν το καταλαβαίνω».

«Δεν μπορώ να σας βοηθήσω με το στοιχείο», είπε ο κύριος Μακιντάιρ χαμογελώντας αχνά. «Αλλά η γιαγιά σας ήθελε πολύ να πάρετε μέρος στο κυνήγι του μυστικού».

Η Έιμι κούνησε το κεφάλι της. «Δεν έχουμε την παραμικρή ελπίδα, όμως. Έτσι δεν είναι; Οι Κάμπρα και οι Στάρλινγκ είναι πλούσιοι. Ο Τζόνα Γουίζαρντ είναι διάσημος. Οι Χολτ μοιάζουν με τέρατα μπουκωμένα με στεροειδή. Ο Άλιστερ και η Ιρίνα δείχνουν... τόσο –δεν ξέρω– τόσο *άνθρωποι του κόσμου*. Κι ο Νταν κι εγώ...»

«Έχετε άλλα χαρίσματα», αποτέλειωσε τη φράση της ο κύριος Μακιντάιρ. «Και είμαι σίγουρος ότι δεν θ' αργήσετε να το διαπιστώσετε».

Ο Νταν ξαναδιάβασε το στοιχείο. Στο μυαλό του έφερε τις κάρτες του μπέιζμπολ και τα γράμματα και τ' αυτόγραφα.

«Πρέπει να βρούμε αυτόν τον τύπο, τον Ρίτσαρντ», δήλωσε. «Αλλά γιατί το επίθετό του είναι μόνο Σ...;»

Τα μάτια της Έιμι άνοιξαν διάπλατα. «Για περίμενε ένα λεπτάκι. Θυμάμαι ότι κάπου διάβασα πως το 1700 οι άνθρωποι το έκαναν συχνά αυτό. Χρησιμοποιούσαν μόνο το αρχικό γράμμα, όταν ήθελαν να κρύψουν το όνομά τους».

«Χμμμ», είπε ο Νταν. «Αν δηλαδή τώρα εγώ πω ότι το πρόσωπο της Ε- είναι σαν τον κώλο της μαϊμούς, εσύ δεν θα καταλάβεις για ποιαν το λέω;»

Η Έιμι του 'ριξε μια μπουνιά στ' αυτί.

«Ωχ!»

«Παιδιά», τους διέκοψε ο κύριος Μακιντάιρ. «Αρκετούς εχθρούς έχετε. Δεν είναι ανάγκη να τσακώνεστε και μεταξύ σας. Κι έπειτα...», πρόσθεσε κοιτάζοντας ένα χρυσό ρολογάκι που έβγαλε από την τσέπη του, «... δεν έχουμε καιρό. Πρέπει να βιαστούμε. Και *υπάρχει κάτι* που πρέπει να σας πω, κάτι που η γιαγιά σας ήθελε να ξέρετε».

«Κάποια κρυφή οδηγία;» ρώτησε όλο ελπίδα ο Νταν.

«Μια προειδοποίηση, νεαρέ κύριε Νταν. Όλοι οι Κέιχιλ, βλέπετε (αν φυσικά το ξέρουν ότι είναι Κέιχιλ), ανήκουν σε έναν από τους τέσσερις κύριους κλάδους της οικογένειας».

Η Έιμι ίσιωσε απότομα τους ώμους της. «Το θυμάμαι! Μου το 'χε πει κάποτε η Γκρέις».

Ο Νταν έσμιξε τα φρύδια του. «Πότε σ' το είπε πάλι αυτό;»

«Ένα απόγευμα στη βιβλιοθήκη. Καθόμασταν και μιλούσαμε».

«Εμένα δεν μου το είπε!»

«Ίσως δεν άκουγες! Υπάρχουν τέσσερις κλάδοι. Οι Εκατερίνα, οι Τζάνους, οι... εεεε, Τόμας... και οι Λούσιαν».

«Εμείς τι είμαστε;» ρώτησε ο Νταν.

«Δεν ξέρω». Η Έιμι κοίταξε τον κύριο Μακιντάιρ, περιμένοντας τη δική του βοήθεια. «Ανέφερε μόνο τα ονόματα. Δεν μου είπε τι είμαστε εμείς».

«Φοβάμαι ότι δεν μπορώ να σας φωτίσω σ' αυτό το θέμα», είπε ο κύριος Μακιντάιρ.

Αλλά ο Νταν κατάλαβε από τον τόνο της φωνής του ότι ο δικηγόρος τούς έκρυβε κάτι.

«*Υπάρχει*, όμως, παιδιά, μια άλλη... μια άλλη ομάδα ενδιαφερομένων, για την οποία μπορώ να σας μιλήσω. Δεν πρόκειται για κάποιον κλάδο της οικογένειας Κέιχιλ. Αλλά είναι άνθρωποι που θα κάνουν την αποστολή σας ακόμα πιο δύσκολη».

«Νίντζα;» ρώτησε ο Νταν ενθουσιασμένος.

«Όχι. Κάτι πολύ πιο επικίνδυνο απ' αυτό», είπε ο κύριος Μακιντάιρ. «Δεν ξέρω και πολλά γι' αυτούς. Ομολογώ ότι μόνο το όνομά τους μου είναι γνωστό, καθώς και μερικές τρομακτικές ιστορίες. Αλλά πρέπει να προσέχετε. Αυτή ήταν η τελευταία προειδοποίηση της γιαγιάς σας. Και μ' έβαλε να της υποσχεθώ ότι θα σας το έλεγα, αν δεχόσασταν την πρόκληση: *Να φυλάγεστε από τους Μαντριγκάλ*».

Ρίγος διέτρεξε τη ραχοκοκαλιά του Νταν, χωρίς να ξέρει το γιατί. Το όνομα και μόνο ακουγόταν κακό κι απειλητικό. «Μα... κύριε Μακιντάιρ... ποιοι...»

«Παιδί μου», είπε ο γέρος δικηγόρος. «Περισσότερα δεν μπορώ να σου πω. Κανονικά δεν θα 'πρεπε να σας πω τίποτα. Έχω ήδη παραβεί τους κανόνες. Υποσχεθείτε μου μόνο ότι δεν θα δείξετε εμπιστοσύνη σε *κανέναν*. Σας εξορκίζω. Για το δικό σας καλό».

«Μα δεν ξέρουμε καν, πού ν' αρχίσουμε!» διαμαρτυρήθηκε η Έιμι. «Όλοι οι άλλοι έφυγαν τρέχοντας, σαν να 'ξεραν τι έπρεπε να κάνουν. Χρειαζόμαστε απαντήσεις!»

Ο κύριος Μακιντάιρ σηκώθηκε. «Πρέπει να επιστρέψω στο γραφείο μου. Σας το ξαναλέω, όμως: μπορεί ο δικός σας τρόπος να ψάχνετε και να βρίσκετε, να μην είναι ο ίδιος μ' αυτόν των άλλων ομάδων. Τι κάνεις συνήθως, Έιμι, όταν χρειάζεσαι απαντήσεις;»

«Διαβάζω ένα βιβλίο», ψέλισε ξαφνιασμένο το κορίτσι. «Στη βιβλιοθήκη! Στη βιβλιοθήκη της Γκρέις!»

Βγήκε σφαίρα από το Μεγάλο Σαλόνι. Ο Νταν δεν ακολουθούσε ποτέ τρέχοντας, όταν του πρότεινε η αδερφή του να πάνε σε κάποια βιβλιοθήκη. Αυτή τη φορά, όμως, το έκανε.

Η βιβλιοθήκη ήταν δίπλα στην κρεβατοκάμαρα της Γκρέις και τρία σκαλιά χαμηλότερα – ένα μεγάλο δωμάτιο με τοίχους, γεμάτους ράφια από πάνω ως κάτω. Ο Νταν το βρήκε λιγάκι τρομακτικό, που βρισκόταν ξανά εδώ μέσα μόνο με την Έιμι· και μάλιστα όταν η Γκρέις είχε πεθάνει ακριβώς δίπλα, στο μεγάλο κρεβάτι με τον ουρανό. Περίμενε πως όλα τα έπιπλα μέσα σ' αυτά τα δωμάτια θα 'ταν σκεπασμένα με μαύρα πανιά, όπως έβλεπε στις ταινίες. Αλλά η βιβλιοθήκη ήταν λουσμένη στον ήλιο, ευχάριστη, απλόχωρη και χαρούμενη, όπως πάντα.

Αυτό δεν του φάνηκε σωστό. Τώρα που η Γκρέις είχε πεθάνει, το σπίτι έπρεπε να είναι σκοτεινό και θλιμμένο – όπως περίπου ένιωθε κι ο ίδιος μέσα του. Κοίταξε τη δερμάτινη πολυθρόνα δίπλα στο παράθυρο και θυμήθηκε μια φορά που καθισμένος εκεί έπαιζε μ' ένα τρομερό πέτρινο στιλέτο, που είχε καταφέρει να βγάλει από μια κλειδωμένη γυάλινη βιτρίνα. Η Γκρέις είχε πλησιάσει τόσο αθόρυβα, που δεν την πήρε είδηση – ώσπου στάθηκε ακριβώς από πάνω του. Αντί να θυμώσει, όμως, είχε γονατίσει δίπλα του. *Αυτό το στιλέτο είναι από το Τενοτστιτλάν*, του είχε πει. *Το χρησιμοποιούσαν οι πολεμιστές των Αζτέκων για τις τελετουργικές θυσίες τους. Έκοβαν από τα κορμιά των εχθρών τους τα μέρη εκείνα που πίστευαν ότι έκρυβαν τη δύναμη και το πολεμικό τους πνεύμα.* Του είχε δείξει πόσο κοφτερή ήταν η αιχμή του και μετά τον είχε αφήσει μόνο του. Δεν του είχε πει να προσέχει. Δεν είχε νευριάσει, που ο Νταν είχε τρυπώσει στο γραφείο της και είχε βουτήξει το στιλέτο από την κλειδωμένη βιτρίνα. Είχε φερθεί λες και η περιέργειά του ήταν απολύτως φυσιολογική – αξιοθαύμαστη σχεδόν.

Κανένας άλλος μεγάλος δεν είχε μπορέσει να καταλάβει τον Νταν τόσο καλά. Ποτέ. Τώρα που το σκεφτόταν, ο Νταν ένιωθε λες και κάποιος είχε κόψει ένα κομμάτι από τη *δική του* δύναμη.

Η Έιμι βάλθηκε να ψάχνει τα βιβλία στα ράφια. Ο Νταν προσπάθησε να βοηθήσει, αλλά δεν είχε ιδέα τι έπρεπε να βρει, κι έτσι βαρέθηκε γρήγορα. Στριφογύρισε την παλιά υδρόγειο με τις καφετιές θάλασσες και τις αλλόκοτα χρωματισμένες ηπείρους – κι αναρωτήθηκε αν θα γινόταν καλή μπάλα του μπόουλινγκ. Και τότε πρόσεξε κάτι, που δεν το είχε ξαναδεί κάτω από τον Ειρηνικό Ωκεανό – μια υπογραφή.

Γκρέις Κέιχιλ, 1964.

«Γιατί υπέγραψε η Γκρέις τον κόσμο;» ρώτησε.

Η Έιμι γύρισε και τον κοίταξε. «Ήταν χαρτογράφος. Έφτιαχνε χάρτες. Και εξερευνήτρια. Αυτή την υδρόγειο την έχει φτιάξει μόνη της».

«Πού το ξέρεις;»

Η Έιμι σήκωσε τα μάτια της ψηλά. «Το ξέρω επειδή *άκουγα,* όταν μου μιλούσε».

«Α». Αυτή η ιδέα δεν είχε περάσει από το μυαλό του Νταν. «Και πού είχε κάνει εξερευνήσεις;»

«Παντού», απάντησε μια αντρική φωνή.

Ο Άλιστερ Ω στεκόταν στο άνοιγμα της πόρτας στηριγμένος στο μπαστούνι του και τους χαμογελούσε. «Η γιαγιά σας είχε κάνει εξερευνήσεις σ' όλες τις ηπείρους, Νταν. Στα είκοσι πέντε της μιλούσε με ευχέρεια έξι γλώσσες, χειριζόταν με ανάλογη επιδεξιότητα το ακόντιο, το μπούμερανγκ και την καραμπίνα, είχε ταξιδέψει σ' όλες σχεδόν τις μεγάλες πόλεις του κόσμου. Ήξερε την πατρίδα μου, τη Σεούλ, καλύτερα κι από μένα τον ίδιον. Μετά, για λόγους άγνωστους, γύρισε εδώ. Στη Μασαχουσέτη. Και δεν ξανάφυγε ποτέ. Μυστηριώδης γυναίκα – ήταν γεμάτη μυστήρια η Γκρέις».

Ο Νταν θα 'θελε ν' ακούσει περισσότερα για τις ικανότητες της Γκρέις με το μπούμερανγκ. Τι ωραίο που ήταν! Αλλά η Έιμι έκανε δυο βήματα ξεκολλώντας από τα ράφια των βιβλίων. Το πρόσωπό της ήταν κατακόκκινο. «Α-Α-Άλιστερ. Έεε... τι θέλεις;»

«Ω, δεν θέλω να σε διακόψω. Δεν πρόκειται ν' ανακατευτώ στη δουλειά σου».

«Έεεεμμμ, αλλά... Δεν υπάρχει τίποτα εδώ», μουρμούρισε η Έιμι. «Ήλπιζα ότι... δεν ξέρω. Ίσως έβλεπα κάτι που δεν το είχα ξαναδεί... Αλλά τα περισσότερα βιβλία εδώ μέσα τα έχω διαβάσει. Δεν είναι και τόσο πολλά, άλλωστε. Και δεν υπάρχει τίποτα για τον Ρίτσαρντ Σ.».

«Αγαπητά μου παιδιά, να προτείνω κάτι; Χρειαζόμαστε μια συμμαχία».

Ο Νταν τον κοίταξε αμέσως καχύποπτα. «Τι σου χρειάζεται εσένα μια συμμαχία με δυο παιδιά;»

Ο γέρος γέλασε χαρούμενα. «Έχετε μυαλό και νιάτα. Έχετε έναν φρέσκο τρόπο ν' αντιμετωπίζετε τα πράγματα. Εγώ, απ' την άλλη, έχω πείρα· και τα απαραίτητα μέσα. Μπορεί να μην είμαι από τους πιο διάσημους Κέιχιλ, αλλά με τον δικό μου περιορισμένο τρόπο άλλαξα κι εγώ τον κόσμο. Το ξέρετε ότι χρωστώ την περιουσία μου στις εφευρέσεις; Το ξέρετε ότι δική μου πατέντα είναι το μπουρίτο που φτιάχνεται στον φούρνο μικροκυμάτων;»

«Ουάου», είπε ο Νταν. «Συγκλονιστικό».

«Δεν υπάρχει λόγος να μ' ευχαριστείς. Το ζήτημα είναι ότι έχω τα απαραίτητα μέσα. Ενώ εσείς δεν μπορείτε να ταξιδέψετε, πόσο μάλλον να κάνετε τον γύρο του κόσμου ασυνόδευτοι. Χρειάζεστε έναν μεγάλο να σας συνοδεύει».

Τον γύρο του κόσμου;

Ο Νταν δεν το 'χε σκεφτεί αυτό. Πέρυσι την άνοιξη δεν τον είχαν καν αφήσει ν' ακολουθήσει την εκδρομή της τετάρτης τάξης στη Νέα Υόρκη, επειδή είχε ρίξει μέντες στην κόκα κόλα λάιτ της δασκάλας των ισπανικών. Στη σκέψη πως αυτό το κυνήγι θησαυρού μπορεί να τους οδηγούσε σε άλλες χώρες, ένιωσε το μυαλό του να μυρμηγκιάζει από την αναστάτωση.

«Μα... μα δεν μπορούμε να βοηθήσουμε ο ένας τον άλλον», είπε η Έιμι. «Αφού οι ομάδες δουλεύουν χωριστά η καθεμία. Δεν συνεργάζονται».

Ο Άλιστερ άπλωσε τα χέρια του. «Δεν θα βγούμε νικητές *κι εσείς κι εγώ*. Αλλά αυτός ο αγώνας μπορεί να κρατήσει βδομάδες, ίσως και μήνες. Στην αρχή τουλάχιστον, μπορούμε να συνεργαστούμε, έτσι δεν είναι; Στο κάτω κάτω, συγγενείς είμαστε».

«Ε, τότε βοήθησέ μας», αποφάσισε ο Νταν. «Δεν βρίσκουμε τίποτα εδώ γι' αυτόν τον Ρίτσαρντ Σ. Πού να ψάξουμε;»

Ο Άλιστερ χτύπησε το μπαστουνάκι του στο πάτωμα. «Η Γκρέις ήξερε να κρύβει τα μυστικά της. Αλλά αγαπούσε τα βιβλία. Τ' αγαπούσε πολύ. Και έχεις δίκιο, Έιμι. Μου φαίνεται κι εμένα παράξενο που είναι τόσο λίγα τα βιβλία της βιβλιοθήκης της».

«Λες να 'χε κι άλλα;» Η Έιμι έφερε το ένα χέρι στο στόμα της. «Σε... σε μια μυστική βιβλιοθήκη;»

Ο Άλιστερ ανασήκωσε τους ώμους. «Το σπίτι είναι μεγάλο. Μπορούμε να χωριστούμε και να ψάξουμε».

Εκείνη τη στιγμή, όμως, ο Νταν πρόσεξε κάτι – μια απ' αυτές τις ασήμαντες λεπτομέρειες, που συχνά τραβούσαν την προσοχή του. Στον τοίχο, πάνω από τα ράφια της βιβλιοθήκης, υπήρχε ένα πέτρινο ανάγλυφο οικόσημο, παρόμοιο μ' εκείνο πάνω από την εξώπορτα του αρχοντικού: ένα περίεργο Κ (C) τριγυρισμένο από τέσσερα μικρότερα οικόσημα – έναν δράκο, μια αρκούδα, έναν λύκο και δυο φίδια τυλιγμένα γύρω από ένα σπαθί. Είχε ξαναδεί αμέτρητες φορές τον θυρεό των Κέιχιλ, αλλά δεν είχε προσέξει ποτέ του πως τα τέσσερα μικρότερα οικόσημα είχαν γράμματα χαραγμένα στο κέντρο τους: E, T, J, L.

«Θέλω μια σκάλα», είπε.

«Τι πράγμα;» ρώτησε ο Άλιστερ.

«Άσ' το», αποφάσισε ο Νταν. Κι άρχισε να σκαρφαλώνει στα ράφια, σπρώχνοντας με τα πόδια του τα βιβλία και τα μικροπράγματα που τον εμπόδιζαν.

«Νταν, κατέβα αμέσως κάτω!» φώναξε η Έιμι. «Θα πέσεις και θα σπάσεις κανένα χέρι *πάλι!*»

Ο Νταν είχε φτάσει πια στο πάνω πάνω ράφι και είχε καταλάβει τι έπρεπε να κάνει. Τα γράμματα ήταν πιο σκούρα από την υπόλοιπη πέτρα, σαν να 'χανε πατηθεί πολλές φορές.

«Έιμι», φώναξε. «Πώς τους λένε αυτούς τους τέσσερις κλάδους της οικογένειας;»

«Εκατερίνα», του απάντησε η αδερφή του. «Τόμας. Τζάνους. Και Λούσιαν»*.

«Εκατερίνα», επανέλαβε ο Νταν. Και πάτησε το Ε. «Τόμας. Λούσιαν. Τζάνους».

Πιέζοντας το τελευταίο γράμμα, η βιβλιοθήκη ολόκληρη άρχισε να περιστρέφεται. Ο Νταν αναγκάστηκε να πηδήξει, για να μη γίνει σάντουιτς ανάμεσα στα βιβλία.

Και στο σημείο όπου μια στιγμούλα πριν υψώνονταν ράφια το ένα πάνω από το άλλο, τώρα φάνηκε μια σκοτεινή σκάλα, που οδηγούσε προς τα κάτω.

«Ένα μυστικό πέρασμα», είπε ο θείος Άλιστερ. «Νταν, μ' εντυπωσίασες».

«Μπορεί να είναι επικίνδυνο!» είπε η Έιμι.

«Έχεις απόλυτο δίκιο», συμφώνησε ο Νταν. «Οι κυρίες προηγούνται».

---

* Εκατερίνα (E), Τόμας (T), Τζάνους (J), Λούσιαν (L).

ΚΕΦΑΛΑΙΟ 5

Η Έιμι θα μπορούσε να ζήσει όλη της τη ζωή μέσα στη μυστική βιβλιοθήκη. Αντί γι' αυτό, κόντεψε να πεθάνει εκεί μέσα.

Κατέβηκε πρώτη τα σκαλιά κι έμεινε με το στόμα ανοιχτό βλέποντας τ' αμέτρητα βιβλία. Ατελείωτα ράφια, όσο έφτανε το μάτι της. Νόμιζε πως η Κεντρική Δημοτική Βιβλιοθήκη στην πλατεία Κόπλι ήταν η καλύτερη στον κόσμο. Μα ετούτη εδώ ήταν πολύ καλύτερη. Έδειχνε *πιο βιβλιοθήκη*. Τα ράφια, από σκούρο ξύλο, φιλοξενούσαν βιβλία δεμένα με δέρμα, παμπάλαια, με τους τίτλους γραμμένους με χρυσά γράμματα στις ράχες τους. Έδειχναν διαβασμένα ξανά και ξανά, επί εκατοντάδες χρόνια. Ανατολίτικα χαλιά ήταν στρωμένα κατάχαμα. Υπήρχαν αναπαυτικές πολυθρόνες, σκόρπιες εδώ κι εκεί... μπορούσες να καθίσεις όπου ήθελες και να βυθιστείς στο διάβασμα. Χάρτες και λευκώματα μεγάλου σχήματος ήταν απλωμένα πάνω σε μακρόστενα τραπέζια. Σ' έναν τοίχο μπροστά υπήρχαν αραδιασμένα ξύλινα ντουλάπια κι ένα πελώριο κομπιούτερ με τρεις χωριστές οθόνες, σαν αυτά που χρησιμοποιούσαν στη NASA. Κρυστάλλινοι πολυέλαιοι κρέμονταν από το θολωτό ταβάνι φωτίζοντας άπλετα τον χώρο, παρόλο που το δωμάτιο ήταν σίγουρα υπόγειο. Είχαν κατέβει πολλά σκαλιά, για να φτάσουν ως εδώ. Και δεν υπήρχαν παράθυρα.

«Τρομερό!» είπε η Έιμι και όρμησε μέσα.

«Βιβλία!» είπε ο Νταν. «Πολύ τρομερό, πράγματι!» Πήγε κατευθείαν στον υπολογιστή, αλλά η οθόνη τον κοίταξε παγωμένη, ζητώντας κωδικό. Δοκίμασε τα συρτάρια του γραφείου, μα ήταν όλα κλειδωμένα.

Ο θείος Άλιστερ πήρε έναν κόκκινο τόμο από το ράφι δίπλα του. «Λατινικά. Η εκστρατεία του Καίσαρα στη Γαλατία, χειρόγραφη περγαμηνή. Αντίγραφο, απ' ό,τι φαίνεται, του 1500».

«Θα πρέπει ν' αξίζει ολόκληρη περιουσία», είπε η Έιμι.

Ξαφνικά ο Νταν έδειξε ενδιαφέρον. «Θα μπορούσαμε να τα πουλήσουμε; Στο eBay, ας πούμε;»

«Ω, βούλωσ' το, Νταν. Αυτά τα βιβλία είναι ανεκτίμητα». Χάιδεψε τις ράχες τους – Μακιαβέλι, Μέλβιλ, Μίλτον. «Είναι τακτοποιημένα με αλφαβητική σειρά. Ας βρούμε το Σ!»

Το βρήκαν, αλλά απογοητεύτηκαν. Δέκα ράφια φίσκα με ό,τι μπορούσε να βάλει ο νους... από πρώτες εκδόσεις του Σαίξπηρ, μέχρι τα *Άπαντα του Μπρους Σπρίνγκστιν*. Δεν υπήρχε, όμως, ούτε ένας συγγραφέας με επώνυμο από Σ., που να λέγεται Ρίτσαρντ.

«Υπάρχει κάτι...», μουρμούρισε η Έιμι. Το όνομα *Ρίτσαρντ Σ.*, μαζί με τη λέξη ΑΠΟΦΑΣΗ, γύριζε συνέχεια στο μυαλό της. Με κάποιον τρόπο, που της ξέφευγε, αυτά τα δυο ταίριαζαν. Της φαίνονταν γνωστά, αλλά δεν μπορούσε να θυμηθεί από πού. Και τρελαινόταν, όταν δεν μπορούσε να θυμηθεί αυτό που ήθελε. Διάβαζε τόσα πολλά βιβλία, που μερικές φορές όλα γίνονταν μαλλιά-κουβάρια μέσα στο κεφάλι της.

Τότε κοίταξε γύρω της. Στο βάθος, δίπλα στα ράφια, κουλουριασμένο πάνω σ' ένα χαμηλό τραπεζάκι, αντίκρισε έναν παλιό φίλο.

«Σαλαντίν!» φώναξε.

Ο γάτος άνοιξε τα πράσινα μάτια του και είπε: «*Μμμρρρρπ;*» μ' έναν τόνο μάλλον αδιάφορο, σαν να έλεγε: *Α, εσύ είσαι; Μήπως μου 'φερες το μπαρμπουνάκι μου;*

Η Έιμι και ο Νταν έτρεξαν προς το μέρος του. Ο Σαλαντίν είχε το πιο όμορφο τρίχωμα που είχε δει ποτέ της η Έιμι – ασημένιο με λευκές βούλες! Έμοιαζε με μικροσκοπική λεοπάρδαλη του χιονιού. Καλά... όχι και τόσο μικροσκοπική. Εντάξει. Ο γάτος ήταν τεράστιος, με πελώρια πόδια και μακριά ριγωτή ουρά.

«Σαλαντίν, τι κάνεις εδώ κάτω;» Η Έιμι του χάιδεψε την πλάτη.

Ο γάτος έκλεισε τα μάτια και γουργούρισε. Το κορίτσι ήξερε πως ο Σαλαντίν δεν ήταν παρά ένα ζώο. Μα ένιωθε τόσο ευτυχισμένη, που τον είχε συναντήσει! Λίγο ακόμα και θα 'βαζε τα κλάματα. Έμοιαζε λες κι ένα κομμάτι της Γκρέις ήταν ακόμα στη ζωή.

«Ε, Σαλαντίν», είπε ο Νταν. «Τι είναι αυτό που κάθεσαι πάνω του, φιλαράκο;»

«*Μμμρρρπ*», γκρίνιαξε ο Σαλαντίν, καθώς ο Νταν τον ανασήκωσε. Κάτω από το κορμί του γάτου αντίκρισαν μια καλογυαλισμένη κασετίνα από μαόνι, με τα αρχικά Γκ. Κ. σκαλισμένα χρυσά στο καπάκι της.

Η καρδιά της Έιμι χτύπησε πιο γρήγορα. «Είναι η κοσμηματοθήκη της Γκρέις!»

Την άνοιξε. Κι ήταν πράγματι η κοσμηματοθήκη της γιαγιάς της, με τα κοσμήματα που η Έιμι αγαπούσε από μικρή. Η Γκρέις την άφηνε να παίζει με το μαργαριταρένιο βραχιόλι, το διαμαντένιο δαχτυλίδι και τα σμαραγδένια σκουλαρίκια της. Η Έιμι είχε αργήσει να συνειδητοποιήσει πως τα κοσμήματα αυτά ήταν αληθινά – κι ότι άξιζαν χιλιάδες δολάρια.

Ανοιγόκλεισε τα μάτια της να διώξει τα δάκρυα. Τώρα που είχε βρει τον Σαλαντίν και την κοσμηματοθήκη, ένιωθε σαν να βρισκόταν στο μυστικό καταφύγιο της Γκρέις. Η απουσία της γιαγιάς της, την πονούσε πολύ. Διάλεξε ένα αγαπημένο κόσμημα και το έβγαλε από την κασετίνα...

«Πο, πο», είπε ο Άλιστερ. «Αν δεν κάνω λάθος, ήταν το αγαπημένο της κολιέ, ε;»

Είχε δίκιο. Η Έιμι δεν είχε δει ποτέ τη γιαγιά της χωρίς αυτό το κολιέ – δώδεκα λεπτοσκαλισμένοι κύβοι από νεφρίτη με μια μεγάλη χάντρα σε σχήμα πράσινου δράκου στη μέση τους. Η Γκρέις έλεγε πως ήταν το γούρι της. Το φυλαχτό της.

Η Έιμι άγγιξε τον δράκο στο κέντρο. Αναρωτήθηκε γιατί δεν είχαν θάψει την Γκρέις με το αγαπημένο της κολιέ στον λαιμό της. Δεν ήταν σωστό.

«Ε!» φώναξε ο Νταν. «Έλα να δεις!»

Η Έιμι τον βρήκε σε μια γωνιά, να κρατάει τον Σαλαντίν στην αγκαλιά του και να κοιτάζει με το στόμα ανοιχτό έναν τεράστιο παγκόσμιο χάρτη κρεμασμένο στον τοίχο. Ο χάρτης ήταν γεμάτος πινέζες, σε πέντε διαφορετικά χρώματα: κόκκινες, μπλε, κίτρινες, πράσινες και άσπρες. Όλες οι μεγάλες πόλεις του κόσμου είχαν τουλάχιστον από μία. Κάποιες περιοχές είχαν μόνο κόκκινες πινέζες, κάποιες άλλες πράσινες ή μπλε. Ορισμένες είχαν πινέζες κι απ' τα πέντε χρώματα.

«Η γιαγιά έκανε βουντού στον κόσμο!» είπε ο Νταν.

«Μη λες χαζομάρες», τον αποπήρε η Έιμι. «Οι πινέζες αυτές είναι σημάδια. Δείχνουν πού βρίσκεται κάτι».

«Σαν τι;»

Η Έιμι κούνησε το κεφάλι της. Ο χάρτης τής προκαλούσε ένα αλλόκοτο αίσθημα ανησυχίας. «Κάτι ίσως για τους Κέιχιλ;» είπε κοιτάζοντας τον Άλιστερ.

Εκείνος έσμιξε τα φρύδια του. «Δεν ξέρω, αγαπητή μου. Είναι στ' αλήθεια περίεργο».

Αλλά απέφυγε να την κοιτάξει στα μάτια και η Έιμι ένιωσε πως κάτι προσπαθούσε να της κρύψει.

«Κοιτάξτε την Ευρώπη», είπε ο Νταν. «Και την Ανατολική Ακτή μας».

Οι περιοχές αυτές ήταν γεμάτες πινέζες και των πέντε χρωμάτων. Με δυσκολία ξεχώριζε η Έιμι τις πόλεις από κάτω. Αν αυτές οι πινέζες αντιπροσώπευαν τους Κέιχιλ, τότε η οικογένεια είχε τις ρίζες της κάπου στην Ευρώπη κι από 'κεί είχε εξαπλωθεί σ' όλο τον υπόλοιπο κόσμο – αποικίζοντας κυρίως τη Βόρεια Αμερική.

Στο μυαλό της πέρασαν μία μία οι λέξεις: *Ευρώπη. Αποικίες. Βόρεια Αμερική.* Το όνομα Ρίτσαρντ Σ. ξανάρχισε να χοροπηδάει στη σκέψη της, σαν να προσπαθούσε να βρει τη σωστή του θέση. Όνομα από τον δέκατο όγδοο αιώνα, ίσως... Κάποιος που είχε γράψει ΑΠΟΦΑΣΕΙΣ...

Ξαφνικά έκανε μεταβολή και κατευθύνθηκε τρέχοντας προς το βάθος της βιβλιοθήκης.

«Ε!» φώναξε ο Νταν – κι ο Σαλαντίν ξέφυγε από την αγκαλιά του, καθώς το παιδί γύρισε απότομα ν' ακολουθήσει την αδερφή του. «Έιμι! Πού πας;»

«Στα ράφια με το Φ!» του απάντησε εκείνη, χωρίς να σταματήσει.

«Τι θα ψάξεις εκεί; Το *φιάσκο* μας;»

Η Έιμι έφτασε στο Φ και βρήκε αμέσως αυτό που έψαχνε: ένα μικρό βιβλιαράκι, τόσο παλιό και ταλαιπωρημένο, που κόντευε σχεδόν να διαλυθεί. Το εξώφυλλο είχε ένα άσπρο και κόκκινο χαρακτικό με γεωργούς στα χωράφια τους. Ο τίτλος είχε ξεθωριάσει, αλλά η Έιμι κατάφερε να τον διαβάσει: Ο ΚΑΖΑΜΙΑΣ ΤΟΥ ΦΤΩΧΟΥ ΡΙΤΣΑΡΝΤ, για το σωτήριο έτος 1739. Του Ρίτσαρντ Σόντερς.

«Φυσικά!» είπε ο θείος Άλιστερ. «Τα κατάφερες σπουδαία, αγαπητή μου! Μπράβο σου!»

Άθελά της η Έιμι κοκκίνισε από περηφάνια.

«Για μισό λεπτάκι», είπε ο Νταν. «Αν αυτό το βιβλίο το έγραψε ο Ρίτσαρντ Σόντερς, τι δουλειά έχει στα ράφια του Φι;»

«Το "Ρίτσαρντ Σόντερς" ήταν ψευδώνυμο», εξήγησε ο θείος Άλιστερ.

Ο Νταν ζάρωσε τα φρύδια του. «Τι θα πει αυτό πάλι; Ψεύτικο νήμα;»

Η Έιμι θα τον στραγγάλιζε ευχαρίστως, αλλά ο Άλιστερ δεν έχασε την υπομονή του. «Όχι, παιδάκι μου. Το ψευδώνυμο είναι το ψεύτικο όνομα. Το χρησιμοποιεί ένας συγγραφέας για να κρύψει την αληθινή του ταυτότητα. Συγγραφέας αυτού του βιβλίου είναι ένα πολύ διάσημο πρόσωπο».

«Ο Μπέντζαμιν Φράνκλιν», είπε η Έιμι. «Είχα μια εργασία γι' αυτόν πέρυσι».

Άνοιξε το βιβλιαράκι. Το κείμενο ήταν τυπωμένο με απλά τυπογραφικά στοιχεία, χωρίς πολλά σημεία στίξης, δύσκολο στο διάβασμα. Αλλά είχε χάρτες, εικόνες και στήλες με αριθμούς. «Είναι το πιο γνωστό δημοσίευμα του Μπέντζαμιν Φράνκλιν. Ο Φτωχός Ρίτσαρντ ήταν ένα από τα πολλά πρόσωπα, που είχε δημιουργήσει. Είχε πολλά ψευδώνυμα. Όταν έγραφε, παρίστανε σχεδόν πάντα πως ήταν κάποιος άλλος».

«Έχουμε, λοιπόν, στο σόι έναν τύπο που δεν ήξερε ούτε ο ίδιος ποιος ακριβώς ήταν», είπε ο Νταν. «Πολύ ωραία. Αλλά οι καζαμίες δεν είναι βιβλία με προφητείες; Με αστρολογικές προβλέψεις;»

«Αυτός ο καζαμίας όχι», είπε η Έιμι. «Αυτός ο καζαμίας έχει μέσα διάφορα που ενδιαφέρουν τους γεωργούς. Είναι σαν ημερολόγιο με χρήσιμες συμβουλές και γνωμικά και παροιμίες. Ο Φράνκλιν έχει μαζέψει εδώ μέσα όλους τους γνωστούς αφορισμούς του... "Για όποιον σηκώνεται νωρίς, η μέρα έχει διπλές ώρες", ας πούμε».

«Ναι. Σιγά».

«Ή: "Πέτρα που κυλάει, δεν χορταριάζει"».

«Και τι τους νοιάζει τους γεωργούς, αν μια πέτρα θα χορταριάσει ή όχι;»

Λίγο ακόμη ήθελε η Έιμι να του κοπανήσει το βιβλίο στο κεφάλι. Ίσως το χτύπημα τράνταζε λιγάκι τις πέτρες μέσα στο μυαλό του. Κράτησε, όμως, την ψυχραιμία της. «Το θέμα είναι, Νταν, πως μ' αυτόν τον καζαμία ο Μπέντζαμιν Φράνκλιν έγινε διάσημος. Κι έβγαλε ένα σωρό λεφτά».

«Εντάξει...» Ο Νταν τράβηξε από την τσέπη του το χαρτί με το πρώτο τους στοιχείο και το κοίταξε μουτρωμένος. «Βρήκαμε, λοιπόν, τον Ρίτσαρντ Σ. Πώς θα μας βοηθήσει αυτό να βρούμε τον θησαυρό; Τι εννοεί όταν λέει ΑΠΟΦΑΣΗ; Και τι δουλειά έχει το ΔΙΑΛΕΙΜΜΑ εδώ μέσα;»

«Ο Φράνκλιν έγραφε διάφορες "ΑΠΟΦΑΣΕΙΣ" για τον εαυτό του», είπε η Έιμι. «Κανόνες, που αποφάσιζε να τους ακολουθεί για να γίνει καλύτερος».

«Σαν τις αποφάσεις που παίρνει κανείς την Πρωτοχρονιά;»

«Κάπως σαν αυτές. Μόνο που τις έγραφε όλο τον χρόνο. Όχι μόνο την Πρωτοχρονιά».

«Υπάρχουν δηλαδή γραμμένες και μέσα στον *Καζαμία του Φτωχού Ρίτσαρντ;*»

Η Έιμι έσμιξε τα φρύδια της. «Όχι», παραδέχτηκε. «Οι ΑΠΟΦΑΣΕΙΣ του είναι από άλλο βιβλίο. Από την Αυτοβιογραφία του, αν δεν κάνω λάθος. Ίσως η λέξη ΑΠΟΦΑΣΗ μπήκε στο στοιχείο μόνο και μόνο για να μας διευκολύνει να σκεφτούμε τον Μπέντζαμιν Φράνκλιν. Όσο για το ΔΙΑΛΕΙΜΜΑ... δεν ξέρω γιατί το λέει. Δεν είμαι σίγουρη...»

Άνοιξε τον *Καζαμία* και γύρισε σελίδα. Σημειώσεις ήταν γραμμένες στα περιθώρια με διάφορους γραφικούς χαρακτήρες. Ξάφνου, της κόπηκε η ανάσα – γιατί αναγνώρισε μια αράδα καλλιγραφική, γραμμένη με κόκκινο μελάνι στο κάτω μέρος της σελίδας. Είχε ξαναδεί αυτόν τον γραφικό χαρακτήρα σε παλιές επιστολές – σε μικρούς θησαυρούς που της έδειχνε η Γκρέις αραιά και πού. Η σημείωση έλεγε απλώς, *Ακολούθησε τον Φράνκλιν, πρώτο στοιχείο, Λαβύρινθος των Σκελετών.*

«Είναι τα γράμματα της μαμάς!» φώναξε. «Πάντα με κόκκινο στιλό έγραφε!»

«*Τι;*» είπε ο Νταν. «Δείξε μου!»

«Μπορώ να δω κι εγώ;» ρώτησε ο Άλιστερ.

Η Έιμι δεν ήθελε ν' αφήσει από τα χέρια της το βιβλίο. Ήθελε να καταβροχθίσει με τα μάτια κάθε λέξη που είχε γράψει στα περιθώριά του η μαμά της. Απρόθυμα το έδωσε στον Άλιστερ. «Το θέλω πίσω αμέσως!» επέμεινε.

«Δεν είναι δίκαιο!» είπε ο Νταν.

Ο Άλιστερ έβαλε τα γυαλιά του και εξέτασε μερικές σελίδες. «Ενδιαφέρον. Έχει περάσει από πολλές γενιές το βιβλιαράκι μας. Αυτές οι σημειώσεις εδώ είναι από το χέρι της Γκρέις. Κι ετούτες εδώ από το χέρι του πατέρα μου, του Γκόρντον Ω. Αυτά πάλι τα 'χει γράψει ο Τζέιμς Κέιχιλ, ο πατέρας της Γκρέις. Ήταν αδέρφια, ξέρετε. Αν και η μητέρα του Γκόρντον, η γιαγιά μου, ήταν Κορεάτισσα».

«Ωραία, ωραία», είπε ανυπόμονα ο Νταν. «Αλλά τι ήθελε να πει η μαμά μας μ' αυτό το *Ακολούθησε τον Φράνκλιν;*»

Ο Άλιστερ ανασήκωσε τα φρύδια του. «Φαίνεται πως ο Μπέντζαμιν Φράνκλιν ήταν κι αυτός Κέιχιλ. Αυτό δεν με ξαφνιάζει. Μην ξεχνάτε πως ήταν εφευρέτης, σαν εμένα. Υποθέτω ότι πολλά από τα βιβλία που είναι συγκεντρωμένα σ' ετούτη τη βιβλιοθήκη, έχουν γραφτεί από μέλη της οικογένειάς μας – είτε ήταν γνωστή η συγγένειά τους είτε όχι».

Η Έιμι τα είχε χάσει. Όλοι αυτοί οι ξακουστοί συγγραφείς... ήταν Κέιχιλ; Μπορούσε να συμβαίνει αυτό; Όλες τις φορές που ήταν σε κάποια βιβλιοθήκη, χαμένη μέσα στα βιβλία, διάβαζε στην πραγματικότητα τα γραπτά των συγγενών της; Δεν το χωρούσε ο νους της πως οι Κέιχιλ ήταν τόσο δυνατοί. Αλλά ο κύριος Μακιντάιρ τούς είχε πει οτι η οικογένειά τους είχε σφραγίσει την εξέλιξη του ανθρώπινου πολιτισμού. Η Έιμι άρχισε σιγά σιγά να συνειδητοποιεί το νόημα αυτών των λόγων. Της φάνηκε πως μια απέραντη χαράδρα άνοιξε ξαφνικά κάτω από τα πόδια της.

Πώς ήξερε η μαμά της για το πρώτο στοιχείο, χρόνια ολόκληρα πριν αρχίσει ο αγώνας; Το κυνήγι του θησαυρού; Και γιατί είχε διαλέξει αυτό το βιβλιαράκι, για να γράψει στο περιθώριό του τη σημείωσή της; Και τι στην ευχή ήταν ο Λαβύρινδος των Σκελετών; Ένα σωρό ερωτήσεις.

Στο μεταξύ, ο Νταν είχε αρχίσει να χοροπηδάει γύρω της με τον συνηθισμένο εκνευριστικό του τρόπο.

«Θες να πεις, δηλαδή, ότι ο Μπέντζαμιν Φράνκλιν κι εγώ είμαστε συγγενείς; Απίστευτο!»

«Γιατί δεν βγαίνεις να πετάξεις έναν αετό την επόμενη φορά που θα βρέξει; Να δούμε αν θα πάθεις ηλεκτροπληξία;» πρότεινε ξερά η Έιμι.

«Ελάτε, ελάτε, παιδιά!» είπε ο Άλιστερ. «Μας περιμένει πολλή δουλειά! Δεν έχουμε καιρό για τσακωμούς. Πρέπει να διαβάσουμε όλες αυτές τις σημειώσεις και...»

«Για περίμενε». Ολόκληρο το κορμί της Έιμι σφίχτηκε. Μια ξινή, πικρή μυρωδιά είχε πλημμυρίσει τον αέρα. «Καπνίζει κανείς εδώ μέσα;»

Ο θείος Άλιστερ και ο Νταν κοίταξαν γύρω τους σαστισμένοι.

Και τότε η Έιμι είδε. Είδε άσπρο καπνό να χώνεται πυκνός από το ταβάνι και να απλώνεται σαν θανατηφόρα ομίχλη μέσα στο υπόγειο.

«Φωτιά!» τσίριξε ο Νταν. «Πάμε στις σκάλες!»

Αλλά η Έιμι παρέλυσε, ανήμπορη να σαλέψει. Φοβόταν τρομερά τη φωτιά. Ξυπνούσε μέσα της άσχημες αναμνήσεις. Πολύ άσχημες αναμνήσεις.

«Έλα!» την τράβηξε ο Νταν από το χέρι. «Πού είναι ο Σαλαντίν; Πρέπει να τον βρούμε!»

Αυτό την συνέφερε. Δεν μπορούσε ν' αφήσει τον γάτο αβοήθητο.

«Δεν προλαβαίνουμε!» φώναξε ο θείος Άλιστερ. «Πρέπει να βγούμε έξω!»

Η Έιμι ένιωσε το τσούξιμο στα μάτια της. Με δυσκολία ανάσαινε. Έψαξε γύρω της για τον Σαλαντίν, αλλά ο γάτος είχε γίνει άφαντος. Τελικά ο Νταν την έσυρε πίσω του ως τη σκάλα και έσπρωξε τη βιβλιοθήκη με τον ώμο του ν' ανοίξει η μυστική πόρτα. Τα ράφια με τα βιβλία δεν κουνήθηκαν πόντο.

«Ένας μοχλός», είπε βήχοντας ο Νταν. «Πρέπει να υπάρχει ένας μοχλός».

Ο Νταν συνήθως τα κατάφερνε, όταν αντιμετώπιζαν τέτοια προβλήματα. Αλλά όσο κι αν έψαξαν για διακόπτη ή μοχλό, δεν βρήκαν τίποτα. Ο καπνός είχε πυκνώσει. Η Έιμι ακούμπησε στον τοίχο και άθελά της φώναξε τρομαγμένη, «Ο τοίχος καίει! Η φωτιά έρχεται απ' την άλλη μεριά. Δεν μπορούμε ν' ανοίξουμε! Δεν μπορούμε να φύγουμε από 'δώ!»

«Πρέπει!» επέμεινε ο Νταν. Ήταν, όμως, η σειρά της αδερφής του να τον σύρει πίσω της. Τον τράβηξε και κατέβηκαν ξανά τα σκαλιά. Ο καπνός ήταν πια τόσο πυκνός, που με δυσκολία έβλεπαν ο ένας τον άλλον.

«Σκύψε όσο μπορείς!» είπε η Έιμι. Μαζί τα δυο αδέρφια σύρθηκαν στο πάτωμα της βιβλιοθήκης, ψάχνοντας απελπισμένα για άλλη έξοδο. Η Έιμι δεν είχε ιδέα πού βρισκόταν ο θείος Άλιστερ. Τα ράφια άρπαξαν τρίζοντας – φορτωμένα με παλιό στεγνό χαρτί, ήταν το τέλειο προσάναμμα.

Η Έιμι σκόνταψε σ' ένα τραπεζάκι· ήταν το τραπεζάκι με την κοσμηματοδήκη της Γκρέις. *Μη φορτώνεστε με πολύτιμα πράγματα.* Ήξερε ότι αυτός ήταν ένας από τους πρώτους κανόνες για να βγει κανείς ζωντανός από μια πυρκαγιά. Παρ' όλα αυτά, πήρε την κασετίνα και προχώρησε.

Η ζέστη είχε γίνει πια ασφυκτική. Ο αέρας ήταν γεμάτος στάχτη. Έμοιαζε σαν ν' ανάσαινες δηλητηριασμένη ομίχλη. Η Έιμι δυσκολευόταν να τρέξει σκυφτή μ' αυτό το ηλίθιο φόρεμα που φορούσε. Άκουσε τον Νταν να βήχει και να κλαψουρίζει πίσω της. Το άσθμα του – μήνες είχε να πάθει κρίση· αλλά αυτός ο καπνός θα τον σκότωνε, αν δεν προλάβαινε η ζέστη να τον πνίξει.

Σκέψου, πρόσταξε τον εαυτό της. Η Γκρέις δεν θα έχτιζε ποτέ της ένα μυστικό δωμάτιο με μία μόνο έξοδο.

Η Έιμι έπεσε στο πάτωμα βήχοντας και προσπαθώντας να πάρει ανάσα. Έβλεπε μόνο το ανατολίτικο χαλί – μια παρέλαση από υφαντούς, μεταξωτούς δράκους.

Δράκοι κι εδώ... όπως και στο κολιέ της Γκρέις. Και πετούσαν όλοι προς την ίδια κατεύθυνση, σαν να της έδειχναν τον δρόμο. Ήταν τρελή η ιδέα της, αλλά δεν είχε άλλη.

«Ακολούθησέ με!» είπε στον αδερφό της.

Ο Νταν δυσκολευόταν τόσο ν' ανασάνει, που δεν μπόρεσε ούτε να της απαντήσει. Η Έιμι προχώρησε μπροστά, ρίχνοντας πού και πού μια ματιά πίσω της για να σιγουρευτεί ότι την ακολουθούσε ο αδερφός της. Οι δράκοι τούς οδήγησαν ανάμεσα σε δυο σειρές ραφιών, που καίγονταν – μπροστά στη σχάρα ενός αεραγωγού, μ' επιφάνεια όχι μεγαλύτερη από ένα τετραγωνικό μέτρο. Δεν ήταν μεγάλη, αλλά ίσως ήταν αρκετή. Η Έιμι κλότσησε τη σχάρα με όλη της τη δύναμη. Με την τρίτη κλοτσιά η σχάρα έπεσε και πίσω της φάνηκε το σκοτεινό στόμιο του πέτρινου αεραγωγού.

«Νταν!» ούρλιαξε. «Ανέβα!»

Τον έσπρωξε δυνατά μπροστά της και αντιλήφθηκε ξαφνιασμένη πως ο αδερφός της κρατούσε στην αγκαλιά του τον Σαλαντίν. Κάπου είχε βρει τον γάτο και τον είχε αρπάξει στα χέρια του. Ο γάτος, κάθε άλλο παρά ευχαριστημένος, νιαούριζε και χτυπιόταν να του ξεφύγει, αλλά ο Νταν τον κρατούσε γερά. Η Έιμι προχώρησε πίσω του, πασχίζοντας να πάρει ανάσα. Τα μάτια της την έτσουζαν, σαν να 'ταν γεμάτα άμμο. Συνέχισαν να σκαρφαλώνουν στον σκοτεινό αεραγωγό και μετά από κάμποση ώρα, που φάνηκε στην Έιμι αιωνιότητα, ο Νταν σταμάτησε.

«Τι κάνεις;» ρώτησε η Έιμι. Η ζέστη δεν ήταν πια τόσο φρικτή, αλλά ο καπνός εξακολουθούσε να τους πνίγει.

«Δεν περνάει!» είπε με κομμένη ανάσα ο Νταν.

«Σπρώξε!»

Στο απόλυτο σκοτάδι σύρθηκε δίπλα του και έσπρωξαν μαζί τη λεία πέτρινη πλάκα που τους έκλεινε το πέρασμα. Έπρεπε να την ανοίξουν. *Έπρεπε.*

Και τελικά την άνοιξαν – σαν καπάκι. Το φως του ήλιου, τους τύφλωσε. Σύρθηκαν έξω στον καθαρό αέρα και σωριάστηκαν στο χορτάρι. Ο Σαλαντίν ξέφυγε μ' ένα αγανακτισμένο «*ΜΜΜΡΡΡΡΠ!*» και χάθηκε ανάμεσα στους κορμούς των δέντρων. Βρίσκονταν στο κοιμητήριο, καμιά δεκαπενταριά μέτρα μόλις από το φρεσκοσκαμμένο μνήμα της Γκρέις. Η πλάκα που είχαν καταφέρει να ανοίξουν, ήταν κάποια ταφόπλακα.

«Νταν! Είσαι καλά;» ρώτησε.

Το πρόσωπο του Νταν είχε γίνει μαύρο από την καπνιά. Τα μαλλιά του κάπνιζαν και τα ρούχα του ήταν ακόμα πιο μαύρα από πριν. Ανάσαινε με δυσκολία. Τα χέρια του ήταν γεμάτα αίματα και γρατζουνιές από τα νύχια του Σαλαντίν.

«Νομίζω...», κατάφερε να ψελίσει, «πως δεν θέλω πια... να κάνω συλλογή από... ταφόπλακες».

Από το άνοιγμα δίπλα τους έβγαινε καπνός πυκνός, σαν από καμινάδα. Μα αυτό δεν ήταν τίποτα σε σύγκριση μ' αυτό που είδε η Έιμι γυρίζοντας προς την κορυφή του λόφου. Ο λαιμός της σφίχτηκε. «Ω, όχι!»

Το αρχοντικό της οικογένειας είχε μετατραπεί σε κόλαση φωτιάς. Φλόγες χόρευαν στα παράθυρά του και τύλιγαν ολόκληρο το κτίριο. Καθώς η Έιμι κοίταζε κυριευμένη από φρίκη, ένας πέτρινος τοίχος κατέρρευσε. Τα όμορφα βιτρό στα παράθυρα έλιωσαν. Ο θυρεός της οικογένειας πάνω από την πόρτα της εισόδου –το παλιό πέτρινο οικόσημο που αγαπούσε η Έιμι– γκρεμίστηκε στις πλάκες κι έγινε χίλια κομμάτια.

«Έιμι...» Η φωνή του Νταν ακούστηκε σαν να 'ταν έτοιμη να σπάσει κι αυτή. «Το σπίτι... δεν μπορούμε να... Πρέπει να το...»

Μα δεν απόσωσε τη φράση του. Δεν μπορούσαν να κάνουν τίποτα. Ένα μέρος της στέγης βούλιαξε, τινάζοντας προς τον ουρανό μια μπάλα φωτιάς. Η απόγνωση έκοψε την ανάσα της Έιμι, λες και το σπίτι είχε γκρεμιστεί πάνω της. Άπλωσε τα χέρια της και αγκάλιασε τον Νταν. Ο αδερφός της δεν διαμαρτυρήθηκε καν.

Η μύτη του έτρεχε. Το κάτω χείλι του έτρεμε. Ήθελε να τον παρηγορήσει, να του πει πως όλα θα πήγαιναν καλά. Αλλά δεν το πίστευε ούτε η ίδια.

Τότε πρόσεξε κάτι που την έβγαλε από τη ζάλη της. Στις σκάλες της εισόδου ήταν πεσμένος ένας άνθρωπος, ένας άντρας με γκρίζο κοστούμι. «Κύριε Μακιντάιρ!» φώναξε η Έιμι.

Ήταν έτοιμη να τρέξει να βοηθήσει τον γέρο δικηγόρο, όταν ο αδερφός της την άρπαξε από το χέρι. «Πέσε κάτω!»

Η Έιμι ήταν πιο δυνατή από κείνον. Θα πρέπει να ήταν πραγματικά απελπισμένος, γιατί την γράπωσε τόσο σφιχτά, την τράβηξε τόσο απότομα, που κυριολεκτικά η Έιμι έπεσε με τα μούτρα στο χορτάρι. Της έδειξε τον δρόμο που οδηγούσε στους πρόποδες του λόφου – στη μοναδική έξοδο από το κτήμα.

Κάπου πεντακόσια μέτρα πιο πέρα, μισοκρυμμένος ανάμεσα στα δέντρα, ένας άντρας με μαύρο κοστούμι στεκόταν ακίνητος. Πώς τον είχε δει ο Νταν από τόσο μακριά; Η Έιμι απόρησε. Δεν ξεχώριζε το πρόσωπο του άντρα, ούτε τα χαρακτηριστικά του. Έβλεπε, όμως, πως ήταν ψηλός κι αδύνατος, με γκρίζα μαλλιά. Και κρατούσε κιάλια. Ανατριχιάζοντας η Έιμι συνειδητοποίησε πως ο άντρας *τούς κοίταζε*.

«Ποιος...», έκανε να ρωτήσει η Έιμι. Αλλά δεν πρόλαβε. Την έκοψε ο ήχος από την απενεργοποίηση του συναγερμού ενός αυτοκινήτου.

Ο Άλιστερ Ω, βρόμικος και καπνισμένος, βγήκε τρέχοντας από την κεντρική πόρτα του σπιτιού και προχώρησε κουτσαίνοντας προς την BMW του, κρατώντας κάτι στην αγκαλιά του. Η όψη του φαινόταν άθλια. Το παντελόνι του ήταν σκισμένο και το πρόσωπό του άσπρο από τις στάχτες. Η Έιμι δεν είχε ιδέα πώς τα κατάφερε ο θείος τους και βγήκε έξω. Άνοιξε το στόμα της να τον φωνάξει, αλλά κάτι την κράτησε. Ο Άλιστερ πέρασε τρέχοντας δίπλα από τον Γουίλιαμ Μακιντάιρ χωρίς να γυρίσει καν να τον κοιτάξει, πήδηξε μέσα στο αυτοκίνητό του και βάζοντας αμέσως μπροστά, κατηφόρισε το δρομάκι προς την έξοδο.

Η Έιμι κοίταξε ξανά προς τα δέντρα, αλλά ο άντρας με τα κιάλια είχε εξαφανιστεί.

«Μείνε εδώ», είπε στον Νταν.

Και ξεκίνησε τρέχοντας για τον κύριο Μακιντάιρ. Ο Νταν, βέβαια, δεν ήταν από τα υπάκουα παιδιά που κάνουν ό,τι τους λένε οι μεγαλύτεροι. Την ακολούθησε βήχοντας. Όταν έφτασαν στον πεσμένο δικηγόρο, το σπίτι ολόκληρο κατέρρεε. Η ζέστη ήταν απερίγραπτη, λες κι είχε ανατείλει δεύτερος ήλιος ακριβώς δίπλα τους. Η Έιμι ήξερε πως τίποτα δεν θα έμενε όρθιο, τίποτα δεν μπορούσε πια να σωθεί – τίποτα εκτός από την κοσμηματοδήκη, που εξακολουθούσε να σφίγγει στα χέρια της.

Άφησε κάτω την κασετίνα και γύρισε ανάσκελα τον κύριο Μακιντάιρ. Ο δικηγόρος βόγκηξε – καλό σημάδι· τουλάχιστον ήταν ζωντανός. Η Έιμι ευχήθηκε να 'χε δικό της κινητό, αλλά η θεία Μπέατρις δεν τους επέτρεπε τέτοια πράγματα. Έψαξε στις τσέπες του δικηγόρου, βρήκε το τηλέφωνό του και κάλεσε τις πρώτες βοήθειες.

«Το πήρε», βόγκηξε λαχανιασμένος ακόμα ο Νταν.

«Τι;» Η Έιμι δεν τον άκουγε στ' αλήθεια. Είχε πέσει στα γόνατα και παρακολουθούσε το μοναδικό σπίτι που είχε αγαπήσει ποτέ σαν δικό της, να τυλίγεται στις φλόγες. Θυμήθηκε την Γκρέις να της λέει ιστορίες μέσα στη βιβλιοθήκη. Θυμήθηκε τα τρεχαλητά της στους διαδρόμους, τα παιχνίδια της με τον Νταν, όταν ήταν ακόμα μικρά. Θυμήθηκε την κρυφή γωνιά της μέσα στην κρεβατοκάμαρα, όπου της άρεσε να χώνεται και να διαβάζει με τον Σαλαντίν στην αγκαλιά της. Είχαν όλα χαθεί. Το κορμί της έτρεμε. Δάκρυα κυλούσαν από τα μάτια της. Για δεύτερη φορά στη ζωή της, η φωτιά τής είχε αρπάξει ό,τι αγαπούσε.

«Έιμι». Ο Νταν ήταν έτοιμος να κλάψει, αλλά κρατιόταν. Έπιασε την αδερφή του από τον ώμο για να την κάνει να τον προσέξει. «Πρέπει να μ' ακούσεις. Το πήρε. Ο Άλιστερ το πήρε».

Η Έιμι άνοιξε το στόμα της να τον μαλώσει· να του πει να βγάλει τον σκασμό και να την αφήσει να θρηνήσει με την ησυχία της. Μα ξάφνου, συνειδητοποίησε για ποιο πράγμα τής μιλούσε ο αδερφός της. Σηκώθηκε με δυσκολία και κοίταξε προς το βάθος του δρόμου: είδε τα πίσω φώτα της BMW να χάνονται στη στροφή του λόφου.

Ο Άλιστερ Ω τούς είχε γελάσει. Είχε κλέψει τον *Καζαμία του Φτωχού Ρίτσαρντ* με τις σημειώσεις της μαμάς τους – το μοναδικό στοιχείο που είχαν για να λύσουν τον πρώτο γρίφο.

ΚΕΦΑΛΑΙΟ 6

Ο Νταν ήθελε από μικρός να μπει σε περιπολικό. Αλλά όχι έτσι.

Το στήθος του πονούσε από τον καπνό. Καθόταν στο πίσω κάθισμα με τον Σαλαντίν στα γόνατά του και προσπαθούσε να ανασάνει ήρεμα· αλλά με κάθε ανάσα, ένιωθε σαν να γέμιζε τα πνευμόνια του με άμμο.

«Αν είχες τη μάσκα για τις εισπνοές σου μαζί σου...», τον μάλωσε η Έιμι. Αλλά ο Νταν μισούσε τη μάσκα για τις εισπνοές του. Όταν την είχε μαζί του, ένιωθε λες κι ήταν ο Νταρθ Κέιχιλ. Ή κάτι τέτοιο. Κι εξάλλου, είχε αιώνες να πάθει κρίση. Ούτε βέβαια ήξερε ότι θα παγιδεύονταν μέσα σε ένα σπίτι τυλιγμένο στις φλόγες.

Δεν μπορούσε να το πιστέψει πως το αρχοντικό των Κέιχιλ είχε γίνει στάχτη. Είχε ξυπνήσει το πρωί, σίγουρος πως αυτός και η Έιμι θα κληρονομούσαν το σπίτι. Τώρα δεν είχε μείνει τίποτα – μόνο κάρβουνα κι αποκαΐδια.

Οι αστυνομικοί δεν τους είχαν δώσει πολλές εξηγήσεις. Ήταν μάλλον εμπρησμός, τους είπαν. Η φωτιά είχε εξαπλωθεί τρομερά γρήγορα, γι’ αυτό είχαν αποκλείσει την περίπτωση του ατυχήματος. Ο Γουίλιαμ Μακιντάιρ θα την γλίτωνε, τους είπαν. Το εκπληκτικό ήταν πως άλλος κανείς δεν είχε πάθει τίποτα. Ο Νταν είπε στους αστυνομικούς πως είχε δει τον Άλιστερ Ω να φεύγει πολύ βιαστικός. Ήλπιζε ίσως ότι δίνοντας αυτή την πληροφορία στην αστυνομία θα κατάφερνε να μπλέξει τον γερο-απατεώνα, που τους είχε κλέψει το βιβλίο μέσα από τα χέρια τους. Ωστόσο, φρόντισε να μην πει λέξη για τα τριάντα εννέα στοιχεία, για τη μυστική βιβλιοθήκη και για τον άγνωστο τύπο με τα κιάλια.

«*Ποιος* ήταν ο άντρας με τα μαύρα;» ψιθύρισε η Έιμι, σαν να σκεφτόταν κι εκείνη το ίδιο ακριβώς. Είχε την κοσμηματοθήκη της Γκρέις στην ποδιά της κι έστριβε τις τούφες των μαλλιών της, όπως έκανε πάντα όταν ένιωθε εκνευρισμό.

«Δεν ξέρω», απάντησε ο Νταν. «Ο Άλιστερ, ίσως;»

«Δεν θα μπορούσε να βρίσκεται σε δυο σημεία συγχρόνως».

«Ο κύριος Χολτ;»

«Ο κύριος Χολτ είναι πιο νέος και πολύ πιο γεροδεμένος».

«Η θεία Μπέατρις ντυμένη άντρας;» Προσωπικά, ο Νταν έβρισκε πολύ λογική αυτή την ιδέα· η θεία Μπέατρις είχε σίγουρα το στοιχείου του «κακού» μέσα της. Στο κάτω κάτω, δεν είχε διστάσει στιγμή να φύγει και να τους παρατήσει μέσα στο σπίτι, χωρίς δεύτερη σκέψη. Αλλά η Έιμι απέρριψε ασυζητητί την ιδέα του.

«Δεν ήταν κάποιος από τους γνωστούς μας, Νταν. Είμαι σίγουρη. Αλλά μας *παρακολουθούσε*, σαν να ήθελε να δει αν θα γλιτώναμε. Νομίζω ότι έβαλε τη φωτιά για να μας παγιδέψει».

«*Μμμρρρρπ*», είπε ο Σαλαντίν.

«Συμφωνώ με τον γάτο», είπε ο Νταν. «Μετά τον άντρα με τα μαύρα και με τον θείο Άλιστερ, προτείνω να πάρουμε μια ΑΠΟΦΑΣΗ: μακριά από τους γέρους».

«Θα πρέπει να είμαστε πιο προσεκτικοί με όλους». Η Έιμι χαμήλωσε κι άλλο τη φωνή της: «Νταν, ήταν κι η *μαμά* ανακατεμένη στο κυνήγι με τα τριάντα εννέα στοιχεία. Αυτή η σημείωση...»

«Ναι. Αλλά δεν είναι δυνατόν! Αφού ο αγώνας μόλις άρχισε!»

«Τα γράμματα πάντως ήταν δικά της. Είμαι *σίγουρη*. Κι έγραφε: *Ακολουθήστε τον Φράνκλιν, πρώτο στοιχείο, Λαβύρινδος των Σκελετών.* Πρέπει να καταλάβουμε τι εννοούσε. Κάτι τέτοια αινίγματα και μυστήρια της άρεσαν πολύ της μαμάς!»

Ο Νταν το 'ξερε ότι δεν έπρεπε να ζηλεύει. Αλλά πραγματικά τον ενοχλούσε που η Έιμι ήξερε περισσότερα πράγματα για τους γονείς τους από τον ίδιον. Αυτός δεν θ' αναγνώριζε ποτέ τον γραφικό χαρακτήρα της μαμάς. Δεν είχε ιδέα τι σόι άνθρωπος ήταν.

«Το βιβλίο πάει. Το χάσαμε μέσα από τα χέρια μας», μουρμούρισε. «Είναι σαν να 'χουμε ήδη αποτύχει».

Η Έιμι χάιδεψε με το δάχτυλό της το μονόγραμμα που ήταν σκαλισμένο πάνω στην κοσμηματοθήκη της

Γκρέις. «Ίσως δεν αποτύχαμε ακόμα. Έχω μια ιδέα, αλλά θα χρειαστούμε κάποιον μεγάλο να μας βοηθήσει. Ο Άλιστερ είχε δίκιο. Δεν θα μπορέσουμε να ταξιδέψουμε ασυνόδευτοι».

«Να ταξιδέψουμε;» είπε ο Νταν. «Πού θα πάμε;»

Η Έιμι έριξε μια ματιά στον αστυνομικό. Ύστερα έγειρε πιο κοντά στον Νταν και ψιθύρισε στ' αυτί του: «Πρώτα κι αρχή, χρειαζόμαστε έναν συνοδό. Και μάλιστα *αμέσως*. Η θεία Μπέατρις δεν θ' αργήσει να πάει στην Πρόνοια. Πρέπει να γυρίσουμε σπίτι όσο το δυνατόν πιο γρήγορα, να μαζέψουμε τα πράγματά μας και να φύγουμε. Αν η Αστυνομία ψυλλιαστεί πως η θεία Μπέατρις δεν μας θέλει άλλο υπό την κηδεμονία της, θα μας πάνε σίγουρα σε ορφανοτροφείο. Δεν θα μπορέσουμε να πάρουμε μέρος στο κυνήγι του θησαυρού».

Ο Νταν δεν το 'χε σκεφτεί αυτό. Δεν ήξερε σχεδόν τίποτα για τα ορφανοτροφεία, μάντευε όμως πως δεν θα του άρεσε να ζήσει εκεί μέσα. Θα τον άφηναν να πάρει μαζί του και τη συλλογή του εκεί; Μάλλον όχι.

«Και πού θα βρούμε έναν μεγάλο να μας συνοδέψει;» ρώτησε. «Θα νοικιάσουμε;»

Η Έιμι τύλιξε την τούφα των μαλλιών της γύρω από το δάχτυλό της. «Χρειαζόμαστε κάποιον που θα μας αφήνει να κάνουμε ό,τι θέλουμε, χωρίς πολλές ερωτήσεις. Κάποιον αρκετά μεγάλο, ώστε να πιστεύουν όλοι πως δεν είμαστε ασυνόδευτοι· αλλά όχι πολύ αυστηρό, για να μη μας εμποδίζει. Κάποιον που να μπορούμε να...»

«... να του λέμε ψέματα;» ρώτησε ο Νταν.

«*Μμρρρρπ*», είπε ο Σαλαντίν σαν να συμφωνούσε με την ιδέα, φτάνει να του εξασφάλιζαν το φρέσκο ψαράκι του.

Το περιπολικό έστριψε στη Μέλροουζ Στριτ και σταμάτησε μπροστά στην παλιά πολυκατοικία, όπου έμεναν τα παιδιά.

«Εδώ είναι το σπίτι σας;» ρώτησε η αστυνομικός που τα συνόδευε. Η φωνή της πρόδιδε πλήξη και κούραση.

«Ναι», είπε η Έιμι. «Έεε... ναι, κυρία».

«Και είσαι σίγουρη πως είναι κάποιος εδώ; Ο κηδεμόνας σας; Ή κάποιος άλλος μεγάλος;»

«Είναι η Νέλι Γκομέζ», είπε ο Νταν. «Είναι η ντα...»

Τα μάτια του άνοιξαν διάπλατα. Κοίταξε την Έιμι και διάβασε στο βλέμμα της πως κι εκείνη είχε σκεφτεί το ίδιο πράγμα. Ήταν τόσο φανερό, που ακόμα κι ένας Χολτ θα το 'βλεπε.

«Η Νέλι!» είπαν κι οι δυο με μια φωνή. Βγήκαν από το περιπολικό με τη γάτα και με την κοσμηματοθήκη κι ανέβηκαν τρέχοντας τα σκαλιά.

Η Νέλι ήταν ακριβώς εκεί που ο Νταν λογάριαζε ότι θα την έβρισκαν – κουλουριασμένη στον καναπέ με τ' ακουστικά στ' αυτιά της. Κουνούσε το κεφάλι της στον ρυθμό της μουσικής που άκουγε, ενώ ταυτόχρονα έστελνε ασταμάτητα SMS από το κινητό της. Δίπλα της είχε μια στοίβα βιβλία μαγειρικής. Το πάνω πάνω ήταν η *Εξωτική Κινέζικη Κουζίνα*. Ο Νταν άφησε τον Σαλαντίν κατάχαμα να εξερευνήσει το διαμέρισμα. Μετά είδε στο τραπεζάκι μπροστά στον καναπέ το άδειο κύπελλο του παγωτού του, του *δικού του* παγωτού. Γιατί ο Νταν έτρωγε μόνο ένα παγωτό: βανίλια-κεράσι της μάρκας Μπεν & Τζέρις· τη γεύση που είχε πάρει το όνομα Τσέρι Γκαρσία, προς τιμήν του κιθαρίστα Τζέρι Γκαρσία, των Γκρέιτφουλ Ντεντ.

«Ε!» διαμαρτυρήθηκε. «Αυτό το παγωτό ήταν για μένα!» Η Νέλι, φυσικά, δεν τον άκουσε. Συνέχισε να σιγοτραγουδάει σφυροκοπώντας τα πλήκτρα του κινητού της. Και δεν τους είδε, παρά μόνο όταν η Έιμι κι ο Νταν στάθηκαν ακριβώς μπροστά της, στους δέκα πόντους.

Το πρόσωπό της συννέφιασε, σαν να ενοχλήθηκε που θα 'πρεπε κιόλας να ξεκινήσει δουλειά. Έβγαλε το ακουστικό από το ένα της αυτί. «Γυρίσατε κιόλας; Ουάου... Τι συνέβη; Πώς γίνατε έτσι;»

«Πρέπει να μιλήσουμε», είπε η Έιμι.

Η Νέλι ανοιγόκλεισε τα μάτια της – και το θέαμα ήταν πραγματικά ωραίο, μιας και τα είχε βαμμένα με μπλε γκλίτερ. Στη μύτη της φορούσε ένα καινούριο κρικάκι, σαν ασημένιο φίδι. Ο Νταν απόρησε: για ποιο λόγο θα ήθελε κάποιος ένα φιδάκι μέσα στο ρουθούνι του;

«Για ποιο πράγμα πρέπει να μιλήσουμε, νιάνιαρο;» ρώτησε η Νέλι.

Η Έιμι αναψοκοκκίνισε, σαν να προσπαθούσε να κρατηθεί να μη φέρει την κοσμηματοθήκη στο κεφάλι της Νέλι. Ο Νταν ήξερε πως η αδερφή του γινόταν θηρίο, όποτε η Νέλι την έλεγε «νιάνιαρο». Η Έιμι, ωστόσο, συνέχισε με φωνή που έσταζε μέλι:

«Έχουμε... έχουμε να σου προτείνουμε μια συμφωνία. Μια καινούρια δουλειά. Θα είσαι η νταντά μας, όπως και τώρα. Απλώς θα παίρνεις περισσότερα λεφτά. Πολύ περισσότερα λεφτά».

Η Νέλι έβγαλε το ακουστικό και από το άλλο της αυτί. Είχαν τραβήξει την προσοχή της. Υπήρχαν τρεις λέξεις που κατάφερναν πάντα να συγκεντρώσουν την αμέριστη προσοχή της Νέλι: άντρες, φαγητό και λεφτά.

Σηκώθηκε όρθια. Φορούσε το μακό μπλουζάκι της με τη σκισμένη εγγλέζικη σημαία, ξεθωριασμένο τζιν και ροζ πλαστικά παπούτσια. Τα μαλλιά της θύμιζαν βρεγμένη, ίσως μισοσαπισμένη δημωνιά – μισά μαύρα και μισά ξανθά.

Σταύρωσε τα χέρια στο στήθος και κοίταξε την Έιμι. «Εντάξει. Τι σόι συμφωνία;»

Ο Νταν φοβήθηκε πως η Έιμι θα σάστιζε και θ' άρχιζε να τραυλίζει. Αλλά η αδερφή του έδειχνε εντελώς ψύχραιμη. Η Νέλι δεν ήταν και τόσο φοβερή, όσο άλλες νταντάδες που είχαν στο παρελθόν.

«Έεε... είναι ένα ταξίδι», είπε η Έιμι. «Θα είσαι η συνοδός μας».

Η Νέλι έσμιξε τα φρύδια της. «Γιατί δεν μου είπε τίποτα η θεία σας γι' αυτό το ταξίδι;»

«Ω, η θεία μας έσπασε τον σβέρκο της», είπε ο Νταν.

Η Έιμι του ’ριξε μια ματιά, που έλεγε ολοκάθαρα, *Σκάσε!*

«Έσπασε τον σβέρκο της;» ρώτησε η Νέλι.

«Δεν είναι τίποτα σοβαρό», προσπάθησε να τα μπαλώσει ο Νταν. «Μικρό σπάσιμο. Αλλά είναι, έεε, στο νοσοκομείο. Και θα μείνει εκεί για λίγο. Γι’ αυτό σκέφτηκε να μας στείλει ταξίδι. Το κουβέντιασε και με τον θείο Άλιστερ. Είπε πως θα ’πρεπε να μας συνοδεύσει ένας μεγάλος».

Αυτό το τελευταίο, τουλάχιστον, ήταν αλήθεια. Ο Νταν δεν ήξερε πού θα τον οδηγούσαν όλα αυτά, αλλά έκανε τη βουτιά με το κεφάλι. Λογάριαζε πως αν κατάφερνε να την μπερδέψει, η Νέλι δεν θα μπορούσε να τον πει ψεύτη.

«Το συνηθίζουμε στην οικογένειά μας», συνέχισε. «Κάτι σαν εξερεύνηση. Σαν περιπέτεια. Πηγαίνουμε σε διάφορα μέρη και διασκεδάζουμε».

«Τι μέρη;» ρώτησε η Νέλι.

«Ω, διάφορα μέρη». Ο Νταν έφερε στον νου του τον χάρτη στη μυστική βιβλιοθήκη της Γκρέις – με τις αμέτρητες πινέζες του. «Είναι κι αυτό μέσα στη διασκέδαση. Πριν ξεκινήσουμε, δεν ξέρουμε καν πού θα πάμε. Θα μπορούσε να είναι σε οποιοδήποτε μέρος του κόσμου».

Τα φρύδια της Νέλι ανασηκώθηκαν απότομα. «Εννοείς... τζάμπα;»

Η Έιμι έγνεψε καταφατικά, σαν να συμφωνούσε ξαφνικά με τις ιδέες του Νταν. «Ναι! Και το ταξίδι μπορεί να κρατήσει μήνες! Σε μέρη εξωτικά, όπου θα υπάρχουν άφθονα... έεεε, φαγητά και άντρες! Κι εσύ δεν χρειάζεται να είσαι συνέχεια μαζί μας – μόνο όπου χρειάζεται η παρουσία ενός μεγάλου, ξέρεις, για ν' αγοράζουμε τα εισιτήριά μας, να υπογράφουμε φτάνοντας στα ξενοδοχεία και τέτοια. Θα 'χεις πολύ ελεύθερο χρόνο στη διάθεσή σου».

Πες ναι, σε παρακαλώ, είπε μέσα του ο Νταν. Η Νέλι ήταν εντάξει. Αλλά το τελευταίο πράγμα που ήθελε, ήταν να την έχουν συνεχώς μαζί τους.

«Και με τι λεφτά θα γίνουν όλα αυτά;» ρώτησε καχύποπτα η Νέλι.

Η Έιμι άνοιξε την κοσμηματοθήκη και την άδειασε στο τραπεζάκι. Το μαργαριταρένιο βραχιόλι, το διαμαντένιο δαχτυλίδι και τα σμαραγδένια σκουλαρίκια σωριάστηκαν αστραφτερά στην ξύλινη επιφάνεια.

Η Νέλι έμεινε με το στόμα ανοιχτό. «Πο, πο, Θεούλη μου. Πού τα βρήκατε όλα αυτά; Τα κλέψατε;»

«Όχι!» είπε η Έιμι. «Ήταν της γιαγιάς μας! Ήθελε να το κάνουμε αυτό το ταξίδι. Το έλεγε και στη διαθήκη της».

Ο Νταν θαύμασε από μέσα του την αδερφή του. Η Έιμι είχε μόλις ξεστομίσει ένα ψέμα, που δεν ήταν ψέμα!

Η Νέλι κοίταξε σαν μαγνητισμένη τα κοσμήματα. Ύστερα σήκωσε το τηλέφωνό της, πίεσε μερικά πλήκτρα και περίμενε να της απαντήσουν.

Ο Νταν σφίχτηκε. Είδε με τα μάτια της φαντασίας του τύπους από την Κοινωνική Πρόνοια (που δεν ήξερε τι ήταν, αλλά την φανταζόταν οπωσδήποτε επικίνδυνη)· τους είδε να μπαίνουν στο σπίτι, με άσπρες μπλούζες και δίχτυα και χειροπέδες, ίσως· και να τους οδηγούν σε κάποιο ορφανοτροφείο.

«Ναι;» είπε η Νέλι στο τηλέφωνο. «Μπαμπά; Ναι, η Νέλι είμαι! Άκου! Μου πρότειναν μια καινούρια δουλειά οι Κέιχιλ».

Παύση.

«Ναι, καλά λεφτά. Αλλά δεν θα μπορέσω να μαγειρέψω απόψε, όπως είχα υποσχεθεί». Η Νέλι σήκωσε το διαμαντένιο δαχτυλίδι από το τραπεζάκι, αλλά η Έιμι της το άρπαξε την ίδια στιγμή. «Πόσο θα λείψω; Έεε... θα φύγουμε ταξίδι. Δηλαδή θα μου πάρει λίγες βδομάδες. Ίσως... μήνες;»

Τράβηξε το τηλέφωνο μακριά από το αυτί της. Από την άλλη άκρη της γραμμής, ο μπαμπάς της ούρλιαζε στα ισπανικά.

«Μπαμπά!» είπε η Νέλι. «*No, claro*. Αλλά τα μαθήματα του φθινοπωρινού εξαμήνου αρχίζουν σ' ένα μήνα. Κι έτσι κι αλλιώς, είναι όλα βαρετά. Θα μπορούσα να πάρω περισσότερες ώρες την άνοιξη και...»

Δεύτερο κύμα εξαγριωμένων ισπανικών.

«Αν με είχες αφήσει να γραφτώ στη Σχολή Μαγειρικής αντί να με γράψεις σ' αυτό το ηλίθιο κολέγιο...»

Οι φωνές του μπαμπά της ακούστηκαν λίγο πιο δυνατές από πυρηνική έκρηξη.

«*Que, papa;*» τσίριξε η Νέλι. «*Lo siento*, δεν σ' ακούω. Σε χάνω. Θα σε ξαναπάρω, όταν θα 'χω καλύτερο σήμα. Γειάάά!»

Κι έκλεισε.

«Δεν έχει αντίρρηση», δήλωσε. «Είμαι μέσα, νιάνιαρα!»

Η Έιμι είχε πει ότι δεν θα 'παιρναν παραπάνω από έναν σάκο ο καθένας – και σ' αυτό τον σάκο θα έβαζαν ρούχα. Αλλά ο Νταν δεν ενδιαφερόταν για τα ρούχα. Έριξε μια ματιά γύρω, στο δωμάτιό του, προσπαθώντας να διαλέξει τι θα 'παιρνε μαζί του από τη συλλογή του.

Το δωμάτιό του ασφυκτιούσε ήδη με όλα αυτά που είχε μαζεμένα. Στον έναν τοίχο είχε τις αποτυπώσεις από τις ταφόπλακες. Για να τις πάρει μαζί του θα έπρεπε να τις τυλίξει ρολό, ή να τις διπλώσει. Αλλά έτσι θα τις κατέστρεφε. Η ντουλάπα του ήταν φίσκα με πλαστικά κουτιά, όπου φύλαγε τις συλλογές με τις κάρτες του και τα νομίσματά του – παραήταν πολλά για να μπορέσει να διαλέξει. Κάτω από το κρεβάτι του είχε κούτες με παλαιά όπλα από την εποχή του Εμφυλίου, τους γύψους του, τις φωτογραφίες διασήμων με αυτόγραφα κι ένα σωρό άλλα πράγματα.

Πήρε το λάπτοπ του, που το είχε αγοράσει 300 δολάρια από τον δάσκαλο της πληροφορικής στο σχολείο. Αυτό *έπρεπε* να το πάρει, γιατί το χρησιμοποιούσε για να βρίσκει διάφορα και για να βγάζει λεφτά. Ήξερε πόσο ακριβώς στοίχιζαν όλες οι σπάνιες κάρτες του μπέιζμπολ στο ίντερνετ. Είχε μάθει να πουλάει τις διπλές του στο σχολείο και στα μαγαζάκια της γειτονιάς, λίγο ακριβότερα απ' όσο τις είχε πληρώσει. Δεν ήταν πολλά, αλλά με λίγη τύχη κατάφερνε να βγάζει κάπου 100 δολάρια τον μήνα. Και *λίγη τύχη* είχε πάντα. Το κακό ήταν πως ξόδευε αμέσως όσα έβγαζε, σε ακόμα πιο σπάνιες κάρτες.

Έχωσε τον υπολογιστή στον μαύρο σάκο του. Στρίμωξε από πάνω τρεις αλλαξιές μπλουζάκια, παντελόνια κι εσώρουχα, μια οδοντόβουρτσα, τη μάσκα για τις εισπνοές του και –τέλος– το διαβατήριό του.

Οι γονείς τους, πριν πεθάνουν, τους είχαν βγάλει διαβατήρια. Ο Νταν ήταν τότε τεσσάρων χρονών και δεν θυμόταν γιατί. Τα διαβατήρια αυτά δεν τα είχαν χρησιμοποιήσει ποτέ. Η Γκρέις είχε επιμείνει να τ' ανανεώσουν πέρυσι – και ο Νταν είχε βρει λιγάκι ανόητη την επιμονή της τότε. Τώρα αναρωτήθηκε μήπως...

Έχωσε το διαβατήριο κάτω κάτω στον σάκο του. Δεν του είχε απομείνει παρά ελάχιστος χώρος.

Δεν υπήρχε τρόπος να πάρει μαζί του ούτε καν το ένα δέκατο απ' τα πράγματά του.

Έψαξε κάτω από το στρώμα του και τράβηξε έξω το άλμπουμ με τις φωτογραφίες. Ήταν ένα μεγάλο άσπρο άλμπουμ, που είχε μέσα τις πιο σπουδαίες φωτογραφίες του Νταν: τις φωτογραφίες των γονιών του.

Δηλαδή, τη μία φωτογραφία του μπαμπά και της μαμάς του. Ήταν καμένη στις άκρες: η μοναδική φωτογραφία που είχε σωθεί από τη φωτιά. Η μαμά του κι ο μπαμπάς του στέκονταν στην κορυφή ενός βουνού, αγκαλιασμένοι, χαμογελώντας στον φακό. Φορούσαν και οι δυο μπουφάν από γκόρτεξ και ισοθερμικά παντελόνια ορειβασίας, με φαρδιές ζώνες στη μέση τους. Αντί για κράνη φορούσαν κασκέτα του μπέιζμπολ κι έτσι τα μάτια τους κρύβονταν στις σκιές. Ο μπαμπάς του, ο Άρθουρ, ήταν ψηλός και ηλιοκαμένος, με ασημένιους κροτάφους και ωραίο χαμόγελο. Ο Νταν αναρωτιόταν αν θα του έμοιαζε, όταν θα μεγάλωνε. Η μαμά του, η Χόουπ, είχε κοκκινοκάστανα μαλλιά, σαν της Έιμι. Ήταν λίγο νεότερη από τον μπαμπά τους κι ο Νταν την έβρισκε πανέμορφη. Φορούσε κασκέτο των Όριολς. Το κασκέτο του μπαμπά του ήταν των Ρεντ Σοξ. Ο Νταν δεν ήξερε αν αυτό ήταν τυχαίο, ή αν στ' αλήθεια αυτές ήταν οι αγαπημένες τους ομάδες. Τους φανταζόταν καμιά φορά να τσακώνονται, ποια ήταν η καλύτερη. Τους φανταζόταν, αλλά δεν το ήξερε. Δεν ήξερε καν αν είχαν πράσινα μάτια, σαν τα δικά του. Τα κασκέτα έκρυβαν τα πρόσωπά τους.

Ήθελε κι άλλες δικές τους φωτογραφίες για τη συλλογή του. Ήθελε να δει πού αλλού είχαν ταξιδέψει και πώς ντύνονταν. Ήθελε να δει μια φωτογραφία τους, όπου θα ήταν κι *αυτός* μέσα. Αλλά δεν υπήρχε καμιά. Δεν υπήρχε τίποτα. Το παλιό τους σπίτι είχε καεί και η Γκρέις τούς είχε διαβεβαιώσει αμέτρητες φορές πως δεν είχε φωτογραφίες των γονιών τους – αν κι ο Νταν δεν μπορούσε να καταλάβει το γιατί.

Κοίταξε τη φωτογραφία και ένιωσε το στομάχι του ν' αδειάζει και να βουλιάζει αλλόκοτα. Στο μυαλό του ήρθε η φωτιά, που είχε κάψει το σπίτι της Γκρέις· ο άντρας με τα μαύρα· ο κύριος Μακιντάιρ πεσμένος στο πλακόστρωτο· ο θείος Άλιστερ να φεύγει σαν τρελός· και τα γράμματα της μαμάς του μέσα σ' αυτό το βιβλιαράκι του Μπέντζαμιν Φράνκλιν.

Τι τόσο σπουδαίο μπορούσε να κρύβει ένα βιβλίο; Ο Νταν ήξερε την τιμή πολλών σπάνιων αντικειμένων, που είχαν μεγάλη συλλεκτική αξία. Αλλά δεν είχε ακουστά τίποτα τόσο ακριβό, ώστε να αξίζει να κάψεις ολόκληρο σπίτι για να το αποκτήσεις.

Κι η Γκρέις... Σίγουρα ήξερε τι έκανε, όταν ξεκίνησε αυτόν τον αγώνα. Δεν θα τους εγκατέλειπε αβοήθητους, αυτόν και την Έιμι. Ο Νταν επανέλαβε αρκετές φορές στον εαυτό του αυτό το τελευταίο, προσπαθώντας να το πιστέψει.

Κάποιος του χτύπησε την πόρτα. Έβγαλε την πλαστική θήκη με τη φωτογραφία από το άλμπουμ και την έχωσε στον σάκο του. Έκλεινε το φερμουάρ, όταν άνοιξε η πόρτα.

«Άντε, σπαστικό!» είπε η Έιμι. Αλλά από τον τόνο της φωνής της δεν έδειχνε θυμωμένη. «Θα τελειώσεις καμιά φορά;»

«Ναι, ναι. Έτοιμος είμαι».

Η αδερφή του είχε κάνει ντους και είχε αλλάξει – φορούσε και πάλι το συνηθισμένο της τζιν και ένα πράσινο μακό μπλουζάκι. Μούτρωσε βλέποντας τον παραφουσκωμένο του σάκο, μετά κοίταξε τα κουτιά που βρίσκονταν ακόμα μέσα στο ντουλάπι του. Μια ματιά της αρκούσε για να καταλάβει ότι ο Νταν δεν είχε καν ανοίξει τη συλλογή του.

«Θα μπορούσες, έεεμ, να πάρεις κι ένα σακίδιο στην πλάτη σου», του πρότεινε. «Αν αυτό σε βοηθάει».

Ειπωμένα από την αδερφή του τα λόγια αυτά, ήταν στ' αλήθεια πολύ ευγενικά. Αλλά ο Νταν κάρφωσε το βλέμμα στο ντουλάπι του. Με κάποιον ανεξήγητο τρόπο, ήξερε πως δεν θα ξαναγύριζε ποτέ του εδώ. «Έιμι, πόσα χρήματα νομίζεις ότι θα πιάσουν τα κοσμήματα, αν τα πουλήσουμε;»

Το χέρι της ανέβηκε ως τον λαιμό της και ο Νταν αντιλήφθηκε πως η αδερφή του φορούσε το κολιέ της Γκρέις. «Χμμ... δεν ξέρω».

Ο Νταν πρόσεξε το ένοχο ύφος της. Δεν ήταν ειδικός στις τιμές κοσμημάτων, αλλά εύκολα καταλάβαινε κανείς πως αυτό το κολιέ ήταν από τα ακριβότερα κομμάτια της κοσμηματοθήκης. Αν το κρατούσε, δεν θα έπιαναν ούτε τα μισά χρήματα.

«Θα μας γδάρουν, να ξέρεις», την προειδοποίησε. «Δεν έχουμε τον χρόνο να τα πουλήσουμε σωστά. Έτσι κι αλλιώς, είμαστε παιδιά. Πρέπει να πάμε τα κοσμήματα σε κάποιον που θα μας δώσει μετρητά χωρίς να μας κάνει πολλές ερωτήσεις. Το πιθανότερο είναι οτι θα πάρουμε μόνο λίγες χιλιάδες – ενώ αυτά τα κοσμήματα έχουν πολύ μεγαλύτερη αξία».

«Χρειαζόμαστε εισιτήρια για τρία άτομα», είπε διστακτικά η Έιμι. «Και ξενοδοχεία. Και φαγητό».

Ο Νταν πήρε βαθιά ανάσα. «Θα πουλήσω τις κάρτες και τα νομίσματά μου. Ξέρω ένα μαγαζάκι κάτω στην πλατεία...»

«Νταν! Σου πήρε χρόνια να φτιάξεις αυτές τις συλλογές!»

«Θα διπλασιάσω έτσι τα λεφτά μας. Το μαγαζάκι θα με γδάρει, φυσικά. Αλλά θα του πάρω σίγουρα τρία χιλιάρικα για όλα αυτά».

Η Έιμι τον κοίταξε σαν να 'ταν εξωγήινος. «Νταν, φοβάμαι ότι ο καπνός σε πείραξε στο μυαλό. Είσαι *σίγουρος;*»

Για κάποιον ακατανόητο λόγο, ο Νταν ήταν σίγουρος. Ήθελε να πάρει μέρος στο κυνήγι των στοιχείων. Και το ήθελε αυτό περισσότερο απ' όσο ήθελε να κρατήσει τις συλλογές του. Ήθελε να εκδικηθεί αυτόν που είχε κάψει το σπίτι της Γκρέις. Ήθελε να βρει το μυστικό των τριάντα εννέα στοιχείων. Μα πάνω απ' όλα, ήθελε να χρησιμοποιήσει επιτέλους αυτό το ηλίθιο διαβατήριο και να κάνει τους γονείς του περήφανους. Ίσως μάλιστα να 'βρισκε στον δρόμο και καινούριες φωτογραφίες για το άλμπουμ του.

«Είμαι σίγουρος», είπε.

Η Έιμι έκανε τότε κάτι εντελώς σιχαμερό. Τον αγκάλιασε.

«Ε, κόφ' το!» διαμαρτυρήθηκε ο Νταν. Και την έσπρωξε.

Η Έιμι χαμογελούσε, αλλά τα μάτια της ήταν δακρυσμένα. «Μπορεί και να μην είσαι τόσο βλαμμένο, τελικά», είπε.

«Καλά, καλά! Σταμάτα να κλαις και πάμε να φύγουμε... για περίμενε! Πού θα πάμε;»

«Απόψε θα κοιμηθούμε σε κάποιο ξενοδοχείο στο κέντρο», του απάντησε. «Αύριο... έχω μια ιδέα σχετικά με τον Μπέντζαμιν Φράνκλιν».

«Αλλά δεν έχεις πια το βιβλίο του».

«Δεν μου χρειάζεται το βιβλίο του. Η σημείωση της μαμάς έλεγε "*Ακολούθησε τον Φράνκλιν*". Ο Μπέντζαμιν Φράνκλιν ξεκίνησε ως τυπογράφος εδώ στη Βοστόνη, έφηβος ακόμα, όταν τον πήρε στη δουλειά του ο αδερφός του».

«Θα ψάξουμε δηλαδή εδώ, στην πόλη;»

Η Έιμι κούνησε αρνητικά το κεφάλι της. «Αυτό κάνουν μάλλον όλοι οι άλλοι. Εμείς θα τον ακολουθήσουμε, όμως, εκεί που πήγε αμέσως μετά. Στον επόμενο σταθμό της ζωής του. Ο Μπέντζαμιν Φράνκλιν δεν έμεινε στη Βοστόνη. Όταν έγινε δεκαεφτά χρονών, το έσκασε από τη δουλειά του αδερφού του κι άνοιξε δικό του τυπογραφείο σε άλλη πόλη».

«Δηλαδή θα φύγουμε κι εμείς! Θ' ακολουθήσουμε τον Φράνκλιν!»

«Ακριβώς», είπε η Έιμι. «Ας ελπίσουμε πως οι άλλοι δεν το σκέφτηκαν ακόμα αυτό. Πρέπει να κλείσουμε τρία εισιτήρια με το τρένο για τη Φιλαδέλφεια».

«Για τη Φιλαδέλφεια», επανέλαβε ο Νταν. Το μόνο που ήξερε για τη Φιλαδέλφεια ήταν η Καμπάνα της Ελευθερίας και η ομάδα των Φίλις. «Κι όταν φτάσουμε στη Φιλαδέλφεια, τι θα ψάξουμε να βρούμε;»

Η Έιμι άγγιξε τις χάντρες του νεφρίτη στον λαιμό της, σαν να ζητούσε την προστασία τους. «Κάποιο μυστικό, φαντάζομαι. Κάποιο μυστικό πολύ επικίνδυνο· ίσως θανατηφόρο».

ΚΕΦΑΛΑΙΟ 7

Ένα, ενάμισι χιλιόμετρο πιο πέρα, στην Πλατεία Κόπλι, η Ιρίνα Σπάσκι –κωδικό όνομα Ομάδα Πέντε– σκεφτόταν το δηλητήριό της. Είχε γεμίσει τους εκτοξευτήρες στα νύχια της με το συνηθισμένο μίγμα· φοβόταν, ωστόσο, πως η κανονική δόση δεν θα 'ταν αρκετή για τη συνάντηση αυτή.

Την εποχή του Ψυχρού Πολέμου, η ίδια και οι συνάδελφοί της στην KGB χρησιμοποιούσαν ομπρέλες-εκτοξευτήρες δηλητηρίου, ή ψέκαζαν με τοξικές ουσίες τις λεκάνες σε δημόσιες τουαλέτες. Ο παλιός καλός καιρός! Τώρα η Ιρίνα δούλευε μόνη της κι έπρεπε να περιοριστεί σε απλά πράγματα. Οι βελόνες έβγαιναν όταν λύγιζε προς τα πίσω τα δάχτυλά της, στην πρώτη άρθρωση. Ήταν σχεδόν αόρατες και προκαλούσαν ένα ανεπαίσθητο τσίμπημα. Το δηλητήριο άφηνε τα θύματά της πολύ άρρωστα, ακόμα και παράλυτα, για πολλές μέρες – αρκετές πάντως για να δώσουν στην Ιρίνα ένα καλό προβάδισμα στο κυνήγι του θησαυρού. Το καλύτερο: το δηλητήριο δεν μπορούσε ν' ανιχνευθεί με κανέναν τρόπο· και δεν υπήρχε αντίδοτο.

Η δράση του, δυστυχώς, ήταν αργή. Τα θύματά της θα εμφάνιζαν τα πρώτα συμπτώματα μετά από οχτώ ή και περισσότερες ώρες. Αν χρειαζόταν να εξουδετερώσει τους αντιπάλους της πιο γρήγορα, θα έπρεπε να καταφύγει σε άλλες μεθόδους.

Ο Ίαν και η Ναταλί Κάμπρα έδειχναν επικίνδυνοι, θα ήταν λάθος να τους υποτιμήσει. Παλιά, όταν ήταν δέκα και εφτά χρονών, η Ιρίνα θα κατάφερνε εύκολα να τους βγάλει από τη μέση. Τώρα ήταν δεκατεσσάρων κι έντεκα... η ισορροπία δυνάμεων είχε αλλάξει τελείως.

Τριγύρισε για λίγο στην Πλατεία Κόπλι ψάχνοντάς τους. Είχαν συμφωνήσει στη βασική τακτική αντικατασκοπείας, ορίζοντας στο περίπου τον τόπο και την ώρα της συνάντησής τους. Τα σύννεφα της μπόρας είχαν σκορπίσει. Ήταν ένα όμορφο καλοκαιρινό απόγευμα, ό,τι ακριβώς μισούσε η Ιρίνα. Λιακάδα, λουλούδια, παιδάκια που έπαιζαν... *Μπλιαχ*. Προτιμούσε τον ατσάλινο γκρίζο χειμώνα της Αγίας Πετρούπολης. Το κλίμα του ταίριαζε γάντι με την κατασκοπεία.

Πήρε έναν καφέ από μια υπαίθρια καντίνα, κι ύστερα είδε τον Ίαν και τη Ναταλί στην άλλη μεριά της πλατείας, να κόβουν βόλτες έξω από την Εκκλησία της Αγίας Τριάδας. Τα μάτια τους συναντήθηκαν φευγαλέα με τα δικά της. Και συνέχισαν να περπατούν.

Σειρά της Ιρίνας τώρα, να κάνει τη δική της κίνηση. Τους ακολούθησε από απόσταση, ελέγχοντας ξανά και ξανά μήπως είχαν «σκιά» – μήπως κάποιος τους παρακολουθούσε, μήπως έσερναν πίσω τους βοηθούς ή φύλακες, μήπως κάπου παραμόνευε στημένος κάποιος φωτογράφος... Πέρασαν έτσι δεκαπέντε λεπτά και η Ιρίνα δεν είδε κανέναν και τίποτα. Περίμενε να γυρίσουν και να την δουν.

Όταν το έκαναν, η Ιρίνα τούς έγνεψε και άρχισε να περπατάει προς την αντίθετη κατεύθυνση. Το παιχνίδι αντιστράφηκε. Τους οδήγησε στην απέναντι πλευρά της πλατείας, προς τη Βιβλιοθήκη, ξέροντας πως έψαχναν πίσω της μήπως είχε «σκιά». Αν έβλεπαν το παραμικρό, ο Ίαν και η Ναταλί θα γίνονταν καπνός. Η συνάντηση θα ματαιωνόταν.

Μετά από δεκαπέντε λεπτά η Ιρίνα άλλαξε πορεία και αντιλήφθηκε τους Κάμπρα στο αντικρινό πεζοδρόμιο της Μπόιλστον Στριτ, να την ακολουθούν ήρεμα. Αυτό σήμαινε πως την είχαν βρει καθαρή. Δεν υπήρχε «σκιά». Τα παιδιά στράφηκαν προς το ξενοδοχείο Κόπλι Πλάζα και η Ιρίνα τ' ακολούθησε.

Συναντήθηκαν στο λόμπι του ξενοδοχείου, που ήταν γεμάτο κόσμο· εκεί ούτε η ίδια μπορούσε να παγιδέψει τους Κάμπρα, ούτε εκείνοι να την στριμώξουν.

Η Ναταλί και ο Ίαν κάθισαν με υπερβολική άνεση σε δυο καναπέδες, ο ένας απέναντι από τον άλλον. Τα βρομόπαιδα δεν φορούσαν πια τα σκούρα ρούχα της κηδείας· ο Ίαν φορούσε γαλάζιο πόλο, μπεζ παντελόνι και δερμάτινα μοκασίνια – η Ναταλί άσπρο λινό φόρεμα, που τόνιζε το σοκολατένιο δέρμα της. Τα μάτια τους άστραφταν σαν κεχριμπαρένια. Ήταν τόσο όμορφοι, που ο κόσμος γύριζε και τους κοίταζε – πράγμα καθόλου καλό για μια μυστική συνάντηση.

«Τραβάτε υπερβολικά την προσοχή», τους μάλωσε η Ιρίνα. «Θα 'πρεπε να ήσασταν πιο άσχημοι».

Η Ναταλί γέλασε. «Εσύ έτσι έχεις καταφέρει να μείνεις ζωντανή, εξαδέρφη; Χάρη στην ασχήμια σου;»

Η Ιρίνα ευχαρίστως θα γραντζούνιζε το πρόσωπο της μικρής με τα δηλητηριασμένα νύχια της. Αλλά δεν έχασε την ψυχραιμία της. «Συνέχισε να με προσβάλλεις, αν αυτό θέλεις. Να ξέρεις, όμως, πως δεν πρόκειται να μας βγάλει πουθενά».

«Σωστά», είπε ο Ίαν. «Έχουμε ένα κοινό πρόβλημα. Κάθισε, παρακαλώ».

Η Ιρίνα δίστασε. Ήταν αναγκασμένη να καθίσει δίπλα στον Ίαν ή δίπλα στη Ναταλί, αλλά δεν θεωρούσε ασφαλή καμιά από τις δυο αυτές θέσεις. Τελικά διάλεξε το κορίτσι. Θα την εξουδετέρωνε πιο εύκολα, αν έφταναν τα πράγματα ως εκεί.

Η Ναταλί χαμογέλασε και της έκανε χώρο στον καναπέ, πλάι της.

«Σκέφτηκες την πρότασή μας;» ρώτησε ο Ίαν.

Η Ιρίνα δεν είχε σκεφτεί τίποτε άλλο από τη στιγμή που είχε φτάσει το SMS στο κινητό της, πριν από δυο ώρες περίπου, κρυπτογραφημένο με τον αλγοριθμικό κώδικα που χρησιμοποιούσαν μόνο οι Λούσιαν.

Έγνεψε καταφατικά. «Καταλήξατε στο ίδιο συμπέρασμα, όπως κι εγώ. Το δεύτερο στοιχείο δεν βρίσκεται στη Βοστόνη».

«Ακριβώς», είπε ο Ίαν. «Ζητήσαμε από τους γονείς μας να μας στείλουν ένα ιδιωτικό τζετ. Θα απογειωθούμε σε μία ώρα».

Ένα ιδιωτικό τζετ, σκέφτηκε πικαρισμένη η Ιρίνα. Γνώριζε τους γονείς των Κάμπρα από τον παλιό καιρό. Ήταν συλλέκτες έργων τέχνης, γνωστοί σε όλο τον κόσμο. Κάποτε ήταν επικίνδυνοι άνθρωποι, άνθρωποι πολύ σημαντικοί στο παρακλάδι των Λούσιαν. Τώρα είχαν αποτραβηχτεί από τις δουλειές, ζούσαν στο Λονδίνο και άλλο δεν έκαναν παρά να λούζουν με χρήματα και με δώρα τα παιδιά τους. Άφηναν τον Ίαν και τη Ναταλί να γυρίζουν τον κόσμο, υπογράφοντάς τους τη μια λευκή επιταγή μετά την άλλη.

Τι τα ήθελαν τα τριάντα εννέα στοιχεία αυτά τα κακομαθημένα πλουσιόπαιδα; Δεν ήταν γι' αυτά, παρά μια ακόμα περιπέτεια. Η Ιρίνα έπαιρνε για δικούς της λόγους μέρος στο κυνήγι του θησαυρού – λόγους προσωπικούς. Οι Κάμπρα παραήταν πλούσιοι, παραήταν έξυπνοι, παραήταν περήφανοι. Μια μέρα, όμως, η Ιρίνα θα τ' άλλαζε όλα αυτά.

«Μάλιστα», είπε η Ιρίνα. «Και πού θα πάτε;»

Ο Ίαν ανακάθισε και έδεσε τα χέρια του. Δεν έδειχνε δεκατεσσάρων χρονών. Όταν χαμογέλασε, η κακία που άστραψε στο βάθος των ματιών του θα μπορούσε να πείσει τον καθένα πως ήταν πολύ μεγαλύτερος. «Ξέρεις ότι πρόκειται για τον Μπέντζαμιν Φράνκλιν».

«Ναι».

«Τότε ξέρεις και πού πηγαίνουμε και τι ψάχνουμε να βρούμε».

«Ξέρεις, επίσης», γουργούρισε δίπλα της η Ναταλί, «ότι δεν μπορούμε ν' αφήσουμε το μυστικό να μαθευτεί – να πέσει σε άλλα χέρια. Εμείς οι Λούσιαν πρέπει να συνεργαστούμε. Εσύ θ' αναλάβεις να στήσεις την παγίδα».

Τα μάτια της Ιρίνας τρεμόπαιξαν, όπως πάντα όταν ένιωθε νευρική. Δεν της άρεσε αυτό, αλλά δεν μπορούσε να το σταματήσει. «Θα μπορούσατε να στήσετε την παγίδα μόνοι σας», είπε.

Η Ναταλί κούνησε αρνητικά το κεφάλι. «*Εμάς* θα μας υποψιάζονταν. Εσύ, όμως, μπορείς να τους παρασύρεις στον χαμό».

Η Ιρίνα δίστασε, προσπαθώντας να διακρίνει το ψεγάδι στο σχέδιο των παιδιών. «Και τι κερδίζω εγώ;»

«Είναι η σοβαρότερη απειλή για μας», είπε ο Ίαν. «Ίσως δεν το 'χουν καταλάβει ακόμα, αλλά θα το καταλάβουν πολύ γρήγορα. Πρέπει να τους βγάλουμε από τη μέση το γρηγορότερο. Αυτό μάς συμφέρει όλους. Θα έχεις στη διάθεσή σου όλο το οπλοστάσιο των Λούσιαν. Αργότερα θα 'χουμε την ευκαιρία να συγκρουστούμε μεταξύ μας. Τώρα πρέπει να χτυπήσουμε ενωμένοι τους ανταγωνιστές μας».

«Και οι Μαντριγκάλ;» ρώτησε η Ιρίνα.

Της φάνηκε πως διέκρινε ένα ρίγος εκνευρισμού να σκιάζει το πρόσωπο του Ίαν· μα πέρασε γρήγορα. «Ας μην τα βάλουμε ταυτόχρονα με όλους, ξαδέρφη. Καλύτερα να πάρουμε έναν έναν τους εχθρούς μας».

Η Ιρίνα δεν ήθελε να το παραδεχτεί, αλλά ο μικρός είχε δίκιο. Εξέτασε τα νύχια της και με ύφος αδιάφορο βεβαιώθηκε πως όλες οι βελόνες της ήταν στις θέσεις τους, έτοιμες.

«Δεν σας φάνηκε παράξενο», ρώτησε σέρνοντας τη φωνή της, «ότι στη βάση δεδομένων των Λούσιαν υπάρχουν τόσο λίγα στοιχεία για τον Φράνκλιν;» Ήξερε πολύ καλά πως είχαν ψάξει κι αυτοί στο κεντρικό σύστημα υπολογιστή του κλάδου, όπως είχε κάνει και η ίδια.

Η ενόχληση σπίθισε φευγαλέα στα μάτια του Ίαν. «Πράγματι, θα έπρεπε να υπάρχουν περισσότερα. Φαίνεται πως ο Φράνκλιν έκρυβε κάτι... ακόμα κι από τους δικούς του».

Η Ναταλί χαμογέλασε ψυχρά στον αδερφό της. «Ένας Λούσιαν που δεν εμπιστεύεται το σόι του... Για φαντάσου!»

Ο Ίαν δεν γύρισε καν να την κοιτάξει. «Με την γκρίνια και τα παράπονα δεν θ' αλλάξουμε τίποτα. Πρέπει να κανονίσουμε την Έιμι και τον Νταν. Εξαδέρφη Ιρίνα, είμαστε σύμφωνοι;»

Τα πορτόφυλλα της κεντρικής εισόδου του ξενοδοχείου άνοιξαν κι ένας μεγαλόσωμος άντρας με καφέ κοστούμι μπήκε μέσα και προχώρησε προς τη ρεσεψιόν. Έδειχνε αταίριαστος με το περιβάλλον, μάλλον ιδιωτικός φρουρός ή αστυνομικός με πολιτικά. Ίσως δεν είχε καμιά σχέση μαζί τους, αλλά η Ιρίνα δεν μπορούσε να είναι σίγουρη. Είχαν μείνει πολλή ώρα εκεί. Λεπτό με λεπτό πια, η κατάσταση γινόταν όλο και πιο επικίνδυνη.

«Πολύ καλά», είπε η Ιρίνα. «Θα ετοιμάσω την παγίδα».

Η Ναταλί και ο Ίαν σηκώθηκαν.

Η Ιρίνα ένιωσε ανακούφιση και –βαθιά μέσα της– μια μικρή δόση περηφάνιας. Οι Κάμπρα είχαν ανάγκη τη βοήθειά της. Στο κάτω κάτω ήταν πιο μεγάλη, πιο έμπειρη. «Χαίρομαι που καταλήξαμε σε συμφωνία», είπε υπακούοντας σε μια ξαφνική διάθεση γενναιοδωρίας. «Δεν θα ήθελα να σας πληγώσω».

«Ω, κι εμείς χαιρόμαστε», της απάντησε ο Ίαν. «Ναταλί, νομίζω ότι τώρα μπορείς να το κάνεις».

Η Ιρίνα συνοφρυώθηκε, προσπαθώντας να βγάλει νόημα απ' αυτά τα τελευταία λόγια του παιδιού. Γύρισε και κοίταξε τη Ναταλί –το όμορφο κοριτσάκι που έμοιαζε τόσο αθώο κι άκακο με το άσπρο φόρεμά του– και συνειδητοποίησε πως ο μικρός θηλυκός σατανάς κρατούσε ένα μικρό ασημένιο όπλο, κρυμμένο στη χούφτα του, κολημμένο σχεδόν στο στήθος της Ιρίνας. Η καρδιάς της Ιρίνας χοροπήδησε άγρια. Τα ήξερε αυτά τα όπλα, τα είχε χρησιμοποιήσει αμέτρητες φορές και η ίδια. Εκτόξευαν βέλη, των οποίων το δηλητήριο ήταν πολύ χειρότερο απ' αυτό που τολμούσε να κρύψει η ίδια μέσα στα νύχια της.

Η Ναταλί χαμογέλασε κοκέτικα, με το όπλο της έτοιμο, στραμμένο ίσια στον στόχο του. «Χάρηκα πολύ που σε είδα, Ιρίνα».

«Κι εγώ το ίδιο», χαμογέλασε όλο αυταρέσκεια ο Ίαν. «Θα σου έδινα το χέρι μου, αλλά δεν θέλω να χαλάσω το μανικιούρ σου. Ειδοποίησέ μας, όταν βγάλεις από τη μέση την Έιμι και τον Νταν. Σύμφωνοι;»

ΚΕΦΑΛΑΙΟ 8

Τη στιγμή που η Νέλι βγήκε από το γραφείο ενοικίασης αυτοκινήτων, η Έιμι αισθάνθηκε πως κάτι δεν πήγαινε καλά. Η νεαρή κοπέλα φαινόταν μουτρωμένη και στα χέρια της κρατούσε έναν χοντρό, καφετί φάκελο.

«Τι είναι αυτό;» ρώτησε η Έιμι.

«Είναι για σας». Η Νέλι τής έδωσε τον φάκελο. «Κάποιος τον άφησε σήμερα το πρωί».

«Αδύνατον!» είπε η Έιμι. «Κανείς δεν ξέρει ότι είμαστε εδώ».

Μα τη στιγμή που ξεστόμιζε αυτά τα λόγια, ένα ρίγος παγωμένο πέρασε από τη ραχοκοκαλιά της. Είχαν κλείσει τα εισιτήρια του τρένου και είχαν νοικιάσει το αυτοκίνητο μέσω internet χτες το βράδυ, από το ξενοδοχείο τους, χρησιμοποιώντας το όνομα της Νέλι. Ήταν δυνατόν να 'χει εντοπίσει κάποιος τα ίχνη τους τόσο γρήγορα;

«Τι γράφει ο φάκελος;» ρώτησε ο Νταν.

«Για την Ε. και τον Ντ. Κέιχιλ», διάβασε η Νέλι. «Αποστολέας: Γουίλιαμ Μακιντάιρ».

«Από τον κύριο Μακιντάιρ είναι!» Ο Νταν άρπαξε τον φάκελο.

«Στάσου!» φώναξε η Έιμι. «Μπορεί να είναι παγίδα».

Ο Νταν την κοίταξε, έτοιμος να βάλει τα γέλια. «Έλα τώρα! Αφού είναι από τον...»

«Θα μπορούσε να είναι από τον οποιονδήποτε», επέμεινε η Έιμι. «Θα μπορούσε να τιναχτεί στον αέρα, μόλις τ' ανοίξεις».

«Εντάξει. Ουάου», είπε η Νέλι. «Ποιος θα 'στελνε βόμβα σε δυο μικρά παιδιά; Και ποιος είναι αυτός ο τύπος; Ο Μακιντάιρ;»

Ο Νταν χαμογέλασε. «Λέω ν' αφήσουμε τη Νέλι να το ανοίξει».

«Α, όχι!» είπε η Νέλι.

«Εσύ είσαι η νταντά! Δεν πρέπει να εξουδετερώνεις βόμβες κι άλλα τέτοια για να μας προστατέψεις; Δουλειά σου δεν είναι;»

«Εγώ θα οδηγήσω το αυτοκίνητο, νιάνιαρο! Αυτή είναι η δουλειά μου!»

Η Έιμι αναστέναξε και πήρε τον φάκελο στα χέρια της. Προχώρησε προς το πάρκινγκ, γύρισε την πλάτη της στον Νταν και στη Νέλι και τον άνοιξε με προσοχή.

Δεν έγινε τίποτα. Μέσα βρήκε έναν μεταλλικό κύλινδρο, σαν φακό, με μια λεπτή λωρίδα από κόκκινο γυαλί στο πλάι του. Πάνω του είχε δεμένο ένα σημείωμα γραμμένο βιαστικά:

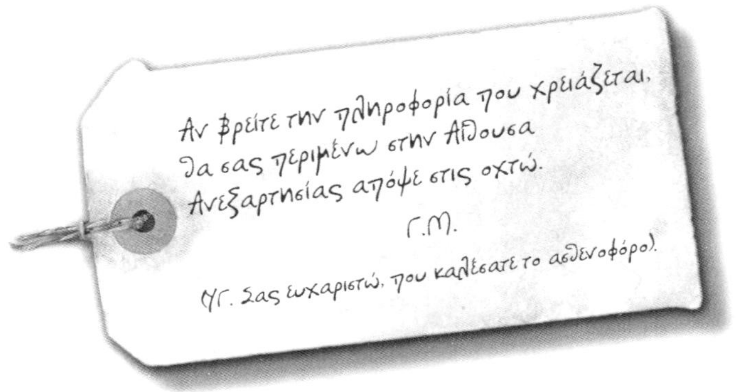

«Ποια πληροφορία εννοεί;» ρώτησε ο Νταν διαβάζοντας πάνω από τον ώμο της αδερφής του.

«Το επόμενο στοιχείο, υποθέτω».

«Ποιο στοιχείο;» ρώτησε η Νέλι.

«Τίποτα», είπαν μ' ένα στόμα η Έιμι και ο Νταν.

Η Νέλι φύσηξε μια τούφα, μισή μαύρη και μισή ξανθιά, να φύγει μπροστά απ' τα μάτια της. «Καλά. Εντάξει. Μην κουνηθείτε από 'δώ. Πάω να φέρω το αυτοκίνητο».

Τους άφησε να περιμένουν με τα πράγματα και τον Σαλαντίν κλεισμένο στην καινούρια ειδική τσάντα μεταφοράς του. Ο Σαλαντίν δεν είχε χαρεί καθόλου μ' αυτή την πάνινη τσάντα με τις γρίλιες – όπως δεν είχε χαρεί ούτε η Νέλι με το φρέσκο μπαρμπούνι που του είχαν αγοράσει για να τον καλοπιάσουν. Αλλά δεν το βαστούσε η καρδιά της Έιμι να φύγουν και να τον αφήσουν.

«Μμμρρρπ;» ρώτησε ο Σαλαντίν.

Η Έιμι άπλωσε το χέρι της μέσα από τα κάγκελα και του χάιδεψε το κεφάλι. «Νταν, ίσως δεν πρέπει να πάμε σ' αυτό το ραντεβού. Ο κύριος Μακιντάιρ είπε να μην εμπιστευόμαστε κανέναν».

«Το σημείωμα όμως είναι *από τον κ. Μακιντάιρ!*»

«Κι αν είναι κόλπο;»

«Ακόμα καλύτερα! Πρέπει να πάμε!»

Η Έιμι έστριψε μια τούφα από τα μαλλιά της. Νευρίαζε πολύ όταν δεν την έπαιρνε στα σοβαρά ο Νταν. Κι αυτή η ιστορία θα μπορούσε να αποδειχτεί πολύ *επικίνδυνη*. «Έτσι κι αλλιώς, για να πάμε, θα πρέπει να βρούμε πρώτα την πληροφορία!»

«Εσύ, όμως, ξέρεις πού να ψάξεις. Έτσι δεν είναι; Κόβει το μυαλό σου – κι όλα τα σχετικά».

Κόβει το μυαλό σου – κι όλα τα σχετικά. Λες κι αυτά ήταν αρκετά για να βρουν μια τόση δα πληροφορία μέσα σε μια μεγάλη πόλη. Πριν φύγουν από τη Βοστόνη είχε προλάβει ν' αγοράσει μερικά βιβλία για τον Φράνκλιν από τους φίλους της που πουλούσαν μεταχειρισμένα. Σ' όλη τη διαδρομή με το τρένο, αυτά διάβαζε. Κι όμως...

«Έχω μερικές ιδέες», παραδέχτηκε. «Αλλά δεν ξέρω πού ακριβώς θα μας οδηγήσουν τα στοιχεία. Θέλω να πω... Εσύ το 'χεις σκεφτεί; Μπορείς να φανταστείς τι είναι αυτό για το οποίο έχουμε ριχτεί όλοι με τα μούτρα στο κυνήγι;»

«Κάτι πολύ πρώτο».

«Ναι, τώρα με βοήθησες. Εννοώ... τι είναι αυτό που θα μπορούσε να μας κάνει τους πιο ισχυρούς Κέιχιλ στην ιστορία της ανθρωπότητας; Και γιατί τα στοιχεία είναι τριάντα εννέα;»

Ο Νταν ανασήκωσε τους ώμους του. «Το τριάντα εννέα είναι ξεχωριστός αριθμός. Είναι τρεις φορές το δεκατρία. Είναι, επίσης, το άθροισμα πέντε πρώτων αριθμών στη σειρά – του 3, του 5, του 7, του 11 και του 13. *Κι ακόμα*, αν προσθέσεις τις πρώτες τρεις δυνάμεις του 3, 3^1 και 3^2 και 3^3, πάλι 39 μας κάνει».

Η Έιμι τον κοίταξε με το στόμα ανοιχτό. «Πού τα ξέρεις όλα αυτά;»

«Τι θέλεις να πεις; Είναι ολοφάνερο!»

Η Έιμι κούνησε το κεφάλι κατάπληκτη. Ο Νταν μιλούσε συνήθως σαν βλαμμένο. Και ξαφνικά ξεφούρνιζε κάτι τέτοιο – πρόσθεση πρώτων αριθμών και δυνάμεις του τρία! Πράγματα, δηλαδή, που δεν περνούσαν ποτέ από το δικό της μυαλό. Ο μπαμπάς τους ήταν καθηγητής των μαθηματικών. Φαίνεται πως ο Νταν είχε κληρονομήσει όλο το ταλέντο του με τους αριθμούς. Η Έιμι δυσκολευόταν να συγκρατήσει ακόμα και νούμερα τηλεφώνου.

Σήκωσε τον παράξενο μεταλλικό κύλινδρο που τους είχε στείλει ο κύριος Μακιντάιρ. Πίεσε τον διακόπτη του και το φως του άναψε κόκκινο.

«Τι *είναι* αυτό το πράγμα;» ρώτησε ο Νταν.

«Δεν ξέρω», είπε η Έιμι. «Αλλά κάτι μου λέει ότι καλά θα κάνουμε να το μαντέψουμε πριν από τις οχτώ».

Η Έιμι μισούσε τα αυτοκίνητα σχεδόν όσο και την πολυκοσμία. Και είχε υποσχεθεί στον εαυτό της ότι μεγαλώνοντας θα φρόντιζε να ζήσει σ' ένα μέρος, όπου δεν θα χρειαζόταν ποτέ να οδηγεί. Ένας λόγος που είχε πάρει αυτή την απόφαση, ήταν πως είχε ξαναβρεθεί μέσα σε αυτοκίνητο με οδηγό τη Νέλι.

Η Νέλι είχε νοικιάσει ένα υβριδικό Τογιότα. Ήταν πιο φιλικό προς το περιβάλλον, είχε δηλώσει. Και η Έιμι δεν είχε αντίρρηση. Αλλά το οικολογικό τους αυτοκίνητο στοίχιζε διακόσια πενήντα οχτώ δολάρια την ημέρα. Και ο τρόπος με τον οποίο η Νέλι έπαιρνε γκαζώνοντας τις στροφές κι έτρεχε βολίδα στην άσφαλτο, δεν ήταν ακριβώς «πράσινος».

Έτρεχαν στον Περιφερειακό 95, με κατεύθυνση το κέντρο της πόλης, όταν η Έιμι έτυχε να κοιτάξει πίσω. Δεν ήξερε ούτε η ίδια γιατί, αλλά είχε μια αλλόκοτη αίσθηση στον σβέρκο της, ένα μυρμήγκιασμα σαν να την κοίταζε κάποιος επίμονα – σαν να την παρακολουθούσαν. Και πράγματι: την παρακολουθούσαν.

«Μας έχουν πάρει από πίσω», είπε.

«Τι;» είπε ο Νταν.

«Το πέμπτο αυτοκίνητο πίσω μας. Μας ακολουθεί», είπε η Έιμι. «Η γκρίζα Μερτσέντες. Είναι οι Στάρλινγκ».

«Έχει Στάρμπακς εδώ;» ρώτησε όλο προσδοκία η Νέλι. «Πού;»

«*Στάρλινγκ*», την διόρθωσε η Έιμι. «Ξαδέρφια μας. Ο Νεντ, ο Τεντ και η Σινέντ Στάρλινγκ».

Η Νέλι ρουθούνισε. «Αποκλείεται να τους λένε έτσι».

«Δεν αστειεύομαι», είπε η Έιμι. «Παίρνουν κι αυτοί μέρος στην, χμ, εξερεύνηση. Νέλι, δεν πρέπει να δουν πού πάμε. Πρέπει να τους ξεφύγουμε».

Δεν χρειάστηκε να της το πει δεύτερη φορά. Η Νέλι έστριψε απότομα το τιμόνι δεξιά και το Τογιότα πέρασε κάθετα σχεδόν τρεις λωρίδες κυκλοφορίας. Ο Σαλαντίν νιαούρισε τρομαγμένος. Τη στιγμή ακριβώς που θα 'πεφταν πάνω στην προστατευτική μπάρα στην άκρη του δρόμου, η Νέλι κατάφερε να χωθεί στην παρακαμπτήριο μιας εξόδου.

Το τελευταίο πράγμα που είδε η Έιμι από τους Στάρλινγκ, ήταν το φακιδιάρικο πρόσωπο της Σινέντ κολλημένο στο τζάμι της Μερτσέντες. Το σαγόνι της είχε κρεμάσει, καθώς κοίταζε την Έιμι και τον Νταν να χάνονται από δίπλα της.

«Τους ξεφύγαμε αρκετά;» ρώτησε η Νέλι.

«*Μμμρρρρπ!*» διαμαρτυρήθηκε ο Σαλαντίν.

«Παραλίγο να σκοτωθούμε!» Ένα πλατύ χαμόγελο φώτιζε το πρόσωπο του Νταν. «Κάν' το πάλι!»

«Όχι!» είπε η Έιμι. «Πάμε στη Λόκους Στριτ! Και γρήγορα!»

Η πρώτη τους στάση ήταν στη Γενική Βιβλιοθήκη της Φιλαδέλφειας, ένα μεγάλο κτίριο από κόκκινα τούβλα στην καρδιά του κέντρου. Η Έιμι και ο Νταν ζήτησαν από τη Νέλι να περιμένει στο αυτοκίνητο με τον Σαλαντίν. Ύστερα ανέβηκαν τα σκαλιά της κεντρικής εισόδου.

«Θεούλη μου! Κι άλλη βιβλιοθήκη!» είπε ο Νταν. «Τύχη βουνό έχουμε με τις βιβλιοθήκες!»

«Αυτήν εδώ την ίδρυσε ο ίδιος ο Μπέντζαμιν Φράνκλιν», του απάντησε η Έιμι. «Έχει πολλά βιβλία από την προσωπική του βιβλιοθήκη. Αν πείσουμε τους βιβλιοθηκάριους...»

«Γιατί τόσο ενδιαφέρον για τον Φράνκλιν; Εντάξει, δεν λέω. Ο τύπος ανακάλυψε τον ηλεκτρισμό – δεν είναι και για πέταμα. Αλλά αυτά έγιναν πριν από εκατοντάδες χρόνια».

«Δεν *ανακάλυψε* τον ηλεκτρισμό», τον διόρθωσε η αδερφή του προσπαθώντας να κρύψει την ενόχλησή της για το λάθος του. «Ανακάλυψε πως οι κεραυνοί έχουν μέσα τους ηλεκτρικά φορτία. Και εφηύρε τα αλεξικέραυνα, που προστατεύουν τα κτίρια. Ακόμα έκανε πολλά πειράματα με τις μπαταρίες και...»

«Κάνω *κι εγώ* τέτοια πειράματα. Έχεις ακουμπήσει ποτέ μπαταρία στη γλώσσα σου;»

«Είσαι ηλίθιος. Το θέμα είναι πως ο Φράνκλιν έγινε διάσημος για *πολλούς λόγους*. Άρχισε να βγάζει λεφτά με το τυπογραφείο του. Μετά ασχολήθηκε με τις επιστήμες και εφηύρε ένα σωρό χρήσιμα πράγματα. Αργότερα έγραψε μαζί με άλλους τη Δήλωση της Ανεξαρτησίας και το Σύνταγμα. Πήγε πρεσβευτής στην Αγγλία και στη Γαλλία. Ήταν σπουδαίος. Παγκοσμίως γνωστός. Όλοι τον συμπαθούσαν. Κι έζησε πολλά χρόνια, πάνω από ογδόντα».

«Σωστός σούπερμαν», είπε ο Νταν.

«Κοντά έπεσες».

«Νομίζεις, δηλαδή, ότι ήξερε τι ήταν... αυτός ο θησαυρός που ψάχνουμε;»

Η Έιμι δεν το είχε σκεφτεί αυτό. Ο Φράνκλιν ήταν ένας από τους σημαντικότερους ανθρώπους στην ιστορία της ανθρωπότητας. Αν ήταν μέλος της οικογένειας των Κέιχιλ... κι αν ήξερε για τον μυστικό θησαυρό της οικογένειας...

«Νομίζω», είπε, «ότι καλά θα κάνουμε να το μάθουμε».

Και σπρώχνοντας την πόρτα μπήκε σέρνοντας πίσω της τον αδερφό της.

Στάθηκαν τυχεροί: πρώτον, οι βιβλιοθηκάριοι δεν είχαν δουλειά· και δεύτερον, η Έιμι δεν πάθαινε ποτέ γλωσσοδέτη μ' αυτούς τους ανθρώπους. Οι βιβλιοθηκάριοι της άρεσαν. Ήταν η συμπάθειά της. Όταν τους είπε ότι έκανε έρευνα για μια εργασία σχετικά με τον Μπέντζαμιν Φράνκλιν, που της είχε αναθέσει για τις διακοπές ο καθηγητής της Ιστορίας της, και πως χρειαζόταν κάποια στοιχεία που ήλπιζε να βρει στη βιβλιοθήκη τους, έκαναν ό,τι περνούσε από το χέρι τους για να βοηθήσουν.

Έδωσαν στην Έιμι και στον Νταν λαστιχένια γάντια μιας χρήσεως και τους οδήγησαν σ' ένα κλιματιζόμενο αναγνωστήριο, όπου και τους έφεραν ένα σωρό παμπάλαια βιβλία να ξεφυλλίσουν.

Όταν η βιβλιοθηκάριος ακούμπησε το πρώτο στο τραπέζι, μπροστά τους, η Έιμι με δυσκολία συγκράτησε μια κραυγή έκπληξης: «Είναι η πρώτη γελοιογραφία του Φράνκλιν!»

Ο Νταν έριξε μια ματιά σ' αυτό που είχε προκαλέσει δέος στην αδερφή του. Το σκίτσο έδειχνε ένα φίδι, κομμένο σε δεκατρία κομμάτια – και το κάθε κομμάτι είχε το όνομα μιας αμερικανικής αποικίας.

«Δεν είναι και πολύ αστείο για γελοιογραφία», είπε το παιδί.

«Δεν την έφτιαξε για να είναι αστεία», του απάντησε η αδερφή του. «Την εποχή εκείνη οι γελοιογραφίες ήταν μάλλον σχόλια, ασκούσαν κριτική σε διάφορα κοινωνικά ή πολιτικά προβλήματα κι εξέφραζαν τη γνώμη του γελοιογράφου. Εδώ είναι σαν να λέει πως αν οι αποικίες δεν καταφέρουν να ενωθούν, η Βρετανία θα τις νικήσει».

«Α», είπε ο Νταν κι έστρεψε ξανά την προσοχή του στον υπολογιστή του. Δεν είχαν ούτε πέντε λεπτά μέσα στη βιβλιοθήκη και έδειχνε ήδη βαριεστημένος. Κι αντί να την βοηθήσει στο ψάξιμο, είχε αρχίσει κιόλας να παίζει με το λάπτοπ του.

Η Έιμι έπεσε με τα μούτρα πάνω στα σπάνια ντοκουμέντα: μια εφημερίδα τυπωμένη στο τυπογραφείο του Φράνκλιν, ένα αντίτυπο της *Πορείας του Προσκυνητή*, του Τζον Μπάνιαν, που ανήκε στον ίδιον τον Φράνκλιν. Συναρπαστικά πράγματα... αλλά τι ακριβώς έψαχνε; Η Έιμι ένιωσε πιεσμένη. Και όταν ένιωθε πιεσμένη, το μυαλό της δεν λειτουργούσε όπως έπρεπε.

«Βρήκες αυτό που ήθελες;» την ρώτησε η βιβλιοθηκάριος. Είχε κατσαρά μαλλιά, διπλεστιακά γυαλιά κι έμοιαζε λιγάκι με καλή μάγισσα.

«Έεεε... Όχι ακριβώς. Μήπως υπάρχει και τίποτα άλλο σχετικό με τον Φράνκλιν;... Οτιδήποτε ήταν σημαντικό γι' αυτόν...»

Η βιβλιοθηκάριος έμεινε για λίγο σκεφτική. «Η αλληλογραφία του ήταν σημαντική γι' αυτόν. Αλληλογραφούσε μ' ένα σωρό κόσμο, ξέρεις. Με φίλους και συγγενείς. Γιατί έζησε πολύ καιρό στην Ευρώπη. Θα σου φέρω μερικούς τόμους από την αλληλογραφία του». Στερέωσε τα γυαλιά της στη μύτη της και βγήκε από το αναγνωστήριο.

«Δική του εφεύρεση, επίσης», είπε η Έιμι αφηρημένα.

Ο Νταν την κοίταξε παραξενεμένος. «Ποιο πράγμα; Οι βιβλιοθηκάριοι;»

«Όχι, τα διπλεστιακά γυαλιά! Έκοψε δυο ζευγάρια φακών στα δύο και ύστερα τα ένωσε τα μεν με τα δε, έτσι που να μπορεί να βλέπει και μακριά και κοντά με το ίδια γυαλιά».

«Ω». Ο Νταν δεν εντυπωσιάστηκε ιδιαιτέρως. Και συνέχισε να παίζει με το λάπτοπ του. Συγχρόνως είχε μπροστά του τον μυστηριώδη φακό του κυρίου Μακιντάιρ και αναβόσβηνε τον διακόπτη του.

Η βιβλιοθηκάριος γύρισε φορτωμένη μ' άλλη μια στοίβα χαρτιά – ανάμεσά τους και πολλές επιστολές, τοποθετημένες με προσοχή μέσα σε πλαστικές θήκες. Η Έιμι τα φυλλομέτρησε διαβάζοντάς τα στα πεταχτά – κι απελπίστηκε ακόμα περισσότερο. Τίποτα δεν της φαινόταν ξεχωριστό. Τίποτα δεν της φώναζε «Προσοχή! Ενδιαφέρον στοιχείο!»

Ξαφνικά, ο Νταν ανακάθισε. «Το βρήκα!» είπε.

«Τι βρήκες;» Η Έιμι υπέθεσε πως ο Νταν έπαιζε κάποιο παιχνίδι. Μα όταν ο αδερφός της γύρισε το λάπτοπ του προς το μέρος της, η Έιμι είδε τη φωτογραφία ενός φακού ολόιδιου μ' αυτόν που τους είχε στείλει ο κύριος Μακιντάιρ.

«Είναι φακός υπεριώδους φωτός», δήλωσε ο Νταν.

«Ω!» είπε η βιβλιοθηκάριος. «Είναι εξαιρετικά χρήσιμοι, ξέρετε. Έχουμε κι εμείς έναν εδώ στη Βιβλιοθήκη».

Η Έιμι σήκωσε τα μάτια της από την επιστολή που διάβαζε. «Μπα; Γιατί; Τι κάνετε μ' αυτόν τον φακό;»

«Διαβάζουμε μυστικές σημειώσεις», εξήγησε η βιβλιοθηκάριος. «Κατά τη διάρκεια της Επανάστασης υπήρχαν κατάσκοποι, που χρησιμοποιούσαν αόρατο μελάνι για να στέλνουν μηνύματα μέσα σε επιστολές φαινομενικά αθώες – ερωτικά γράμματα, ας πούμε· ή εμπορικές παραγγελίες. Ο αποδέκτης χρησιμοποιούσε τη θερμότητα ή κάποιες χημικές ουσίες, που με τη βοήθειά τους κατάφερνε να διαβάσει ό,τι ήταν γραμμένο με αόρατο μελάνι ανάμεσα στις γραμμές. Δεν μπορούμε, βέβαια, να επεξεργαστούμε χημικά τα ντοκουμέντα που έχουμε στα χέρια μας – θα καταστρέφονταν ανεπανόρθωτα. Χρησιμοποιούμε, λοιπόν, υπεριώδες φως για να διαπιστώσουμε αν περιέχουν ή όχι μυστικά μηνύματα».

Η Έιμι έδειξε στη βιβλιοθηκάριο τον φακό τους. «Επιτρέπεται να...»

«Μην κάνετε τον κόπο, παιδιά», απάντησε η βιβλιοθηκάριος. «Έχουμε ήδη ελέγξει όλα τα έγγραφα που βρίσκονται εδώ. Δυστυχώς, δεν περιέχουν μυστικά μηνύματα».

Η καρδιά της Έιμι βούλιαξε. Έχαναν την ώρα τους εδώ κι ακόμα δεν είχε βρει τίποτα, δεν είχε βρει καν τι έπρεπε να ψάξει. Είχε στο μυαλό της έναν κατάλογο με μερικά ακόμα μέρη, που θα μπορούσαν να επισκεφτούν. Αλλά ο κατάλογος ήταν μακρύς και δεν θα μπορούσαν να πάνε σ' όλα αυτά τα μέρη πριν από τις οχτώ το βράδυ.

Μυστικά μηνύματα. Ο Φράνκλιν είχε γράψει αμέτρητα γράμματα στους φίλους και στους συγγενείς του, όσο ζούσε στην Ευρώπη. *Ακολουθήστε τον Φράνκλιν.* Μια τρελή ιδέα άρχισε να παίρνει σχήμα μέσα στο μυαλό της.

Η Έιμι κοίταξε τη βιβλιοθηκάριο. «Είπατε πως η αλληλογραφία του ήταν σημαντική γι' αυτόν. Υπάρχει κανένα αρχείο, ή βιβλιοθήκη, όπου μπορεί κανείς να δει και να διαβάσει γράμματα του Φράνκλιν;»

Η βιβλιοθηκάριος χαμογέλασε. «Καλή ερώτηση. Μερικά από τα πιο διάσημα χειρόγραφά του βρίσκονται αυτή τη στιγμή στην έκθεση που έχει διοργανώσει γι' αυτό τον μήνα το Ινστιτούτο Φράνκλιν, στο Μουσείο...»

«Στο Μουσείο Επιστημών;» Η Έιμι πετάχτηκε όρθια. «Στην 20ή Λεωφόρο;»

«Ναι», απάντησε ξαφνιασμένη η βιβλιοθηκάριος. «Αλλά πώς...;»

«Ευχαριστούμε πολύ!» Η Έιμι βγήκε τρέχοντας σχεδόν από το αναγνωστήριο τραβώντας πίσω της τον Νταν.

Έφτασαν πολύ γρήγορα στο Ινστιτούτο Φράνκλιν. Η Νέλι δεν χάρηκε καθόλου, όταν της ζήτησαν να περιμένει ξανά στο αυτοκίνητο παρέα με τον γάτο. Μα ο Νταν και η Έιμι την έπεισαν πως δεν θ' αργούσαν. Τρέχοντας μπήκαν στην είσοδο και βρέθηκαν αντιμέτωποι μ' ένα θεόρατο άγαλμα του Μπέντζαμιν Φράνκλιν από άσπρο μάρμαρο. Από το ύψος των έξι μέτρων ο γερο-Μπεν τούς κοίταξε καθισμένος σε μια γιγάντια, μαρμάρινη επίσης πολυθρόνα, τοποθετημένη στο κέντρο της αίθουσας υποδοχής.

«Απίστευτο!» είπε ο Νταν. «Φράνκλιν ο Μέγας!»

Η Έιμι έγνεψε συμφωνώντας. «Στα τελευταία του είχε βαρύνει τόσο πολύ, που δεν μπορούσε να περπατήσει. Και τον πήγαιναν παντού με μια πολυθρόνα, που την κουβαλούσαν τέσσερις γεροδεμένοι κατάδικοι».

«Τέλειο!» είπε ο Νταν. «Θέλω κι εγώ μια ίδια πολυθρόνα!»

«Εσύ ζυγίζεις σαράντα πέντε κιλά».

«ΑΠΟΦΑΣΗ: Από σήμερα αρχίζω να τρώω περισσότερο παγωτό».

«Α, κόφ' το!»

Το μουσείο ήταν τεράστιο. Πέρασαν από το μνημείο του Φράνκλιν και από τα εκδοτήρια των εισιτηρίων, ύστερα συμβουλεύτηκαν τον χάρτη για να πάνε στην πτέρυγα με τις εφευρέσεις του Φράνκλιν. Ήταν ήδη αργά και οι περισσότεροι επισκέπτες είχαν φύγει.

«Για δες αυτό!» είπε ο Νταν και χρησιμοποιώντας ένα μηχανικό μπράτσο άρπαξε την αδερφή του από τον καρπό.

«Σταμάτα, σου είπα!» νευρίασε η Έιμι. «Ο Φράνκλιν το έφτιαξε αυτό για να πιάνουμε πράγματα από τα ψηλά ράφια, κι όχι για να εκνευρίζουμε την αδερφή μας».

«Στοίχημα πως αν είχε αδερφή...»

«Είχε αδερφή! Νταν, πρέπει να βρούμε τις επιστολές του. Σταμάτα τις βλακείες!»

Συνέχισαν να προχωρούν. Βρήκαν την αίθουσα με τα αλεξικέραυνα του Φράνκλιν, βρήκαν τη βιτρίνα με τα διπλεστιακά γυαλιά και μια από τις πειραματικές μπαταρίες του – ένα ξύλινο κασόνι γεμάτο γυάλινα βάζα ενωμένα όλα με σύρμα.

«Πο, πο! Τι μεγάλη που είναι!» θαύμασε ο Νταν. «Λες να 'ναι διπλή επαναφορτιζόμενη τύπου Ζ; Και... ουάου! Τι είναι πάλι *αυτό;;;*»

Το παιδί είχε ήδη στρέψει την προσοχή του σε μια άλλη γυάλινη προθήκη που φιλοξενούσε ένα κουτί από μαόνι, το οποίο περιείχε γυάλινα πιατάκια, το ένα κολλητά με το άλλο.

«Είναι αρμόνικα», είπε η Έιμι διαβάζοντας την περιγραφή στη βάση της προθήκης. «Παίζει μουσική, αν βρέξεις τα χείλη των δοχείων και αρχίσεις να τα τρίβεις με το δάχτυλό σου».

«Τρο-με-ρό! Ο Φράνκλιν το έφτιαξε κι αυτό;»

«Ναι. Λέει ότι έγινε και της μόδας για λίγο καιρό. Διάσημοι συνθέτες έγραψαν έργα γι' αυτό και...»

Η Έιμι πάγωσε. Ένας ψηλός άντρας με γκρίζα μαλλιά είχε μόλις μπει στη διπλανή αίθουσα και προχωρούσε προς το γραφείο πληροφοριών. Ο άντρας φορούσε μαύρο κοστούμι.

«Τι; Τι έπαθες;» ρώτησε ο Νταν.

«Ο τύπος με τα μαύρα», μουρμούρισε η Έιμι. «Φύγαμε!»

Κι αρπάζοντας τον αδερφό της από το χέρι τον τράβηξε πίσω της, προχωρώντας στην επόμενη αίθουσα. Κι από 'κεί στην επόμενη. Δεν σταμάτησαν, παρά μόνο όταν βρέθηκαν δυο αίθουσες μακριά του. Κι εκεί κρύφτηκαν πίσω από μια μεγάλη γυάλινη σφαίρα, αναπαράσταση του ηλιακού μας συστήματος.

«Τι *δουλειά έχει αυτός* εδώ;» μουρμούρισε ανήσυχη η Έιμι.

«Εμείς είμαστε η δουλειά του», είπε ο Νταν. «Αφού με τη φωτιά δεν κατάφερε να μας ξεκάνει, ήρθε εδώ για να ξαναπροσπαθήσει! Δεν μπορούμε να βγούμε από την κεντρική πόρτα. Θα μας περιμένει να μας τσακώσει».

Η Έιμι κοίταξε γύρω της, ψάχνοντας να βρει άλλη έξοδο. Τότε πρόσεξε αυτό που ήταν στον τοίχο ακριβώς δίπλα τους. Ράφια με γυάλινα πορτάκια. Ράφια γεμάτα έγγραφα – κιτρινισμένα χαρτιά, χειρόγραφα όλα. Με λεπτά καλλιγραφικά γράμματα.

«Οι επιστολές του Φράνκλιν!» είπε. «Γρήγορα! Φέρε τον φακό με το υπεριώδες φως!»

Ο Νταν ψαχούλεψε στο σακίδιό του και βρήκε τον φακό. Τον σήκωσαν και φώτισαν την πρώτη επιστολή, πίσω από το τζάμι. Μ' αυτήν ο Φράνκλιν ζητούσε μάλλον να του στείλουν μια σειρά από πράγματα. Κι άρχιζε έτσι:

Κύριε – σας έγραψα την τελευταία φορά μέσω Νέας Υόρκης κι ελπίζω η επιστολή μου να φτάσει στα χέρια σας. Τώρα σας παρακαλώ να μου στείλετε τα εξής πράγματα, τα οποία και επείγομαι να παραλάβω.

1 δωδεκάδα «Αγγλικά Λεξικά» του Κόουλ
3 δωδεκάδες «Συμβουλές για τον Σημερινό Νέο» του Μάθερς
1 μέρος διάλυμα σιδήρου
2 Ναυτικούς Άτλαντες της Αμερικής

Το υπεριώδες φως πέρασε πάνω από το χαρτί, αλλά δεν έδειξε τίποτα περισσότερο.

«Πάμε στο επόμενο!» είπε η Έιμι. Ήταν σίγουρη πως ο άντρας με τα μαύρα θα ορμούσε και θα τους ριχνόταν από στιγμή σε στιγμή.

«Ουάου!» είπε ο Νταν.

Η Έιμι τον άρπαξε από το χέρι. «Το βρήκες;»

«Όχι, αλλά κοίτα εδώ! Όλο αυτό το δοκίμιο – "Προς τη Βασιλική Ακαδημία Επιστημών"! Έγραψε ολόκληρο δοκίμιο για τις πορδές!» Ο Νταν χαμογελούσε ίσαμε τ' αυτιά του. «Προτείνει να γίνει σοβαρή και αναλυτική επιστημονική μελέτη για τις διαφορετικές οσμές μιας πορδής. Έιμι, είχες δίκιο! Ο τύπος ήταν μεγαλοφυΐα!»

«Νταν, είσαι κόπανος! Συνέχισε να ψάχνεις!»

Φώτισαν άλλα τέσσερα χειρόγραφα του Φράνκλιν. Τίποτα δεν φάνηκε. Μα στο πέμπτο, ο Νταν είπε: «Εδώ είμαστε!»

Δεν ήταν άλλο ένα δοκίμιο για τις πορδές. Ήταν ένα γράμμα που ο Φράνκλιν είχε γράψει το 1785 από το Παρίσι, σε κάποιον με το όνομα Τζέι. Η Έιμι δεν ήξερε τι του έγραφε. Δεν προλάβαινε να το διαβάσει. Αλλά ανάμεσα στις γραμμές το υπεριώδες φως είχε αποκαλύψει άλλες γραμμές, γραμμένες με κίτρινο μελάνι – ένα μυστικό μήνυμα γραμμένο επίσης από το χέρι του Μπέντζαμιν Φράνκλιν:

Φεύγω πια απ' αυτήν
Των θαυμάτων την πόλη.
Αλλά αφήνω εδώ
Αυτό που χώρισε στα δυο
Την οικογένειά μου όλη.

Κι από κάτω, σχεδιασμένο με το χέρι, ήταν ένα οικόσημο: δυο φίδια τυλιγμένα γύρω από ένα σπαθί.

Η Έιμι τα 'χασε. «Ένα από τα οικόσημα που είδαμε στη βιβλιοθήκη της Γκρέις – αυτό με το Λ. Ο Φράνκλιν ανήκε στους Λούσιαν!»

«Ώστε αυτός είναι το δεύτερο στοιχείο;» ρώτησε ο Νταν. «Ή ένα στοιχείο, που θα μας οδηγήσει στη λύση του πρώτου;»

Ακούστηκε το κλικ μιας φωτογραφικής μηχανής. «Ό,τι από τα δυο κι αν είναι», είπε μια κοριτσίστικη φωνή πίσω τους, «κάνατε καλή δουλειά».

Η Έιμι γύρισε και βρέθηκε αντιμέτωπη με τα αδέρφια Στάρλινγκ. Φορούσαν, όπως πάντα, πανομοιότυπα ακριβά και στιλάτα ρούχα: χακί παντελόνια, καλοραμμένα πουκάμισα, δερμάτινα μοκασίνια. Τα καστανά μαλλιά της Σινέντ ήταν δεμένα αλογοουρά. Τ' αδέρφια της, ο Τεντ και ο Νεντ, έστεκαν δεξιά κι αριστερά της, χαμογελώντας απειλητικά. Η Σινέντ κρατούσε στο χέρι το κινητό της, με το οποίο είχε μόλις φωτογραφίσει το μυστικό μήνυμα μέσα στο γράμμα του Φράνκλιν. Το μυστικό μήνυμα, που είχαν βρει η Έιμι και ο Νταν.

«Μας ξεφύγατε πολύ αριστοτεχνικά στον περιφερειακό», είπε η Σινέντ. «Αλλά δεν ήταν και πολλά τα μέρη που σχετίζονται με τον Φράνκλιν και θα μπορούσατε να επισκεφτείτε μέσα στην πόλη. Σας ευχαριστούμε για την πληροφορία».

Μ' αυτά τα λόγια άρπαξε τον φακό από τα χέρια του Νταν. «Και τώρα ακούστε με προσεκτικά. Θα *μείνετε* στο μουσείο μισή ώρα ακόμα. Θα μας δώσετε ένα προβάδισμα. Αλλιώς θ' αναγκαστούμε να σας δέσουμε. Αν βγείτε νωρίτερα από 'δώ μέσα, ο Τεντ κι ο Νεντ θα το μάθουν – έχετε τον λόγο μου. Και δεν θα ευχαριστηθούν καθόλου».

Τα δυο αδέρφια της χαμογέλασαν ακόμα πιο απειλητικά.

Η Σινέντ γύρισε να φύγει, αλλά η Έιμι δεν την άφησε.

«Π-π-περίμενε!» τραύλισε.

Η Σινέντ ανασήκωσε το ένα της φρύδι.

«Κ-κ-κάποιος άντρας μάς...» Η Έιμι προσπάθησε να μιλήσει, αλλά οι Στάρλινγκ την αγριοκοίταζαν κι ένιωθε σαν να βούλιαζε μέσα σε παγωμένο νερό.

«Τι άντρας;» ρώτησε η Σινέντ.

«Μας παρακολουθεί!» βοήθησε ο Νταν. «Μας κυνηγάει! Έχει μπλοκάρει την κεντρική είσοδο!»

Η Σινέντ χαμογέλασε. «Ανησυχείς για μας; Ω, πολύ ευγενικό εκ μέρους σου, Νταν. Υπάρχει, όμως, ένα μικρό προβληματάκι...» Η Σινέντ έγειρε εμπρός και βάλθηκε να τον χτυπάει με τη γροθιά της στο στομάχι ρυθμικά, μια φορά για κάθε λέξη, που έλεγε: «ΔΕΝ – ΣΕ – ΠΙΣΤΕΥΩ!»

Η Σινέντ και τ' αδέρφια της έβαλαν τα γέλια, ύστερα έκαναν μεταβολή και κατευθύνθηκαν τρέχοντας προς την κεντρική έξοδο.

Πριν καν η Έιμι προλάβει να σκεφτεί έναν τρόπο για να ξεφύγουν, κάτι σαν δυνατός σεισμός τράνταξε το δάπεδο. Και αμέσως μετά: *ΜΠΟΥΟΥΟΥΜ!*

Οι γυάλινες προθήκες έγιναν θρύψαλα. Το κτίριο ολόκληρο σείστηκε. Η Έιμι έπεσε πάνω στον Νταν και σωριάστηκε μαζί του κατάχαμα.

Όταν συνήλθε, τα πάντα ήταν θολά γύρω της. Δεν ήξερε πόση ώρα είχαν μείνει εκεί, ζαλισμένοι. Παραπατώντας σηκώθηκε όρθια και έπιασε τον Νταν από τον αγκώνα.

«Σήκω!» του είπε – αλλά δεν άκουσε τη φωνή της.

«Τι;» διάβασε τα χείλια του αδερφού της – μα δεν άκουσε ούτε τη δική του φωνή.

Τον τράβηξε να σηκωθεί. Μαζί έτρεξαν προς την έξοδο. Καπνός και σκόνη είχε πλημμυρίσει τις αίθουσες. Οι μηχανισμοί πυρόσβεσης είχαν πάρει μπροστά, φώτα αναβόσβηναν, σειρήνες ακούγονταν από παντού. Ένας σωρός μπάζα είχε φράξει την κεντρική πόρτα της πτέρυγας με τα εκθέματα για τον Φράνκλιν, σαν να είχε καταρρεύσει μέρος της οροφής. Στο δάπεδο, δίπλα στα πόδια της, η Έιμι είδε τον σπασμένο φακό του υπεριώδους φωτός και το κινητό της Σινέντ.

Τα τρία αδέρφια Στάρλινγκ είχαν γίνει άφαντα.

ΚΕΦΑΛΑΙΟ 9

Ωραίες είναι οι εκρήξεις, σκέφτηκε ο Νταν. Αλλά όχι όταν είσαι μέσα τους. Σ' όλη τη διαδρομή ως την Αίθουσα της Ανεξαρτησίας, η Έιμι κρατούσε την τσάντα με τον Σαλαντίν, σαν να κρεμόταν απ' αυτήν η ίδια η ζωή της. Η Νέλι τούς έβαλε τις φωνές για την αποκοτιά τους. Τ' αυτιά του Νταν είχαν πάθει τόση ζημιά, που την άκουγε σαν να του μιλούσε από τον πυθμένα ενός ενυδρείου.

«Δεν το πιστεύω!» έλεγε και ξανάλεγε η Νέλι. «Αληθινή *βόμβα;* Νόμιζα ότι μου κάνατε πλάκα!»

Η Έιμι σκούπισε τα μάτια της. «Οι Στάρλινγκ... Λες να...;»

«Μπορεί και να 'ναι εντάξει», είπε ο Νταν. Αλλά ούτε ο ίδιος το πίστευε. Δεν περίμεναν να 'ρθει η αστυνομία. Είχαν τρομάξει τόσο πολύ, που το 'βαλαν απλώς στα πόδια. Έτσι, ο Νταν δεν είχε ιδέα τι είχαν απογίνει τα τρίδυμα. Και δεν του άρεσε καθόλου το γεγονός πως είχαν βρει το κινητό της Σινέντ δίπλα σ' ένα μεγάλο κομμάτι της γκρεμισμένης οροφής.

Η Νέλι έστριψε απότομα το τιμόνι και το αυτοκίνητο χώθηκε στο ρεύμα της Έκτης λεωφόρου. «Παιδιά, τα πράγματα σοβαρεύουν. Κάποιος προσπάθησε να σας σκοτώσει. Δεν μπορώ να σας προσέχω, αν...»

«Δεν μας προσέχεις. Μας συνοδεύεις!» την διόρθωσε ο Νταν.

«Αυτό! Δεν το μπορώ!»

Η Νέλι σταμάτησε το αυτοκίνητο μπροστά στην Αίθουσα της Ανεξαρτησίας. Ο ήλιος κόντευε να δύσει και στο λιγοστό φως του σούρουπου, το μέρος φάνταζε όπως ακριβώς το έδειχναν στα σχολικά βίντεο – ένα διώροφο κτίριο, με τοίχους από κόκκινα τούβλα κι έναν ψηλό άσπρο πύργο με ρολόι, ζωσμένο από δέντρα και παρτέρια με λουλούδια. Το άγαλμα κάποιου επαναστάτη ορθωνόταν μπροστά του. Σε σύγκριση με τα τεράστια σύγχρονα κτίρια γύρω του, δεν ήταν καθόλου εντυπωσιακό τούτο 'δώ. Αλλά την εποχή που πρωτοχτίστηκε, σκέφτηκε ο Νταν, θα 'ταν μάλλον το μεγαλύτερο της πόλης. Φαντάστηκε τον Φράνκλιν και τους φίλους του με τις πουδραρισμένες περούκες τους και τα τρίκοχα καπέλα τους να μαζεύονται στα σκαλιά συζητώντας για τη Διακήρυξη της Ανεξαρτησίας, για το Σύνταγμα, ή (ίσως) για την τελευταία πρόταση του Μπέντζαμιν σχετικά με την επιστημονική μελέτη των πορδών. Η σκηνή έφερε στο μυαλό του Νταν τα διαγωνίσματα στην αμερικανική ιστορία, που τον τρόμαζαν σχεδόν όσο και οι εκρήξεις στα μουσεία.

«Κοιτάξτε, παιδιά», είπε η Νέλι. «Άκυρη η συμφωνία μας. Όπου κι αν πήγατε και μπλέξατε – παραείναι επικίνδυνο για δυο παιδιά της ηλικίας σας. Θα σας πάω πίσω στη θεία σας».

«Όχι!» φώναξε ο Νταν. «Όχι, Νέλι! Μη! Θα μας...»

Δάγκωσε τη γλώσσα του και σταμάτησε, αλλά τα βαμμένα με μπλε φωσφοριζέ σκιά μάτια της Νέλι στένεψαν. «Τι *θα σας* κάνει;»

Ο Νταν στράφηκε στην Έιμι, ελπίζοντας πως θα τον βοηθούσε· μα εκείνη ήταν ακόμα τόσο ταραγμένη, που κοίταξε αμίλητη κι ανέκφραστη έξω από το παράθυρο.

«Τίποτα», είπε ο Νταν. «Νέλι, είναι πολύ σημαντικό αυτό. Σε παρακαλώ. Περίμενέ μας».

Η Νέλι ξεφύσηξε ενοχλημένη. «Κοίτα να δεις. Έχω, για να δω... έξι τραγούδια ακόμα στη λίστα μου. Θα τ' ακούσω. Κι αν δεν έχετε γυρίσει όταν θα τελειώσει και το τελευταίο, έτοιμοι να μου *εξηγήσετε* τα πάντα *με ειλικρίνεια*... Θα τηλεφωνήσω επί τόπου στην Μπέατρις!»

«Σύμφωνοι!» υποσχέθηκε ο Νταν. Και έσπρωξε την αδερφή του να βγει από το αυτοκίνητο. Μα εκείνη πρέπει να τα 'χε ακόμα χαμένα, γιατί εξακολουθούσε να κρατάει σφιχτά στην αγκαλιά της την τσάντα του Σαλαντίν.

«Τι κάνεις;» την ρώτησε ο Νταν. «Άσε τον εδώ και πάμε!»

«Όχι». Η Έιμι σκέπασε την τσάντα του γάτου με μια κουβέρτα. «Πρέπει να τον πάρουμε μαζί μας».

Ο Νταν δεν κατάλαβε γιατί. Αποφάσισε, όμως, να μην της φέρει αντιρρήσεις. Βγήκαν κι άρχισαν να τρέχουν στο πεζοδρόμιο. Μα φτάνοντας στα σκαλιά της εισόδου, ο Νταν συνειδητοποίησε πως η πόρτα ήταν κλειστή. «Πώς θα μπούμε μέσα;»

«Παιδιά!» ακούστηκε μια φωνή. «Από 'δώ!»

Ο Γουίλιαμ Μακιντάιρ ήταν δίπλα στον τοίχο της πρόσοψης, μισοκρυμμένος πίσω από μια τριανταφυλλιά. Η Έιμι πήγε κοντά του τρέχοντας και τον αγκάλιασε, πράγμα που σίγουρα τον έφερε σε αμηχανία. Είχε επίδεσμο στο αριστερό χέρι και ράμματα κάτω από το δεξί του μάτι, αλλά κατά τ' άλλα έδειχνε μια χαρά για άνθρωπο που μόλις είχε βγει από το νοσοκομείο.

«Χαίρομαι που είστε καλά», τους είπε. «Άκουσα για το Ινστιτούτο Φράνκλιν στις ειδήσεις. Ήσασταν κι εσείς εκεί, υποθέτω».

«Ήταν τρομερό», είπε η Έιμι. Του διηγήθηκε τα πάντα – αρχίζοντας από τη μυστική βιβλιοθήκη της Γκρέις και τελειώνοντας με τον μαυροντυμένο άντρα στο μουσείο, τα τρίδυμα Στάρλινγκ και την έκρηξη.

Ο κύριος Μακιντάιρ συνοφρυώθηκε. «Τηλεφώνησα στο Πανεπιστημιακό Νοσοκομείο Τζέφερσον. Οι τρεις μικροί Στάρλινγκ θα ζήσουν, αλλά είναι σε άθλια κατάσταση. Θα τους πάρει μήνες να συνέλθουν – άρα, βγαίνουν οριστικά από τον αγώνα».

«Ήταν ο άντρας με τα μαύρα», είπε ο Νταν. «Αυτός είχε στήσει την παγίδα – για μας».

Τα μάτια του κυρίου Μακιντάιρ τρεμόπαιξαν. Έβγαλε τα γυαλιά του και καθάρισε τους φακούς με τη γραβάτα του. Η μύτη του έριχνε τη σκιά της στο μισό του πρόσωπο. «Αυτή η έκρηξη... σύμφωνα με τις περιγραφές σας, θα 'λεγα πως ήταν ένας πυροκροτητής υπερήχων. Πολύ εκλεπτυσμένος εκρηκτικός μηχανισμός, σχεδιασμένος για να θέτει εκτός μάχης προκαλώντας μόνο εντοπισμένες ζημιές. Όποιος κι αν ήταν ο δράστης, ήξερε πολύ καλά τι έκανε».

«Πώς και ξέρετε τόσα πολλά για τα εκρηκτικά;» ρώτησε ο Νταν.

Ο γερο-δικηγόρος τον κάρφωσε με το βλέμμα του κι ο Νταν είχε την αλλόκοτη αίσθηση πως ο κύριος Μακιντάιρ δεν ήταν σ' όλη του τη ζωή δικηγόρος· πως τα μάτια του είχαν δει πολλά –κι επικίνδυνα– πράγματα. «Νταν, πρέπει να προσέχετε. Αυτή η έκρηξη λίγο έλειψε να σημάνει το τέλος του αγώνα για σας. Ήλπιζα πως θα μείνω έξω απ' όλη αυτή την υπόθεση. Δεν πρέπει να καταλάβει κανείς ότι σας βοηθάω. Κανονικά θα έπρεπε να είμαι αμερόληπτος. Αλλά όταν κάηκε το σπίτι της γιαγιάς σας... ε, συνειδητοποίησα σε πόσο μεγάλους κινδύνους σάς είχα εκθέσει».

«Γι' αυτό μάς στείλατε τον φακό με το υπεριώδες φως;»

Ο κύριος Μακιντάιρ έγνεψε καταφατικά. «Ανησυχώ. Φοβάμαι πως οι άλλες ομάδες σάς έχουν *βάλει στο σημάδι*. Μου φαίνονται αποφασισμένες να σας θέσουν εκτός μάχης».

«Ναι, αλλά απέτυχαν!» είπε ο Νταν. «Βρήκαμε το δεύτερο στοιχείο. Κανένας άλλος δεν το έχει. Έτσι δεν είναι;»

«Νταν, αυτό που βρήκατε δεν είναι παρά ένα στοιχείο που θα οδηγήσει στον δεύτερο γρίφο. Πρόσεξε! Είναι καλό στοιχείο και χαίρομαι που ο φακός μου σας φάνηκε χρήσιμος. Αλλά μη φανταστείτε πως είναι το *μοναδικό* στοιχείο. Οι άλλες ομάδες θα βρουν άλλους δρόμους για να φτάσουν κι αυτές στο επόμενο στοιχείο. Κι αν πιστέψουν ότι έχετε χρήσιμες πληροφορίες, δεν θα διστάσουν να σας ακολουθήσουν –όπως επιχείρησαν ήδη να κάνουν οι Στάρλινγκ– και να σας τις κλέψουν».

Ο Νταν με το ζόρι κρατήθηκε να μην αρχίσει να κλοτσάει τον τοίχο. Κάθε φορά που κατάφερναν να κάνουν ένα βήμα μπροστά, κάτι κακό συνέβαινε· ή διαπίστωναν ότι δεν είχαν πλησιάσει το επόμενο στοιχείο, όσο νόμιζαν. «Πώς θα το καταλάβουμε, λοιπόν, όταν βρούμε το δεύτερο στοιχείο; Θα 'χει ταμπέλα και θα το γράφει; ΣΤΟΙΧΕΙΟ ΝΟΥΜΕΡΟ ΔΥΟ;»

«Ω, θα το καταλάβετε», είπε ο κύριος Μακιντάιρ. «Θα 'ναι πιο... χειροπιαστό. Θα 'ναι ένα σημαντικό κομμάτι του παζλ».

«Α, εντάξει», απάντησε μουτρωμένος ο Νταν. «Τώρα μάλιστα. Ξεκαθάρισε το πράγμα».

«Κι αν έχει δίκιο η Νέλι;» ρώτησε η Έιμι με φωνή που έτρεμε. «Αν όλα αυτά παραείναι επικίνδυνα για δυο παιδιά της ηλικίας μας;»

«Α, μη λες τέτοια πράγματα!» φώναξε ο Νταν.

Η Έιμι γύρισε και τον κοίταξε. Τα μάτια της του θύμισαν σπασμένα γυαλιά. Είχαν ένα βλέμμα τόσο εύθραυστο, τόσο τρεμάμενο... «Νταν, παρά τρίχα την γλιτώσαμε στο μουσείο. Οι Στάρλινγκ είναι στο νοσοκομείο, και βρισκόμαστε ακόμα στη δεύτερη μέρα του αγώνα. Πώς θ' αντέξουμε; Πώς θα τα βγάλουμε πέρα;»

Ένιωσε το λαρύγγι του να ξεραίνεται. Είχε δίκιο η Έιμι. Αλλά μπορούσαν να γυρίσουν πίσω, σαν να μην είχε συμβεί τίποτα; Να πάνε στη θεία Μπέατρις και να της ζητήσουν συγγνώμη; Θα ξανάβρισκε, βέβαια, τη συλλογή του, θα ξαναπήγαινε σχολείο, θα συνέχιζε κανονικά τη ζωή του· και κανείς δεν θα τον κυνηγούσε, κανείς δεν θα προσπαθούσε να τον παγιδέψει, να τον κάψει ή να τον τινάξει στον αέρα κάθε τρεις και λίγο.

Ο κύριος Μακιντάιρ πρέπει να μάντεψε τις σκέψεις του, γιατί το πρόσωπό του ξαφνικά χλώμιασε. «Παιδιά, όχι. *Μην* το σκέφτεστε καν».

«Μα... μα... είμαστε μικρά παιδιά», τραύλισε η Έιμι. «Πώς περιμένετε από μας... να...»

«Αγαπητή μου, είναι πια αργά!» Για μια στιγμή ο κύριος Μακιντάιρ ακούστηκε πραγματικά πανικόβλητος... *τρομοκρατημένος* για την ακρίβεια, στην ιδέα ότι θ' αποσύρονταν από τον αγώνα. Ο Νταν σάστισε. Μετά ο γέρος πήρε βαθιά ανάσα. Ξαναβρήκε την αυτοκυριαρχία του. «Παιδιά, ακούστε με! *Δεν μπορείτε* να κάνετε πίσω. Η θεία Μπέατρις έγινε έξαλλη όταν διαπίστωσε πως είχατε εξαφανιστεί. Θέλει να προσλάβει ντετέκτιβ για να σας βρει».

«Η θεία Μπέατρις δεν ενδιαφέρεται καθόλου για μας!» είπε ο Νταν.

«Μπορεί. Αλλά όσο είναι κηδεμόνας σας, έχει τυπικά τουλάχιστον την ευθύνη για οτιδήποτε σας συμβεί. Αν γυρίσετε στη Βοστόνη, θα σας κλείσει αμέσως στο ορφανοτροφείο. Δεν θα 'σαστε καν μαζί οι δυο σας. Είναι πια αργά για να συνεχίσετε τη ζωή που ζούσατε ως τώρα».

«Δεν μπορείτε να μας βοηθήσετε εσείς;» ρώτησε η Έιμι. «Δικηγόρος είστε!»

«Σας βοηθώ ήδη παραπάνω απ' όσο πρέπει. Αλλά δεν μπορώ να σας δώσω τίποτα περισσότερο από μερικές ακόμα πληροφορίες».

Ο Νταν τέντωσε τ' αυτιά του. «Τι ακριβώς πληροφορίες;»

Ο κύριος Μακιντάιρ χαμήλωσε τη φωνή του. «Ένας από τους ανταγωνιστές σας, ο Τζόνα Γουίζαρντ, ετοιμάζεται για υπερατλαντικό ταξίδι. Φοβάμαι πως πολύ σύντομα θα πέσετε πάνω του. Ο πατέρας του κι αυτός έκλεισαν εισιτήρια πρώτης θέσης σήμερα το πρωί, στη Νέα Υόρκη».

«Για πού;» ρώτησε ο Νταν.

«Αν σκεφτείτε λίγο τις πληροφορίες που βρήκατε, θα το καταλάβετε και μόνοι σας. Νομίζω».

«Ναι», είπε η Έιμι. «Εγώ *κατάλαβα*. Και θα φτάσουμε εκεί πρώτοι».

Ο Νταν δεν είχε την παραμικρή ιδέα για ποιο πράγμα μιλούσε η αδερφή του. Αλλά χάρηκε που την έβλεπε ξανά θυμωμένη. Δεν διασκέδαζε καθόλου παιδεύοντας την Έιμι όταν ήταν στενοχωρημένη κι έτοιμη, έτσι κι αλλιώς, να βάλει τα κλάματα.

Ο κύριος Μακιντάιρ αναστέναξε με ανακούφιση. «Θα συνεχίσετε, λοιπόν. Δεν θα τα παρατήσετε. Έτσι;»

Η Έιμι κοίταξε τον Νταν. Συνεννοήθηκαν χωρίς να πουν λέξη.

«Προς το παρόν συνεχίζουμε», είπε η Έιμι. «Αλλά γιατί μας βοηθάτε, κύριε Μακιντάιρ; *Στ' αλήθεια*, εννοώ. Δεν βοηθάτε κανέναν από τους άλλους. Έτσι δεν είναι;»

Ο ηλικιωμένος δικηγόρος δίστασε. «Είπατε ότι στο Ινστιτούτο Φράνκλιν προειδοποιήσατε τους Στάρλινγκ ότι κινδύνευαν».

«Φυσικά και τους προειδοποιήσαμε», είπε η Έιμι.

«Εκείνοι δεν θα έκαναν το ίδιο για σας».

«Μπορεί. Αλλά εμείς έτσι κρίναμε σωστό».

«Ενδιαφέρον...» Ο κύριος Μακιντάιρ γύρισε και κοίταξε προς τον δρόμο. «Δεν μπορώ να σας πω τίποτα περισσότερο. Πρέπει να...»

«Σας παρακαλώ», είπε η Έιμι. «Άλλη μια χάρη». Και ξεσκέπασε τον γάτο. Τότε κατάλαβε ο Νταν γιατί επέμενε να πάρουν μαζί τους τον Σαλαντίν.

«Έιμι! Όχι!»

«Νταν, πρέπει», του απάντησε. «Μαζί μας δεν θα είναι ασφαλής».

Ήταν έτοιμος να της φέρει αντιρρήσεις, όταν κάτι τον σταμάτησε. Θυμήθηκε τις δύσκολες στιγμές που είχε περάσει μέσα στον αγωγό του εξαερισμού αγκαλιά με τον γάτο, τότε που προσπαθούσαν να ξεφύγουν από τις φλόγες στο σπίτι της Γκρέις. Κι ύστερα θυμήθηκε τη δυσφορία του Σαλαντίν, όταν τον έχωσαν μέσα στην ειδική τσάντα για να ταξιδέψουν με το τρένο. Αν τον είχαν μαζί τους, όταν έγινε η έκρηξη στο μουσείο;... Ο Νταν δεν θα συγχωρούσε ποτέ τον εαυτό του, αν ο κακομοίρης ο γάτος πάθαινε το παραμικρό. «Εντάξει», συμφώνησε μ' έναν στεναγμό.

«Είναι ο γάτος της κυρίας Γκρέις;» έσμιξε τα φρύδια του ο κύριος Μακιντάιρ. «Πού τον...;»

«Γλίτωσε από τη φωτιά μαζί μας», είπε η Έιμι. «Σκεφτόμασταν να τον κρατήσουμε... το θέλαμε. Αλλά εκεί που θα πάμε, δεν είναι δυνατόν. Δεν θα 'ταν σωστό γι' αυτόν να τον σέρνουμε μαζί μας. Θα μπορέσετε να μας τον κρατήσετε;»

«Μμρρρρπ». Ο Σαλαντίν έριξε μια ματιά στον Νταν, σαν να του 'λεγε: *Δεν μιλάτε σοβαρά τώρα!*

Ο κύριος Μακιντάιρ είχε πάρει το ίδιο περίπου ύφος. «Δεν ξέρω, αγαπητή μου. Δεν είμαι... δεν τα πάω... ξέρεις, δεν τα πάω και πολύ καλά *με τα ζώα*. Είχα ένα σκυλί κάποτε, τον Όλιβερ, αλλά...»

«Σας παρακαλώ», επέμεινε η Έιμι. «Ήταν της γιαγιάς μας. Θέλω να τον αφήσω σε σίγουρα χέρια».

Ο γέροντας φάνηκε για μια στιγμή έτοιμος να το βάλει στα πόδια· αλλά πήρε βαθιά ανάσα. Και δέχτηκε. «Πολύ καλά. Για λίγο μόνο».

«Σας ευχαριστώ!» Η Έιμι του έδωσε την ειδική τσάντα. «Τρώει μόνο φρέσκα ψάρια. Τα μπαρμπούνια είναι τ' αγαπημένα του».

Ο κύριος Μακιντάιρ ανοιγόκλεισε τα μάτια του. «Μπαρμπούνια; Εεε... εντάξει. Θα δω τι μπορώ να κάνω».

«Μμμρρρρπ», είπε ο Σαλαντίν – εννοώντας προφανώς: *Δεν το πιστεύω ότι με παρατάτε μ' έναν γέρο, που δεν ξέρει καν ότι μ' αρέσουν τα μπαρμπούνια.*

«Παιδιά, πρέπει να φύγετε», είπε ο κύριος Μακιντάιρ. «Η νταντά σας θ' αρχίσει ν' ανυπομονεί. Να θυμάστε αυτό που σας είπα: Μην εμπιστεύεστε κανέναν!»

Και μ' αυτά τα λόγια ο Γουίλιαμ Μακιντάιρ τούς γύρισε την πλάτη και ξεμάκρυνε προς το βάθος του δρόμου, κρατώντας την τσάντα με τον Σαλαντίν όσο μπορούσε πιο μακριά από το κορμί του – σαν να 'χε μέσα ραδιενεργό υλικό.

Γυρίζοντας στο αυτοκίνητο η Έιμι είπε: «Θα πάμε στο Παρίσι».

Ο Νταν σκεφτόταν τον Σαλαντίν και τ' αυτιά του βούιζαν ακόμα από την έκρηξη στο μουσείο. Κι έτσι του φάνηκε πως δεν είχε ακούσει καλά. «Στο Παρίσι, είπες;... Στη Γαλλία, δηλαδή;»

Η Έιμι έβγαλε από την τσέπη της το κινητό της Σινέντ Στάρλινγκ. Η φωτογραφία της επιστολής του Φράνκλιν ήταν ακόμα στην οθόνη – το μυστικό μήνυμα ξεχώριζε κιτρινωπό στο κόκκινο φως.

«Στα γεράματά του ο Φράνκλιν ήταν πρεσβευτής της Αμερικής στο Παρίσι», είπε η Έιμι. «Και αγωνιζόταν να πετύχει μια συνθήκη ειρήνης για να μπει τέλος στον πόλεμο. Έμενε σ' ένα μέρος που το έλεγαν Πασί. Κι όλοι οι Γάλλοι τον θαύμαζαν, όπως θαυμάζουμε σήμερα τ' αστέρια του ροκ».

«Συγγνώμη... στη Γαλλία πιστεύουν στ' αλήθεια ότι ένας χοντρός γέρος μπορεί να 'ναι αστέρι του ροκ;»

«Σου είπα. Ο Φράνκλιν ήταν διάσημος. Ασχολιόταν με τη φιλοσοφία, του άρεσαν οι δεξιώσεις και οι χοροί και ένα σωρό... γαλλικά πράγματα. Και, τέλος πάντων, το μυστικό μήνυμα έλεγε οτι θα 'φευγε από το Παρίσι. Σωστά; Η επιστολή είναι από το 1785. Είμαι σχεδόν σίγουρη πως εκείνη τη χρονιά γύρισε στην Αμερική.

Άρα, αυτό που λέει ότι άφησε πίσω του, το άφησε στο Παρίσι».

«Κάτι που έκανε κομμάτια τους δικούς του», πρόσθεσε ο Νταν. «Την οικογένειά του εννοεί, έτσι; Τον κλάδο της οικογένειας Κέιχιλ...»

«Είναι πολύ πιθανό». Η Έιμι έστριψε μια τούφα από τα μαλλιά της. «Νταν, αυτό που είπα προηγουμένως... δεν ήταν αλήθεια. Δεν θέλω να τα παρατήσουμε. Απλώς φοβάμαι».

Ο Νταν κούνησε το κεφάλι του. Δεν ήθελε να το παραδεχτεί, αλλά ο άντρας με τα μαύρα και η έκρηξη τον είχαν τρομάξει κι αυτόν. «Εντάξει. Αλλά πρέπει να συνεχίσουμε. Σύμφωνοι;»

«Δεν έχουμε άλλη επιλογή», παραδέχτηκε η Έιμι.

Πριν φτάσουν στη γωνία, η πόρτα του Τογιότα άνοιξε. Η Νέλι βγήκε και προχώρησε καταπάνω τους, με το ένα ακουστικό να κρέμεται ακόμα από τ' αυτί της. Στο χέρι της κρατούσε το κινητό της, σαν να ετοιμαζόταν να τους το πετάξει.

«Για μαντέψτε!» είπε. «Μόλις πήρα ένα μήνυμα από την *Κοινωνική Πρόνοια* της Βοστόνης!»

Η Έιμι έμεινε με το στόμα ανοιχτό. «Και τι τους είπες;»

«*Ακόμα* τίποτα. Περιμένω ν' ακούσω τις τρομερές και καταπληκτικές σας εξηγήσεις!»

«Νέλι, σε παρακαλούμε», είπε ο Νταν. «Σε *χρειαζόμαστε*. Έχουμε *ανάγκη* από τη βοήθειά σου».

«Σας ψάχνουν!» τσίριξε η Νέλι. «Η θεία σας δεν ξέρει καν πού βρισκόσαστε, έτσι δεν είναι; Ξέρετε πόσο άσχημα μπορεί να μπλέξω εξαιτίας σας;»

«Πέτα το κινητό σου», είπε ο Νταν.

«Τι;;;» Η Νέλι έκανε λες και της είχε πει να κάψει χρήματα – πράγμα, φυσικά, που η Έιμι είχε ήδη κάνει πριν από λίγα εικοσιτετράωρα.

«Κάνε πως δεν πήρες το μήνυμα», την ικέτεψε. «Για λίγες μέρες μόνο. Σε παρακαλούμε, Νέλι. Πρέπει να πάμε στο Παρίσι. Και πρέπει να μας συνοδεύει ένας μεγάλος».

«Αν σου περνάει από το μυαλό έστω και για μια στιγμή ότι... Παρίσι, είπες;»

Ο Νταν άρπαξε την ευκαιρία από τα μαλλιά. Πήρε λυπημένο ύφος και αναστέναξε. «Ναι, θα σου πληρώναμε το εισιτήριο για το Παρίσι, τον μισθό σου, δικό σου δωμάτιο στο ξενοδοχείο και φαγητό στα καλύτερα εστιατόρια... και όλα. Αλλά τώρα...»

«Νέλι, δεν είναι παρά μερικές μερούλες», είπε η Έιμι. «Σε παρακαλούμε! Δεν σου είπαμε ψέματα για το ταξίδι και για τις εξερευνήσεις. Είναι κάτι πραγματικά *πολύ σπουδαίο* για την οικογένειά μας. Και σου δίνουμε τον λόγο μας ότι θα προσέχουμε πολύ! Μόλις τελειώσουμε αυτό που έχουμε να κάνουμε στο Παρίσι, θα αποφασίσεις εσύ τι θα γίνει παρακάτω. Και θα γίνει ό,τι πεις. Σου υπόσχομαι ότι θα πούμε σε όλους πως δεν έφταιγες εσύ. Αλλά αν γυρίσουμε τώρα στη Βοστόνη, θα μας κλείσουν στο ορφανοτροφείο. Θα χάσουμε το ταξίδι. Κι ίσως βρεθούμε σε *ακόμα μεγαλύτερο* κίνδυνο!»

«Κι εσύ θα χάσεις το Παρίσι», πρόσθεσε ο Νταν.

Δεν ήξερε ποιο από τα δυο επιχειρήματα μέτρησε περισσότερο· πάντως η Νέλι έχωσε το κινητό της στην τσέπη της. Ύστερα γονάτισε. Και τους κοίταξε στα μάτια.

«Άλλο ένα ταξίδι», είπε. «Αλλά μπορεί να βρεθώ πολύ άσχημα μπλεγμένη, παιδιά. Θέλω να μου δώσετε τον λόγο σας: πάμε στο Παρίσι κι ύστερα τέρμα. Γυρίζουμε *σπίτι*. Εντάξει;»

Ο Νταν σκέφτηκε οτι δεν είχαν πια *σπίτι* να γυρίσουν. Αλλά σταύρωσε τα δάχτυλά του πίσω από την πλάτη του, καλού-κακού. Και είπε: «Εντάξει».

«Εντάξει», συμφώνησε και η Έιμι.

«Θα το μετανιώσω», μουρμούρισε η Νέλι. «Αλλά αφού θα το μετανιώσω έτσι κι αλλιώς, ας το μετανιώσω στο Παρίσι».

Και γυρίζοντας στο αυτοκίνητο μπήκε στη θέση του οδηγού.

Ο Νταν κοίταξε την αδερφή του. «Έεε... τι θα κάνουμε με τα λεφτά; Νομίζω πως μας φτάνουν για να βγάλουμε τρία εισιτήρια για το Παρίσι. Θα μας μείνουν αρκετά για το ξενοδοχείο και το φαγητό μας, αν μείνουμε μια βδομάδα. Αλλά δεν νομίζω πως μας φτάνουν και για να γυρίσουμε. Κι αν η Νέλι το καταλάβει...»

«Ας ανησυχήσουμε γι' αυτό όταν θα 'ρθει η ώρα του», είπε η Έιμι. Και έτρεξε προς το αυτοκίνητο, βγάζοντας κιόλας το διαβατήριό της από την πίσω τσέπη του τζιν της.

ΚΕΦΑΛΑΙΟ 10

Ο Άλιστερ Ω είχε μόλις περάσει τον έλεγχο διαβατηρίων, όταν τον στρίμωξαν οι αντίπαλοί του.

«Bonjour, θείε», ξεφύτρωσε στα δεξιά του ο Ίαν Κάμπρα. «Είχες καλό ταξίδι;»

Ο Άλιστερ Ω στράφηκε προς τ' αριστερά, αλλά η Ναταλί Κάμπρα τού είχε κόψει κι αυτό τον δρόμο διαφυγής.

«Στη θέση σου, δεν θα δοκίμαζα να το σκάσω, θείε Άλιστερ», του είπε γλυκά. «Δεν φαντάζεσαι πόσα όπλα καταφέρνω να περάσω στ' αεροδρόμια, χωρίς να με πάρουν είδηση».

Του 'δειξε την πορσελάνινη κούκλα με το μπλε σατέν φορεματάκι, που κρατούσε. Η Ναταλί ήταν, βέβαια, πολύ μεγάλη για να κρατάει κούκλα. Αλλά το δίχως άλλο, μπορούσε να πείσει οποιονδήποτε για το αντίθετο.

«Τι είναι αυτό;» ρώτησε ο Άλιστερ, προσπαθώντας να κρατήσει την ψυχραιμία του. «Όπλο; Βόμβα;»

Η Ναταλί χαμογέλασε. «Ας ελπίσουμε πως δεν θα χρειαστεί να το μάθεις. Θα γινόμασταν όλοι χάλια».

«Συνέχισε να περπατάς, *θείε*». Ο Ίαν πρόφερε τη λέξη όσο πιο σαρκαστικά μπορούσε. «Δεν θέλουμε να κινήσουμε τις υποψίες κανενός».

Προχώρησαν όλοι μαζί στην αίθουσα των αφίξεων του αεροδρομίου. Η καρδιά του Άλιστερ χτυπούσε άγρια. Ένιωθε τον *Καζαμία του Φτωχού Ρίτσαρντ* στην τσέπη του, να χτυπάει στο στήθος του με κάθε του βήμα.

«Μάλιστα», είπε τέλος. «Με ποια πτήση ήρθατε;»

«Ω, ήρθαμε με το ιδιωτικό μας τζετ», απάντησε ο Ίαν. «Έτσι ο έλεγχος ήταν, ξέρεις, λίγο πιο χαλαρός... Και είπαμε να σε καλωσορίσουμε!»

«Πολύ ευγενικό», είπε ο Άλιστερ. «Αλλά δεν έχω τίποτα που να το θέλετε».

«Εμείς άλλα ακούσαμε», του χαμογέλασε η Ναταλί. «Δώσε μας το βιβλίο».

Το λαρύγγι του Άλιστερ ξεράθηκε. «Πού... πού το μάθατε;...»

«Α, τα νέα ταξιδεύουν γρήγορα», είπε η Ναταλί. «Έχουμε τους πληροφοριοδότες μας...»

«*Ναταλί!*» την έκοψε ο Ίαν. «Άσε εμένα να μιλήσω. Σ' ευχαριστώ πολύ. Εσύ κράτα την κούκλα».

Η μικρή μούτρωσε και η γκριμάτσα την ασχήμυνε. «Θα μιλάω κι εγώ, Ίαν! Και μάλιστα όποτε θέλω! Η μαμά κι ο μπαμπάς είπαν...»

«Δεν μ' ενδιαφέρει τι είπαν! Εγώ κάνω κουμάντο!»

Η Ναταλί αναψοκοκκίνισε, σαν να 'ταν έτοιμη να του μπήξει τις φωνές. Κρατήθηκε και δεν μίλησε, αλλά του Άλιστερ δεν του άρεσε καθόλου ο τρόπος που σφίχτηκαν τα δάχτυλά της γύρω από την κούκλα της. Φαντάστηκε ότι κάπου πάνω της υπήρχε μια σκανδάλη κρυμμένη. Και δεν ήθελε να δει τι θα γινόταν, αν η Ναταλί την πατούσε.

«Δεν νομίζω ότι θέλετε να ξεσπάσει πόλεμος ανάμεσα στους Λούσιαν και στον δικό μου κλάδο των Κέιχιλ», είπε ο Άλιστερ όσο πιο διπλωματικά μπορούσε. «Ένα τηλεφώνημα είναι αρκετό για να κινητοποιήσω βοήθεια από το Τόκιο ως το Ρίο ντε Τζανέιρο».

«Το ίδιο κι εμείς», απάντησε ο Ίαν. «Την ιστορία της οικογένειας την ξέρω καλά, Άλιστερ. Την τελευταία φορά που οι κλάδοι μας ήρθαν σε σύγκρουση, οι δικοί σου δεν τα πήγαν και τόσο σπουδαία. Ή μήπως κάνω λάθος;»

Ο Άλιστερ συνέχισε να περπατάει, ενώ το μυαλό του δούλευε πυρετωδώς. Είδε έναν αστυφύλακα σ' ένα σημείο ελέγχου ίσια μπροστά – κάπου είκοσι μέτρα μακριά τους. Αν κατάφερνε να δημιουργήσει αντιπερισπασμό...

«Εννοείς την έκρηξη του 1908, στη Σιβηρία», είπε στον Ίαν. «Ναι. Ήταν όντως εντυπωσιακό. Αλλά αυτή τη φορά διακυβεύονται περισσότερα και πιο σημαντικά πράγματα».

«Ακριβώς», συμφώνησε ο Ίαν. «Γι' αυτό δώσε το βιβλίο, γέρο. Και μη μας αναγκάσεις να σε χτυπήσουμε».

Η Ναταλί γέλασε. «Αν μπορούσες ν' ακούσεις τον εαυτό σου, Ίαν!» είπε. «Αλήθεια!»

Ο αδερφός της έσμιξε τα φρύδια του. «Ορίστε;»

Πέντε μέτρα μέχρι τον αστυφύλακα, σκέφτηκε ο Άλιστερ. *Κράτα την ψυχραιμία σου.*

«Άσε, τίποτα», είπε με ύφος αδιάφορο η Ναταλί στον αδερφό της. «Είσαι, πάντως, πολύ νερόβραστος. Χωρίς εμένα δεν θα μπορούσες να φοβίσεις τον γέρο».

Το πρόσωπο του Ίαν σκοτείνιασε. «Θα μπορούσα και θα παραμπορούσα, μικρή ηλίθια...»

Η Ναταλί πέρασε μπροστά στον Άλιστερ, σκοπεύοντας να τα βάλει με τον αδερφό της. Και ο Άλιστερ δεν άφησε την ευκαιρία να πάει χαμένη. Έκανε ένα βήμα πίσω κι ένα στο πλάι. Και πριν προλάβουν οι Κάμπρα να αντιδράσουν, ο Άλιστερ είχε πλευρίσει τον αστυφύλακα και μιλούσε με δυνατή φωνή στα γαλλικά.

«*Merci, ανίψια μου!*» φώναξε προς το μέρος των Κάμπρα. «Αλλά οι γονείς σας θ' ανησυχούν. Τρέξτε τώρα. Και πείτε τους πως σε λίγα λεπτά θα είμαι έξω. Θέλω κάτι να ρωτήσω τον αστυφύλακα εδώ. Μάλλον ξέχασα να δηλώσω τα φρέσκα φρούτα που έχω μαζί μου!»

«Φρέσκα φρούτα;» είπε ο αστυφύλακας. «Α, αυτό είναι πολύ σοβαρό! Ελάτε μαζί μου, κύριε!»

Ο Άλιστερ ανασήκωσε τους ώμους του, σαν να ζητούσε συγγνώμη από τους Κάμπρα. «Λυπάμαι, παιδιά», είπε.

Τα μάτια του Ίαν άστραψαν από θυμό. Αν μπορούσε να σκοτώσει με το βλέμμα, ο θείος του θα σωριαζόταν νεκρός. Ο νεαρός κατάφερε ωστόσο να χαμογελάσει σφιγμένα. «Φυσικά, θείε. Μην ανησυχείς. Θα σε *περιμένουμε*. Πάμε, Ναταλί», έφτυσε το όνομα της αδερφής του μέσα από τα σφιγμένα δόντια του. «Έχουμε να *μιλήσουμε* εσύ κι εγώ».

«Ώωωχ!» βόγκηξε η μικρή, όταν την άρπαξε από το χέρι ο Ίαν. Εκείνος όμως την τράβηξε κι απομακρύνθηκαν προς την έξοδο, ώσπου ο Άλιστερ τους έχασε από τα μάτια του.

Αναστέναξε με ανακούφιση κι ακολούθησε ευγνώμων τον αστυφύλακα πίσω στον έλεγχο του τελωνείου, όπου μετά από είκοσι λεπτά ερωτήσεων και ψαξίματος, ο Άλιστερ διαπίστωσε *–Quelle surprise! Τι έκπληξη!–* ότι τελικά δεν είχε φρέσκα φρούτα στις αποσκευές του. Παράστησε τον αφηρημένο γέρο, που τα έχει λιγάκι χαμένα. Και ο εκνευρισμένος ελεγκτής τον άφησε να φύγει.

Επιστρέφοντας στην αίθουσα των αφίξεων, ο Άλιστερ επέτρεψε στον εαυτό του ένα χαμόγελο ικανοποίησης. Ο Ίαν και η Ναταλί Κάμπρα, αν και επικίνδυνοι αντίπαλοι, δεν έπαυαν να είναι ακόμη παιδιά. Ο Άλιστερ δεν θα καθόταν να του την φέρουν τα πιτσιρίκια – τη στιγμή, μάλιστα, που παιζόταν το ίδιο του το μέλλον. Και μαζί το μέλλον όλης του της οικογένειας.

Χάιδεψε τον *Καζαμία του Φτωχού Ρίτσαρντ*, που αναπαυόταν ακόμα ασφαλής στην τσέπη του. Ο Άλιστερ ήταν σίγουρος πως καμιά άλλη ομάδα δεν ήξερε για τα τριάντα εννέα στοιχεία όσα ήξερε αυτός. Σε τελική ανάλυση κατασκόπευε από χρόνια την Γκρέις, μαθαίνοντας όσο περισσότερα μπορούσε για το μυστικό της σχέδιο. Υπήρχαν, βέβαια, ένα σωρό πράγματα που δεν είχε ξεδιαλύνει ακόμα – μυστικά, που ήλπιζε πως η

Γκρέις είχε εμπιστευτεί στα εγγόνια της. Δεν θ' αργούσε να το διαπιστώσει.

Προς το παρόν, πάντως, είχε εξασφαλίσει σημαντικό προβάδισμα. Είχε καταλάβει την αληθινή σημασία του πρώτου στοιχείου: *το διάλειμμα και η απόφαση του Ρίτσαρντ Σ.* Γέλασε πνιχτά, καθώς το σκεφτόταν. Ακόμα κι η Έιμι με τον Νταν δεν είχαν κατορθώσει να βρουν τι σήμαινε *στ' αλήθεια*.

Διέσχισε την αίθουσα των αφίξεων, με τα μάτια του δεκατέσσερα. Αλλά οι Κάμπρα είχαν γίνει καπνός. Βγήκε έξω σέρνοντας τις βαλίτσες του προς τα ταξί που περίμεναν λίγο πιο πέρα, όταν ένα κόκκινο κλειστό φορτηγάκι σταμάτησε απότομα δίπλα του.

Η πλαϊνή πόρτα άνοιξε. Και μια κεφάτη αντρική φωνή είπε: «Ε! Στάσου!»

Το τελευταίο πράγμα που είδε ο Άλιστερ Ω, ήταν μια πελώρια γροθιά να πέφτει στα μούτρα του.

ΚΕΦΑΛΑΙΟ 11

Φτάνοντας στον έλεγχο διαβατηρίων στο αεροδρόμιο Σαρλ ντε Γκολ, η Έιμι ένιωθε λες κι είχε μόλις περάσει από πάνω της κυκλώνας.

Είχε αντέξει οχτώ ώρες στο αεροπλάνο, στριμωγμένη ανάμεσα στον Νταν και τη Νέλι, που είχαν κι οι δυο στη διαπασών τ' ακουστικά τους. Ο Νταν παρακολουθούσε ταινίες. Η Νέλι άκουγε μουσική και ξεφύλλιζε γαλλικά βιβλία μαγειρικής με ολοσέλιδες φωτογραφίες, όλο σαλιγκάρια και συκώτια χήνας. Η Έιμι είχε ζαρώσει όσο μπορούσε και πάσχιζε να διαβάσει τα βιβλία της. Είχε πάρει έξι καινούρια στη Φιλαδέλφεια, αλλά δεν κατάφερε να τελειώσει παρά μία βιογραφία του Μπέντζαμιν Φράνκλιν και δυο ταξιδιωτικούς οδηγούς για το Παρίσι. Για τα δικά της μέτρα, αυτό ήταν τρομερό. Την πονούσε όλο της το κορμί. Τα μαλλιά της ήταν μπερδεμένα κι αχτένιστα. Τα ρούχα της μύριζαν απ' τα ξαναζεσταμένα λαζάνια, που τους είχαν σερβίρει στο αεροπλάνο – και τα οποία ο Νταν είχε ρίξει απάνω της στα μισά της πτήσης. Το χειρότερο, όμως, ήταν πως δεν είχε κοιμηθεί καθόλου· γιατί όσο διάβαζε, τόσο έπαιρνε μορφή μέσα στο μυαλό της μια ιδέα: μια ιδέα για τον Φράνκλιν και το Παρίσι. Μια ιδέα πολύ τρομακτική.

Στον έλεγχο διαβατηρίων κόντεψε να τα χάσει για μια στιγμή, όταν ο υπεύθυνος την ρώτησε για τους γονείς της. Αλλά τραύλισε το ψέμα που αυτή κι ο Νταν είχαν συμφωνήσει – ότι, δηλαδή, οι γονείς τους θα έρχονταν με άλλη πτήση, λίγο αργότερα. Η παρουσία της Νέλι έδειξε να καθησυχάζει τον ελεγκτή των διαβατηρίων, ιδίως όταν η Νέλι άρχισε να απαντά στις ερωτήσεις του στα γαλλικά. Ο άνθρωπος έγνεψε καταφατικά, σφράγισε τα διαβατήριά τους και τους άφησε να περάσουν.

«Νέλι!» είπε ο Νταν. «Μιλάς *γαλλικά;*»

«Ναι. Η μαμά μου ήταν καθηγήτρια γαλλικών. Δηλαδή... ήταν Γαλλίδα».

«Εγώ νόμιζα πως η οικογένειά σου καταγόταν από την Πόλη του Μεξικού».

«Ο μπαμπάς, ναι. Στο σπίτι μιλάμε τρεις γλώσσες».

«Τρομερό», είπε η Έιμι. Και στ' αλήθεια ζήλευε. Ήθελε πολύ να ήξερε κι άλλες γλώσσες, αλλά δυσκολευόταν πολύ να τις μάθει. Στο νηπιαγωγείο είχαν μάθει λίγα ισπανικά, αλλά τώρα δεν θυμόταν καν τα χρώματα και τους αριθμούς.

«Δεν είναι και τόσο τρομερό», τους διαβεβαίωσε η Νέλι. «Μόλις μάθεις δυο γλώσσες καλά, η τρίτη, η τέταρτη, η πέμπτη είναι πανεύκολες».

Η Έιμι δεν ήταν και τόσο σίγουρη πως η Νέλι μιλούσε σοβαρά. Αλλά τη στιγμή εκείνη περνούσαν τον έλεγχο του τελωνείου και δεν συνέχισε τη συζήτηση. Πήραν τις αποσκευές τους, άλλαξαν σε μια θυρίδα τα δολάριά τους σε ευρώ και προχώρησαν προς την έξοδο.

Η Έιμι ένιωθε τελείως χαμένη μ' όλες τις πινακίδες στα γαλλικά. Το φως του πρωινού έμπαινε λοξό από τις τζαμαρίες, αλλά εκείνης της φαινόταν πως γύρω της ήταν μεσάνυχτα. Στο βάθος της αίθουσας είδαν κόσμο μαζεμένο. Φλας φωτογραφικών μηχανών άστραφταν, ρεπόρτερ εκτόξευαν ερωτήσεις σε κάποιον που η Έιμι δεν μπορούσε να διακρίνει.

«Ω, παπαράτσι!» είπε η Νέλι. «Είναι... πο, πο! Κάποιος που μοιάζει με τον Κάνι Γουέστ! Λες να 'ναι αυτός;»

«Περίμενε!» είπε η Έιμι.

Αλλά η Νέλι ήταν αποφασισμένη να πλησιάσει – και να δει από κοντά. Στριμώχτηκαν μέσα στον κόσμο μοιράζοντας δεξιά κι αριστερά συγγνώμες κι *excusez-moi!* Είχαν φτάσει πια αρκετά κοντά, όταν η Έιμι πάγωσε. «Ο Τζόνα Γουίζαρντ».

Ο νεαρός ράπερ χαιρετούσε το πλήθος, χαμογελούσε και υπέγραφε αυτόγραφα, ενώ ο μπαμπάς του δεν ξεκολλούσε στιγμή από το πλευρό του. Ο Τζόνα φορούσε φαρδύ τζιν, που κρεμόταν απάνω του, μαύρο δερμάτινο μπουφάν πάνω από το άσπρο φανελάκι του και τον συνηθισμένο μισό τόνο ασημικά, που δεν έβγαζε ποτέ του. Έδειχνε φρέσκος και ξεκούραστος. Ολοφάνερα η πτήση του ήταν πολύ πιο ευχάριστη από της Έιμι.

«Λε Γουιζάρντ!» Οι δημοσιογράφοι τον βομβάρδιζαν με ερωτήσεις. Και προς μεγάλη έκπληξη της Έιμι, ο Τζόνα τούς απαντούσε στα γαλλικά.

Είχε τόσο πολύ κόσμο, που η Έιμι θα ήθελε ν' ανοίξει η γη να την καταπιεί. Ο Τζόνα, όμως, έδειχνε άνετος. Χάρισε στο πλήθος το πιο λαμπερό του χαμόγελο και είπε κάτι που τους έκανε όλους να γελάσουν. Ύστερα έψαξε τα πρόσωπα γύρω του και το βλέμμα του σταμάτησε στην Έιμι.

«Βρε, βρε!» φώναξε. «Τα ξαδερφάκια μου!»

Η Έιμι έμεινε κόκαλο. Ο Τζόνα άρχισε να παραμερίζει τον κόσμο για να 'ρθει κοντά τους και όλοι γύρισαν να δει σε ποιους μιλούσε.

«Μη μου πεις!» είπε η Νέλι. «*Ξέρεις* τον Τζόνα Γουίζαρντ;»

«Είμαστε συγγενείς», της εξήγησε μέσα από τα δόντια του ο Νταν. «Μακρινοί συγγενείς».

Η Νέλι λίγο έλειψε να λιποθυμήσει. Και ξαφνικά ο Τζόνα έφτασε δίπλα τους, έπιασε το χέρι της Έιμι στο δικό του, αγκάλιασε τον Νταν από τους ώμους και έβαλε φαρδιά-πλατιά την υπογραφή του στο μακό μπλουζάκι της Νέλι, κι όλες οι φωτογραφικές μηχανές καρφώθηκαν πάνω τους κι άρχισαν να τους φωτογραφίζουν.

Μη με κοιτάτε! ήθελε να ουρλιάξει η Έιμι. *Μη με φωτογραφίζετε! Είμαι πασαλειμμένη με λαζάνια!* Αλλά η φωνή της δεν την υπάκουσε. Δοκίμασε να οπισθοχωρήσει, αλλά τα πόδια της είχαν μαρμαρώσει.

«Τζόνα!» είπε ο μπαμπάς του. «Πρέπει να πηγαίνουμε».

«Ναι, ναι». Ο Τζόνα έκλεισε το μάτι στην Έιμι. «Έλα μαζί, ξαδερφούλα. Έχουμε πολλά να πούμε».

Ο μπαμπάς του Τζόνα άνοιξε το στόμα του να διαμαρτυρηθεί, αλλά ο Τζόνα πέρασε το χέρι του στους ώμους της Έιμι και την τράβηξε προς την έξοδο, με τον Νταν και τη Νέλι κι ένα πλήθος έξαλλων παπαράτζι πίσω τους να τους φωτογραφίζουν ασταμάτητα. Η Έιμι ήταν σίγουρη ότι θα πέθαινε από ντροπή μέσα στα επόμενα λίγα δευτερόλεπτα. Αλλά με κάποιον τρόπο, τα κατάφεραν και βγήκαν. Η μέρα ήταν ζεστή και γκρίζα. Βαριά σύννεφα είχαν αρχίσει να μαζεύονται στον ορίζοντα. Μια μαύρη λιμουζίνα περίμενε απέξω.

«Δεν... δεν... δεν πρέπει», διαμαρτυρήθηκε η Έιμι τραυλίζοντας. Θυμήθηκε τα λόγια του κυρίου Μακιντάιρ: *Μην εμπιστεύεστε κανέναν.*

«Αστειεύεσαι;» είπε η Νέλι. «Δεν υπάρχει περίπτωση να μην πάμε με τη λιμουζίνα του Τζόνα Γουίζαρντ! Εμπρός!» Και κυριολεκτικά έκανε βουτιά στο πίσω κάθισμα της λιμουζίνας. Λίγα λεπτά αργότερα έσκιζαν τον ανατολικό περιφερειακό, την *autoroute de l' est*, κατευθυνόμενοι προς το κέντρο του Παρισιού.

«Πολύ μ' αρέσει αυτή η πόλη, μάγκα μου», είπε ο Τζόνα.

Η λιμουζίνα του είχε αντικριστά καθίσματα. Ο Τζόνα και ο μπαμπάς του κάθονταν στο ένα. Η Έιμι, ο Νταν και η Νέλι στο άλλο. Ο μπαμπάς του Τζόνα κάτι έγραφε στο Μπλάκμπερί του. Πού και πού σήκωνε τα μάτια και κοίταξε μουτρωμένος την Έιμι, θαρρείς και δυσκολευόταν να πιστέψει ότι το κορίτσι ήταν ακόμα εκεί, μέσα στο αυτοκίνητο, μαζί τους.

Έξω, δεξιά κι αριστερά τους, περνούσαν οι προσόψεις μεγάλων κτιρίων. Ήταν χτισμένα με σκουροκίτρινες πέτρες και στα περβάζια μπροστά στα παράθυρά τους, υπήρχαν παρτέρια με λουλούδια. Τα μικρά *καφέ* ήταν γεμάτα κόσμο κι όλες οι καρέκλες τους κοιτούσαν προς τον δρόμο, σαν να περίμεναν να δουν κάποια παρέλαση. Ο αέρας μύριζε καφέ και φρεσκοψημένο ψωμί. Ο συννεφιασμένος ουρανός έλουζε τα πάντα με παράξενο φως – λες κι η πόλη δεν υπήρχε στ' αλήθεια.

«Το ξέρετε πως οι εκπομπές μου εδώ έχουν ακόμα μεγαλύτερη ακροαματικότητα απ' ό,τι στην Αμερική;» είπε ο Τζόνα.

«Δεκαοχτώ μονάδες ψηλότερα είναι», σφύριξε ο μπαμπάς του.

«Και το καινούριο μου άλμπουμ, το *Γκάνγκστερ τζούνιορ*, είναι τρίτο στα γαλλικά τοπ τεν».

«Δεύτερο», είπε ο μπαμπάς του. «Κι ανεβαίνει».

«Ω, ουάου! Το άλμπουμ σου είναι φοβερό!» είπε η Νέλι.

«Ευχαριστώ», είπε ο Τζόνα. «Τώρα βγάλε τον σκασμό».

Η Νέλι κοκκίνισε σαν να την είχε χαστουκίσει.

«Ε!» φώναξε ο Νταν. «Δεν είσαι εντάξει!»

«Γιατί;» είπε ο Τζόνα. «Δεν είναι Κέιχιλ. Δεν της μιλάω».

Η Έιμι τα είχε τόσο χαμένα, που η γλώσσα της είχε δεθεί κόμπος. Ο Τζόνα, όμως, συνέχισε να κοκορεύεται.

«Όπως σας είπα, αυτή την πόλη την έχω κατακτήσει. Την περασμένη βδομάδα άνοιξε η γκαλερί μου στη Ρι ντε λα Πε. Οι πίνακες με την υπογραφή μου πουλιούνται έξι χιλιάδες ευρώ το κομμάτι. Κι ετοιμάζω κι ένα παιδικό βιβλίο, που θα εκδοθεί όπου να 'ναι».

Ο μπαμπάς του έβγαλε ένα αντίτυπο και τους το έδειξε.

Ο Νταν μισόκλεισε τα μάτια και διάβασε το εξώφυλλο. *«Le... li'l Gangsta Livre Instantane...;;;»*

«Θα πει *Το Εικονογραφημένο Βιβλίο του Μικρού Γκάνγκστερ*», εξήγησε όλο καμάρι ο μπαμπάς του Τζόνα.

Ο Τζόνα άνοιξε τα χέρια του. «Το πιάσατε το νόημα; Θέλω να πω ότι είμαι πιο δημοφιλής από...» (χαμογέλασε πονηρά) «... τον Μπέντζαμιν Φράνκλιν».

Η Έιμι ένιωσε κάτι να τσακίζεται μέσα της. Είχε περάσει ώρες ολόκληρες διαβάζοντας για τον Μπέντζαμιν Φράνκλιν, κι ήταν πια εντελώς σίγουρη ότι ο άνθρωπος αυτός ήταν από τους πιο εκπληκτικούς που είχαν ζήσει ποτέ. Στη σκέψη και μόνο πως ήταν συγγενής του, η καρδιά της πλημμύριζε περηφάνια. Και τώρα ερχόταν ετούτος ο κοκορόμυαλος αστέρας της ραπ, αυτός ο αλαζονικός ηλίθιος, και τολμούσε να συγκρίνει τον εαυτό του με κείνον... Οργίστηκε τόσο, που ξέχασε την ντροπή της. «Ο Μπ-Μπέντζαμιν Φράνκλιν ήταν πολύ πολύ πιο σπουδαίος από σένα, Τζόνα! Ήταν ο πιο διάσημος Αμερικανός που επισκέφτηκε ποτέ το Παρίσι. Όταν ήρθε, ο κόσμος φορούσε περιδέραια με το πορτρέτο του σε μινιατούρα..»

«Σαν αυτό;» ρώτησε ο Τζόνα και της έδειξε μια κονκάρδα με τη φωτογραφία του.

«Και... και προσπαθούσαν όλοι να ντύνονται όπως εκείνος!»

«Α, ναι. Τα ρούχα "Τζόνα Γουίζαρντ" πουλάνε σαν τρελά στα εμπορικά κέντρα του Σανζ Ελιζέ».

Η Έιμι έτριξε τα δόντια της. «Ο βασιλιάς Λουδοβίκος 16ος έβαλε το πορτρέτο του Φράνκλιν και σ' ένα δοχείο νυκτός!»

Ο Τζόνα στράφηκε στον μπαμπά του. «Έχουμε εμείς τέτοιο πράγμα;»

«Όχι». Ο μπαμπάς του έβγαλε το κινητό του από την τσέπη του. «Θα το φροντίσω τώρα αμέσως».

Ο Τζόνα έγνεψε συμφωνώντας. «Όπως βλέπετε, παιδιά, *είμαι και ο πρώτος* μετά τον Φράνκλιν. Δεν υπάρχει πιο κατάλληλος από *μένα* για να βρει το μυστικό του!»

«Αν το κεφάλι σου ήταν λίγο μεγαλύτερο», μουρμούρισε ο Νταν, «θα μπορούσαμε να το κάνουμε αερόστατο».

Ο Τζόνα δεν του 'δωσε σημασία. «Κοίτα, Έιμι. Εσύ είσαι ξύπνιο κορίτσι. Ξέρεις πως η οικογένεια χωρίζεται σε παρακλάδια, έτσι; Υπάρχουν καλοί Κέιχιλ. Και κακοί Κέιχιλ. Εγώ είμαι...»

«Τζόνα!» Ο πατέρας του σκέπασε το μικρόφωνο του κινητού, να μην ακούσει ο συνομιλητής του αυτά που θα έλεγε. «Νόμιζα ότι το είχαμε συζητήσει αυτό...»

«Μπαμπά, ψυχραιμία. Λέω μόνο πως εγώ χρησιμοποιώ *τα ταλέντα μου* για να κάνω τέχνη. Ό,τι κι αν είναι ο θησαυρός που ψάχνουμε, εγώ θα τον χρησιμοποιήσω για να δημιουργήσω κι άλλη ομορφιά, να χαρίσω κι άλλη ομορφιά στον κόσμο! Δεν είμαι σαν τους Λούσιαν, μάγκα μου! Αυτοί είναι σατανάδες!»

Το μυαλό της Έιμι δούλευε πυρετωδώς. «Μα... ο Μπέντζαμιν Φράνκλιν ήταν Λούσιαν. Είδαμε το οικόσημο με τα φίδια...»

«Εντάξει, δεν λέω. Υπάρχουν και Λούσιαν που κάνουν κάτι της προκοπής. Αλλά είναι οι εξαιρέσεις». Ο Τζόνα έκανε μια περιφρονητική χειρονομία. «Στην εποχή μας, όμως, *εγώ* είμαι ο καλός. Χώσ' το στο κεφάλι σου αυτό, Έιμι».

Ο Νταν ρουθούνισε. «Γιατί; Επειδή φτιάχνεις εικονογραφημένα βιβλιαράκια για τους μικρούς γκάνγκστερ;»

«Ακριβώς! Δεν μου λες, μικρέ: νομίζεις πως μου ήταν εύκολο να μεγαλώσω πλούσιος και διάσημος στο Μπέβερλι Χιλς;» Ο Τζόνα έκανε μια μικρή παύση. «Εδώ που τα λέμε, ναι. Ήταν εύκολο. Το δύσκολο ήρθε μετά: είμαι αναγκασμένος να δουλεύω σκληρά για να κρατηθώ σ' αυτή τη θέση. Η δόξα είναι κάτι που πρέπει να το χτίζεις ασταμάτητα, μικρέ. Σωστά δεν μιλάω, μπαμπά;»

«Πολύ σωστά, γιε μου!»

«Πουλάω ήδη CD και τηλεοπτικά σόου και ρούχα και βιβλία... Πώς θ' ανέβω, λοιπόν, ακόμα ψηλότερα;

Να σας πω εγώ πώς! *Πρέπει* να νικήσω σ' αυτόν τον αγώνα. Είναι η καλύτερη κίνηση για την καριέρα μου! Αν με βοηθήσετε, θα σας κόψω ποσοστό!»

«Κι ο θείος Άλιστερ μας πρότεινε να συνεργαστούμε», είπε η Έιμι. «Αλλά δεν μας βγήκε σε καλό».

Ο Τζόνα ζάρωσε περιφρονητικά τη μύτη του. «Ο Άλιστερ Ω; Τι σας είπε ο τρελόγερος; Ότι λανσάρισε τα μπουρίτο για φούρνους μικροκυμάτων; Δεν σας είπε, όμως, ότι έχασε όλη του την περιουσία σε λάθος επενδύσεις. Κοντεύει να χρεοκοπήσει, κοπέλα μου. Αν είχε έστω και κουκούτσι μυαλό, θα 'παιρνε το εκατομμύριο και θα 'φευγε. Αλλά του 'χει καρφωθεί η τρελή ιδέα πως με τα τριάντα εννέα στοιχεία θα εξασφαλίσει τη δόξα που του αξίζει. Μην τον ακούς. Έλα μαζί μου κι οι δυο μας θα τους κάνουμε όλους σκόνη. Ακόμα κι αυτά τα ύπουλα φίδια, τον Ίαν και τη Ναταλί. Τα μάτια σου δεκατέσσερα εδώ, Έιμι. Το Παρίσι ήταν πάντα πόλη των Λούσιαν. Αιώνες τώρα».

«Τζόνα», είπε ο μπαμπάς του. «*Δεν* πρέπει να κλείσεις συμφωνία μ' αυτούς τους ανθρώπους. Δεν είναι διάσημοι. Δεν σε συμφέρουν».

«Δοχεία νυκτός, μπαμπά. Ασχολήσου με τα δοχεία νυκτός. Άσε ν' ασχοληθώ εγώ μ' αυτό το θέμα». Την ίδια στιγμή χάρισε στην Έιμι το πιο μεθυστικό του χαμόγελο. «Έλα, κοπέλα μου. Ξέρουμε και οι δυο πως το επόμενο στοιχείο έχει σχέση με τον Μπέντζαμιν Φράνκλιν. Μπορούμε να βοηθήσουμε ο ένας τον άλλον».

Δεν την πείραζε που ο Τζόνα ήταν ένα υπερφίαλο ψώνιο. Την πείραζε που η πρότασή του την είχε βάλει σε πειρασμό. Δυσκολευόταν ν' αντισταθεί στην ιδέα να κάνει σκόνη τη Ναταλί και τον Ίαν. Ένιωθε κολακευμένη, που κάποιος σαν τον Τζόνα Γουίζαρντ είχε προσέξει την ίδια. Αλλά... έφερε στον νου της τον τρόπο που είχε μιλήσει στη Νέλι· τα χαμόγελα και την ευγένειά του στο αεροδρόμιο. Ναι, μα ήταν όλα ψεύτικα, στημένα... σκέτη υποκρισία.

«Γιατί... γιατί θέλεις να συνεργαστείς με μας;» ρώτησε διστακτικά. «Τι μας κάνει τόσο ξεχωριστούς;»

«Τίποτα!» γέλασε ο Τζόνα. «Δεν είναι υπέροχο; Είστε μέλη της οικογένειας Κέιχιλ, αλλά δεν έχετε κανένα ξεχωριστό ταλέντο! Εγώ, πάλι, αν δοκιμάσω να τρυπώσω κάπου κρυφά για να βρω κάποια πληροφορία ή να τσιμπήσω κάποιο στοιχείο, θα 'χω πίσω μου ένα τσούρμο δημοσιογράφους να με φωτογραφίζουν και να μου ζητάνε συνεντεύξεις. Δεν μπορώ να κάνω τίποτα στη ζούλα. Ενώ εσείς... εσείς είσαστε ασήμαντοι. Μπορείτε να πάτε παντού. Σ' όλα τα μέρη που εγώ δεν μπορώ να πατήσω το πόδι μου. Κανένας δεν σας δίνει σημασία».

«Σ' ευχαριστούμε πολύ», γρύλισε ο Νταν με βλέμμα σκοτεινό.

«Γιατί; Τι έγινε;» ξαφνιάστηκε ο Τζόνα. «Λοιπόν! Αν είναι για τα λεφτά, έχω όσα θέλετε. Μπορώ να σας βάλω και μια μέρα στα γυρίσματα του *Ποιος θέλει να γίνει γκάνγκστερ;* Ούτε στα πιο τρελά σας όνειρα δεν θα το βλέπατε αυτό!»

«Όχι, ευχαριστούμε», είπαν με μια φωνή η Έιμι κι ο Νταν.

«Α, ελάτε τώρα. Σκεφτείτε το, εντάξει; Πού είναι το ξενοδοχείο σας; Θα σας πετάξουμε ως εκεί!»

Η Έιμι έψαχνε να βρει κάτι ν' απαντήσει, όταν κοίταξε έξω από το παράθυρο. Κι αυτό που είδε, πάγωσε το αίμα στις φλέβες της. Ήταν αδύνατον! Τι *στην ευχή* γύρευε εδώ πέρα; Και είχε πράγματι μαζί της...

«Εδώ ακριβώς!» είπε στον οδηγό. «Σταματήστε εδώ να κατέβουμε!»

Ο οδηγός το έκανε.

Ο Τζόνα κοίταξε έξω και έσμιξε τα φρύδια του. Είχαν σταματήσει μπροστά σ' ένα ξενοδοχείο, που έδειχνε πολύ παλιό – σαράβαλο σχεδόν. Μεζόν ντε Γκαρντόν το έλεγαν. Η τέντα πάνω από την είσοδο ήταν σκισμένη και κρεμόταν. Κι ο θυρωρός έμοιαζε μεθύστακας.

«Εδώ, ε;» είπε ο Τζόνα. «Σας αρέσουν τα δύσκολα, μάγκα μου! Εγώ θα μείνω στο Ριτς. Αν αλλάξετε γνώμη, ξέρετε πού θα με βρείτε».

Η Έιμι τράβηξε τη Νέλι και τον Νταν έξω από το αυτοκίνητο. Ο οδηγός πέταξε τα πράγματά τους στο πεζοδρόμιο και η λιμουζίνα των Γουίζαρντ ξεμάκρυνε γλιστρώντας μέσα στην κίνηση.

«Τι απαίσιος!» είπε η Νέλι. «Δεν είναι καθόλου έτσι στην τηλεόραση!»

Ο Νταν κάρφωσε το βλέμμα του στο ξενοδοχείο μπροστά τους. «Μη μου πεις ότι θα μείνουμε στ' αλήθεια εδώ πέρα».

«Έπρεπε να σταματήσει και να βγούμε από το αυτοκίνητο», είπε η Έιμι. «Νέλι, πήγαινε να κλείσεις δωμάτια γι' απόψε».

«Εδώ;» διαμαρτυρήθηκε η Νέλι. «Μα...»

«Μεζόν ντε Γκαρντέν το λένε. Σπίτι των Κήπων. Πόσο χάλια μπορεί να είναι;»

«Έεε, Γκαρντόν δεν θα πει...»

«Σε παρακαλώ, κλείσε δωμάτια!» Η Έιμι ένιωσε παράξενα, μιλώντας τόσο απότομα και κοφτά. Αλλά δεν είχε τον χρόνο για εξηγήσεις και συζητήσεις. «Θα έρθουμε να σε βρούμε σε... δεν ξέρω... δυο ώρες περίπου από τώρα».

«Γιατί;» είπε ο Νταν. «Πού θα πάμε;»

«Είδα μόλις έναν παλιό φίλο», είπε η Έιμι. «Έλα μαζί μου!»

Τον έσυρε ως το απέναντι πεζοδρόμιο, ελπίζοντας πως δεν είχαν χάσει πολύτιμο χρόνο. Με ανακούφιση είδε αυτό που έψαχνε. «Να!» είπε κι έδειξε. «Αυτή με το κόκκινο σάλι!»

Μισό τετράγωνο πιο κάτω, μια γυναίκα με κόκκινο σάλι περπατούσε γρήγορα. Κρατούσε κάτι παραμάσχαλα – κάτι λεπτό, τετράγωνο, κόκκινο και άσπρο.

Τα μάτια του Νταν άνοιξαν διάπλατα. «Είναι...»

«Η Ιρίνα Σπάσκι», είπε η Έιμι. «Και κρατάει τον *Καζαμία του Φτωχού Ρίτσαρντ*. Ας την ακολουθήσουμε!»

ΚΕΦΑΛΑΙΟ 12

Όση ώρα ακολουθούσαν την Ιρίνα Σπάσκι στη Ρι ντε Ριβολί, ο Νταν μπήκε πολλές φορές στον πειρασμό να σταματήσει. (Αναρωτήθηκε αν το όνομα του δρόμου είχε καμιά σχέση με τα ραβιόλια, αλλά φοβήθηκε πως η Έιμι θα τον κορόιδευε, αν την ρωτούσε). Πού και πού έβλεπε πράγματα, που θα 'θελε να τα δει καλύτερα – σαν τη γυάλινη πυραμίδα έξω από το Λούβρο, ας πούμε· ή τους θεατρίνους του δρόμου που έκαναν ταχυδακτυλουργικά κόλπα με φωτιές έξω από τους Κήπους του Κεραμεικού. Συνάντησαν κι έναν πλανόδιο πωλητή, που πουλούσε *«κρεμ γκλασέ»* – κι ο Νταν ήταν σχεδόν εκατό τοις εκατό σίγουρος πως αυτό σήμαινε παγωτό. Αλλά κυρίως ήθελε να σταματήσει, επειδή τον πονούσαν τα πόδια του.

«Δεν θα σταθεί πουθενά να πάρει μια ανάσα;» γκρίνιαξε.

Η Έιμι δεν έδειχνε καθόλου κουρασμένη. «Δεν σου φαίνεται παράξενο πως μέσα στα δέκα εκατομμύρια ανθρώπων που ζουν στο Παρίσι, εμείς έτυχε να συναντήσουμε την Ιρίνα Σπάσκι;»

«Μπορεί να φταίει που τ' άλλα 9.999 εκατομμύρια δεν φοράνε κόκκινο σάλι!»

«Η Ιρίνα περπατούσε σε πολύ κεντρικό δρόμο. Σαν να 'θελε να τραβήξει την προσοχή!»

«Εννοείς ότι μπορεί να είναι παγίδα;» ρώτησε ο Νταν. «Πώς το 'ξερε ότι θα περνούσαμε απ' αυτό τον δρόμο; Κι έπειτα... δεν έχει κοιτάξει πίσω της ούτε μια φορά. Δεν το ξέρει πως είμαστε εδώ».

Μα καθώς έλεγε αυτά τα λόγια, ο Νταν θυμήθηκε κατασκοπικές ταινίες που είχε δει στην τηλεόραση – πώς έπαιρναν από πίσω τον στόχο τους, χωρίς να φαίνονται... πώς εμφανίζονταν «τυχαία» στο οπτικό του πεδίο και τον παράσερναν σε παγίδα... Κι αν η Ιρίνα τούς περίμενε στο αεροδρόμιο; Αν τους είχε δει να μπαίνουν στη λιμουζίνα με τον Τζόνα; Κι αν, με κάποιο τρόπο, είχε καταφέρει να τους βγει μπροστά;

«Κοίτα», είπε η Έιμι. «Στρίβει!»

Η Ιρίνα διέσχισε τη λεωφόρο και χάθηκε κατεβαίνοντας μια σκάλα.

«Είναι στάση του μετρό», είπε η Έιμι. «Πάει να πάρει τον υπόγειο».

Έχασαν χρόνο προσπαθώντας να βάλουν κέρματα του ευρώ στο αυτόματο και να βγάλουν εισιτήρια. Μα όταν κατάφεραν τελικά να κατεβούν τις σκάλες, η Ιρίνα ήταν ακόμα εκεί – στεκόταν σε μια από τις αποβάθρες με τον ταλαιπωρημένο Καζαμία παραμάσχαλα. Πάνω στην ώρα έφτασε το τρένο. Ο Νταν ήταν σίγουρος πως η Ιρίνα θα δοκίμαζε κάποιο κόλπο, μπαίνοντας ή βγαίνοντας την τελευταία στιγμή. Γι' αυτό και περίμεναν ώσπου άκουσαν το σφύριγμα για τις πόρτες. Τότε μόνο μπήκαν στο βαγόνι. Η Ιρίνα, ωστόσο, δεν κουνήθηκε από τη θέση της. Η Έιμι και ο Νταν πήδησαν μέσα στο τσακ. Αμέσως μετά το τρένο ξεκίνησε.

Κατέβηκαν κι άλλαξαν γραμμή πολύ σύντομα. Παρά το κόκκινο σάλι που φορούσε η Ιρίνα, δυσκολεύονταν να την ακολουθήσουν.

«Δεν καταλαβαίνω», είπε η Έιμι. «Τώρα περπατάει ακόμα πιο γρήγορα, σαν να προσπαθεί να μας *ξεφύγει*».

Ο Νταν ονειρευόταν την *κρεμ γκλασέ*. Είχε χωνέψει προ πολλού τα λαζάνια που είχε φάει στο αεροπλάνο κι ένιωθε το στομάχι του έτοιμο ν' αρχίσει να μασάει το μακό μπλουζάκι του.

Μετά την τρίτη αλλαγή τρένου, η Ιρίνα βγήκε και προχώρησε προς την έξοδο. Η Έιμι έπιασε το χέρι του Νταν και του 'δειξε την πινακίδα με το όνομα του σταθμού.

«Είμαστε στο Πασί», είπε.

«Και;»

«Είναι η γειτονιά όπου έμενε ο Μπέντζαμιν Φράνκλιν».

«Εντάξει. Αλλά πάρε τα πόδια σου!» απάντησε ο Νταν. «Η Κοκκινοσκουφίτσα θα μας ξεφύγει!»

Στο Πασί δεν είχε τόσο κόσμο, όσο στο κέντρο. Τα κτίρια ήταν το πολύ τετραώροφα. Παντού έβλεπες ανθοπωλεία στολισμένα, λες και γιόρταζαν μονίμως τη Γιορτή της Μητέρας – τουλίπες, γαρίφαλα, τριαντάφυλλα, οτιδήποτε μπορούσε να κάνει τον Νταν να φταρνιστεί, ήταν μαζεμένο εκεί. Στο βάθος, μακριά, ανάμεσα στα γκρίζα σύννεφα υψωνόταν ο Πύργος του Άιφελ. Ο Νταν, ωστόσο, ενδιαφερόταν περισσότερο για τις γαργαλιστικές μυρωδιές φαγητών. Η πόλη ολόκληρη έμοιαζε φτιαγμένη από υπαίθρια *καφέ*. Παντού μύριζε σοκολάτα, φρεσκοψημένο ψωμί, λιωμένο τυρί – αλλά ο Νταν δεν μπορούσε να πάρει τίποτα.

Η Ιρίνα περπατούσε σαν να 'χε αρπάξει φωτιά το φουστάνι της. Έτρεχαν σχεδόν για να μην την χάσουν. Η Έιμι σκόνταψε σ' έναν κουβά γεμάτο λουλούδια κι ένας Παριζιάνος τής έβαλε θυμωμένος τις φωνές.

«Συγγνώμη!» φώναξε εκείνη πάνω από τον ώμο της, χωρίς να σταματήσει.

Έστριψαν σ' έναν δρόμο με σπίτια παλαιά και δεντροστοιχίες δεξιά κι αριστερά. Στα μισά του τετραγώνου ένα κόκκινο κλειστό φορτηγάκι ήταν παρκαρισμένο λοξά, κάθετα σχεδόν στο πεζοδρόμιο. Είχε ζωγραφισμένα μπαλόνια και παλιάτσους στα πλαϊνά του. Και η ταμπελίτσα του έγραφε ΚΡΕΜ ΓΚΛΑΣΕ. Ο Νταν ένιωσε την ελπίδα να πετάει καινούριες σπίθες μέσα του. Ίσως κατάφερνε ν' αρπάξει στα γρήγορα ένα χωνάκι με τρεις μπάλες βανίλια-κεράσι. Μα πλησιάζοντας είδε πως το παγωτατζίδικο ήταν κλειστό. Στο παρμπρίζ, από μέσα, ήταν απλωμένο ένα ασημένιο κάλυμμα. Είναι συνωμοσία, είπε με τον νου του το παιδί. Η πόλη ολόκληρη έχει βαλθεί να με πεθάνει της πείνας.

Στην επόμενη γωνία η Ιρίνα διέσχισε τον δρόμο, άνοιξε μια σιδερένια αυλόπορτα και χώθηκε στο άνοιγμα. Την είδαν να προχωρά ως το μεγάλο κτίριο με τις μαρμάρινες κολόνες στην πρόσοψη, που έμοιαζε με πρεσβεία ή κάτι τέτοιο. Ο Νταν, μισοκρυμμένος πίσω από τα κάγκελα του φράχτη, είδε την Ιρίνα να πληκτρολογεί έναν κωδικό ασφαλείας και να μπαίνει μέσα.

«Κοίτα την αυλόπορτα», είπε η Έιμι.

Στη μέση της κρεμόταν μια ταμπέλα με χρυσά γράμματα:

«Το οικόσημο των Λούσιαν!» είπε ο Νταν. «Αλλά τι θα πει Ινστιτούτο διεθνούς... ξέρω 'γώ;»

«Φαντάζομαι πως θα πει κάτι σαν Σχολείο για Πρεσβευτές», είπε η Έιμι. «Αλλά δεν καταλαβαίνεις; Είναι απλά για να ρίχνει στάχτη στα μάτια. Θυμάσαι τι μας είπε ο Τζόνα; Το Παρίσι είναι η πόλη των Λούσιαν!»

Τα μάτια του Νταν φωτίστηκαν. «Αυτό θα είναι το μυστικό τους αρχηγείο!»

Η Έιμι έγνεψε καταφατικά. «Το θέμα είναι: τι θα κάνουμε;»

«Θα μπούμε μέσα», είπε ο Νταν.

«Σωστά. Χωρίς τον κωδικό;»

«5910. Την είδα που πατούσε τα πλήκτρα».

Η Έιμι τον κοίταξε σαστισμένη. «Πώς στην ευχή... Άσε, δεν πειράζει. Πάμε. Αλλά πρόσεχε. Μάλλον έχουν κάμερες και σκυλιά και τέτοια».

Τρύπωσαν μέσα απ' την αυλόπορτα κι ανέβηκαν τρέχοντας τα σκαλιά της εισόδου. Ο Νταν πάτησε τον κωδικό. Η πόρτα άνοιξε αμέσως. Δεν χτύπησε συναγερμός. Δεν γάβγισε σκυλί. Δεν ακούστηκε τίποτα.

«Περίεργο», μουρμούρισε το παιδί. Δεν είχαν, όμως, καιρό για χάσιμο. Χωρίς δεύτερη σκέψη, χώθηκαν μέσα στο αρχηγείο των Λούσιαν.

Το χολ της εισόδου φαινόταν πιο μεγάλο απ' όλο τους το διαμέρισμα. Το πάτωμα ήταν από καλογυαλισμένο μάρμαρο και ένας πολυέλαιος κρεμόταν από το ταβάνι. Μπροστά τους είδαν δυο μαύρες πόρτες. Στ' αριστερά μια σκάλα οδηγούσε σ' έναν εξώστη πάνω από το χολ, κι από 'κεί στα πάνω πατώματα.

«Κοίτα». Ο Νταν έδειξε πάνω από τις πόρτες. Μια κάμερα σάρωνε τον χώρο. Δεν ήταν ακόμα στραμμένη προς το μέρος τους. Αλλά δεν θ' αργούσε να τους φτάσει.

Ξαφνικά ακούστηκαν φωνές πίσω από τις δυο πόρτες – κάποιος ερχόταν.

«Γρήγορα!» είπε κι έτρεξε προς τη σκάλα. Η Έιμι έκανε για μια στιγμή να φέρει αντίρρηση, μα άλλαξε γνώμη αμέσως· δεν είχαν καιρό για τέτοια. Τον ακολούθησε.

Η καρδιά του Νταν χτυπούσε ξέφρενα. Πάντα σκεφτόταν ότι θα 'χε πλάκα να παίζει κλέφτες κι αστυνόμους και να τρυπώνει σε ξένα σπίτια. Αλλά τώρα που το είχε κάνει στ' αλήθεια, τα χέρια του είχαν ιδρώσει από την αγωνία. Αναρωτήθηκε αν οι Γάλλοι έκλειναν τους κλέφτες σε μπουντρούμια γεμάτα ποντίκια. Κάτι τέτοιο είχε δει μια φορά σ' ένα μιούζικαλ, που τους είχε πάει η Γκρέις.

Γλίστρησαν αθόρυβα σ' έναν διάδρομο στο δεύτερο πάτωμα.

«Δεν καταλαβαίνω», ψιθύρισε ο Νταν. «Η Ιρίνα είναι Λούσιαν. Ο Μπέντζαμιν Φράνκλιν ήταν κι αυτός Λούσιαν. Αυτό σημαίνει ότι κι ο Φράνκλιν ήταν με τους κακούς;»

«Δεν νομίζω πως είναι τόσο απλά τα πράγματα», είπε η Έιμι. «Βλέπεις;»

Ζωγραφισμένα πορτρέτα κρέμονταν στους τοίχους – του Ναπολέοντα Βοναπάρτη, του Ισαάκ Νεύτωνα, του Γουίνστον Τσόρτσιλ, μερικών ακόμα που ο Νταν δεν αναγνώρισε.

«Είναι διάφοροι διάσημοι Λούσιαν», μάντεψε η Έιμι. «Δεν ήταν όλοι υποχρεωτικά κακοί. Σίγουρα, όμως, ήταν ισχυροί άνθρωποι».

«Κι εμείς μόλις χωθήκαμε στο σπίτι τους», είπε ο Νταν.

Προσπέρασαν μερικές βαριές δρύινες πόρτες, όλες κλειστές. Σε μια απ' αυτές η ταμπελίτσα έλεγε ΓΡΑΦΕΙΟ. Σε μια άλλη ΧΑΡΤΕΣ. Η τελευταία πόρτα στα δεξιά ήταν το ΟΠΛΟΣΤΑΣΙΟ.

«Ψώνιο!»

«Νταν! Μη!» ψιθύρισε η Έιμι. Αλλά δεν πρόλαβε να τον σταματήσει. Ο Νταν είχε ανοίξει κιόλας την πόρτα του οπλοστασίου κι είχε μπει μέσα.

Αμέσως μετά (λίγο αργά, βέβαια, είναι η αλήθεια) αντιλήφθηκε πως δεν ήταν και τόσο καλή ιδέα να μπει φόρα παρτίδα σ' ένα δωμάτιο γεμάτο όπλα... αν, μάλιστα, κάποιος άλλος βρισκόταν ήδη μέσα. Ευτυχώς, δεν ήταν κανείς εκεί. Το οπλοστάσιο ήταν τρία τετραγωνικά περίπου και φίσκα με φο-βε-ρά πράγματα: βλήματα όλμων, μαχαίρια, σπαθιά, ραβδιά, ασπίδες κι ομπρέλες. Ο Νταν δεν ήταν και τόσο σίγουρος για τις ομπρέλες· αλλά κάτι του έλεγε πως δεν ήταν απλές, αθώες ομπρέλες.

«Δεν έπρεπε να μπούμε εδώ μέσα!» ψιθύρισε η Έιμι.

«Μπα; Έτσι λες;» Ο Νταν σήκωσε ένα ξύλινο κασόνι, που το σχήμα και το μέγεθός του θύμιζαν κουτί από παπούτσια. Ήταν γεμάτο με γυάλινους σωλήνες, τυλιγμένους πάνω πάνω με χάλκινα σύρματα. «Κοίτα! Είναι σαν την μπαταρία του Φράνκλιν, που είδαμε στο μουσείο».

Η Έιμι ζάρωσε τα φρύδια της. «Τι γυρεύει μέσα σ' ένα οπλοστάσιο;»

«Δεν ξέρω. Αλλά θα την πάρω για τη συλλογή μου!» Παρά τις διαμαρτυρίες της Έιμι, ο Νταν έχωσε την μπαταρία στο σακίδιό του. Χώρεσε άνετα, γιατί το σακίδιό του ήταν σχεδόν άδειο. Το μόνο άλλο πράγμα που είχε στο σακίδιό του ήταν η φωτογραφία των γονιών του μέσα σε μια πλαστική θήκη· είχε αποφασίσει να την πάρει μαζί του για να του φέρνει γούρι.

Ένα κουτί από χοντρό χαρτόνι τράβηξε την προσοχή του. Το άνοιξε και βρήκε μέσα μια ασημένια σφαίρα με κόκκινα λαμπάκια, που αναβόσβηναν. «Κι αυτό ψώνιο!» είπε. Και το 'βαλε στο σακίδιό του.

«Νταν! Μη!»

«Γιατί; Έχουν ένα σωρό πράγματα εδώ μέσα. Κι εμείς δεν έχουμε τίποτα!»

«Μπορεί να είναι επικίνδυνο».

«Ελπίζω να είναι επικίνδυνο». Το βλέμμα του έπεσε όλο θαυμασμό σε κάτι γιαπωνέζικα σούρι-κεν κι αναρωτιόταν μήπως έπρεπε να χώσει και δυο-τρία απ' αυτά στο σακίδιό του, όταν ξαφνικά μια πόρτα βρόντησε από την άλλη άκρη του διαδρόμου.

«Ας ελπίσουμε πως ξέρει τι λέει», ακούστηκε η φωνή ενός άντρα στα αγγλικά. «Αν πέφτει έξω...»

Μια γυναίκα τού απάντησε στα γαλλικά. Ύστερα και οι δυο φωνές απομακρύνθηκαν κι έσβησαν.

«Έλα», επέμεινε η Έιμι. *«Τώρα»*.

Κρυφοκοίταξαν για να σιγουρευτούν ότι στον διάδρομο δεν κυκλοφορούσε κανείς, βγήκαν από το οπλοστάσιο και προχώρησαν προς το εσωτερικό του κτιρίου. Στο τέρμα του διαδρόμου έφτασαν σ' έναν δεύτερο εξώστη, ο οποίος έβλεπε σ' ένα μεγάλο κυκλικό δωμάτιο. Το θέαμα που αντίκρισε ο Νταν κάτω από τα πόδια τους, του θύμισε στρατιωτικό αρχηγείο: ολόγυρα κομπιούτερ και στη μέση του δωματίου ένα τραπέζι συνεδριάσεων – ένα τραπέζι που έμοιαζε με μεγάλη επίπεδη οθόνη. Η Ιρίνα Σπάσκι, μόνη της, ήταν σκυμμένη πάνω του. Κι είχε δίπλα της στοίβες χαρτιά και φακέλους. Περνούσε εντολές στην οθόνη μπροστά της, μικραίνοντας ή μεγεθύνοντας διάφορες εικόνες – σ' έναν δορυφορικό χάρτη της πόλης.

Ο Νταν δεν τόλμησε να μιλήσει, αλλά κάρφωσε το βλέμμα του στα μάτια της αδερφής του.

Θέλω ένα τέτοιο, της είπε.

Σκάσε! του απάντησε η Έιμι.

Ζάρωσαν πίσω από τα κάγκελα του εξώστη και παρακολούθησαν την Ιρίνα να ζουμάρει σε διάφορα σημεία του χάρτη. Την είδαν να συμβουλεύεται ξανά και ξανά τον *Καζαμία του Φτωχού Ρίτσαρντ*, μετά να βγάζει χαρτί και μολύβι και να σημειώνει κάτι. Τέλος, πήρε το βιβλίο και τα χαρτιά της και βγήκε βιαστικά από το δωμάτιο – με κατεύθυνση προς την κεντρική είσοδο.

«Έλα, Έιμι!» είπε ο Νταν και καβάλησε τα κάγκελα.

«Θα σπάσεις κανένα πόδι!»

«Πρέπει να κρεμαστείς από τα κάγκελα και ν' αφήσεις το κορμί σου να πέσει. Το 'χω κάνει εκατομμύρια φορές από τη στέγη του σχολείου. Είναι εύκολο».

Το έκανε. Και ήταν πράγματι εύκολο. Ένα δευτερόλεπτο αργότερα στέκονταν και οι δυο στο τραπέζι συνεδριάσεων, κοιτάζοντας την εικόνα που ακόμα τρεμόπαιζε στην οθόνη: ένα λευκό τριγωνικό σημαιάκι, πάνω από ένα συγκεκριμένο σημείο της πόλης. Η διεύθυνση ήταν γραμμένη με κόκκινα γράμματα: *Ρι ντε Ζαρντάν, αρ. 23.*

Ο Νταν έδειξε μια γαλάζια κορδέλα γύρω από το στρογγυλό σημαδάκι. «Αυτό είναι νερό. Που θα πει ότι το μέρος που βρήκε η Ιρίνα, είναι νησάκι».

«Το Ιλ Σεν Λουί», είπε η Έιμι. «Είναι στον Σηκουάνα, στο κέντρο του Παρισιού. Μπορείς να θυμάσαι τη διεύθυνση;»

«Την θυμάμαι, μη σε νοιάζει». Μετά ο Νταν πρόσεξε κάτι άλλο – μια φωτογραφία αφημένη πάνω σε μια στοίβα χαρτιά, που η Ιρίνα Σπάσκι είχε αφήσει στο τραπέζι. Την πήρε στο χέρι του κι ένιωσε το στομάχι του να σφίγγεται.

«Αυτός είναι». Ο Νταν έδειξε τη φωτογραφία στην Έιμι – ήταν ένας μεσόκοπος άντρας με γκρίζα μαλλιά και μαύρο κοστούμι, που διέσχιζε έναν δρόμο. Η φωτογραφία ήταν θαμπή, αλλά πρέπει να 'χε τραβηχτεί στο Παρίσι. Ο Νταν το κατάλαβε από τα σκουροκίτρινα πέτρινα κτίρια και τις γαλλικές πινακίδες. «Ο άντρας με τα μαύρα είναι εδώ».

Η Έιμι χλώμιασε. «Μα γιατί...»

Μια φωνή ακούστηκε από το βάθος του διαδρόμου: *«... J'entends des mouvements. Fouillez le batiment».*

Δεν ήταν ανάγκη να ξέρει κανείς γαλλικά για να καταλάβει τι σήμαιναν τα λόγια αυτά. Ο Νταν με την Έιμι έτρεξαν προς την αντίθετη κατεύθυνση ακολουθώντας έναν άλλον διάδρομο.

«*Arretez!*» φώναξε ένας άντρας πίσω τους. Και την ίδια στιγμή άρχισε να χτυπάει ο συναγερμός.

«Τέλεια!» είπε η Έιμι.

«Από 'δώ!» Ο Νταν έστριψε σε μια γωνία. Δεν τολμούσε να κοιτάξει πίσω. Άκουγε τους διώκτες τους να πλησιάζουν – οι μπότες τους βροντούσαν στο μαρμαρένιο πάτωμα.

«Κάγκελα!» προειδοποίησε η Έιμι.

Προφανώς είχαν ενεργοποιηθεί οι αυτόματοι μηχανισμοί άμυνας του κτιρίου. Μεταλλικά κάγκελα κατέβαιναν μπροστά τους από την οροφή, φράζοντας τον διάδρομο.

«Κάνε βουτιά! Γλίστρα από κάτω!» ούρλιαξε ο Νταν.

«Τι;» ρώτησε η Έιμι κοιτάζοντας πίσω τους φρουρούς, που τους κυνηγούσαν. Ο Νταν προχώρησε τρέχοντας, έπεσε κατάχαμα σαν να γλιστρούσε σε νεροτσουλήθρα και πέρασε κάτω από τα κάγκελα. «Έλα!»

Η Έιμι δίστασε. Τα κάγκελα κατέβαιναν – έφτασαν στο ένα μέτρο από το πάτωμα, στους ογδόντα πόντους. Πίσω της, δυο γεροδεμένοι τύποι με μαύρες στολές πλησίαζαν ολοταχώς, οπλισμένοι με γκλομπ.

«Έιμι! Τώρα!»

Έπεσε κάτω κι άρχισε να σέρνεται. Ο Νταν την τράβηξε απότομα, μια στιγμή ακριβώς πριν τα κάγκελα ακουμπήσουν με κρότο το δάπεδο. Οι φρουροί προσπάθησαν να τους γραπώσουν μέσα από το κιγκλίδωμα, αλλά ο Νταν κι η Έιμι το είχαν ήδη βάλει στα πόδια.

Μπήκαν στην πρώτη πόρτα που βρήκαν ανοιχτή – και βρέθηκαν σ' ένα σαλόνι.

«Στο παράδυρο!» είπε ο Νταν.

Ένα μεταλλικό παραθυρόφυλλο κατέβαινε μπροστά από το τζάμι. Είχε ήδη φράξει το μισό παράθυρο. Δεν προλάβαιναν να το σκεφτούν. Ο Νταν άρπαξε μια προτομή του Ναπολέοντα από το τραπεζάκι μπροστά στον καναπέ και την έριξε στα τζάμια. *ΚΡΑΑΣΣΣ!* Οι φωνές των φρουρών από τον διάδρομο ακούστηκαν δυνατότερες από τις σειρήνες του συναγερμού.

Το παιδί κλότσησε όσα σπασμένα γυαλιά είχαν μείνει. «Πάμε!» είπε στην Έιμι. Η αδερφή του σύρθηκε πρώτη έξω κι εκείνος την ακολούθησε, τραβώντας το αριστερό του πόδι μια στιγμή πριν το μεταλλικό πλέγμα ακουμπήσει στο περβάζι. Διέσχισαν τρέχοντας τον κήπο, σκαρφάλωσαν και πήδησαν πάνω από τη σιδερένια αυλόπορτα, πέρασαν όσο πιο γρήγορα μπορούσαν τον δρόμο. Κρύφτηκαν πίσω από το κόκκινο φορτηγάκι με τα παγωτά και ζάρωσαν στο πεζοδρόμιο λαχανιασμένοι. Ο Νταν κοίταξε απέναντι, αλλά δεν είδε κανέναν να τους κυνηγάει – τουλάχιστον ακόμα.

«Αυτό δεν θα το ξανακάνουμε. Εντάξει;» είπε η Έιμι.

Ο Νταν ένιωσε το αίμα να κυλάει γρήγορα στις φλέβες του. Τώρα που είχαν πια ξεφύγει από τον κίνδυνο, συνειδητοποιούσε πόσο είχε διασκεδάσει. «Θέλω ένα οπλοστάσιο! Κι ένα τραπέζι με επίπεδη οθόνη. Έιμι, πρέπει να φτιάξουμε κι εμείς το δικό μας μυστικό αρχηγείο!»

«Ασφαλώς!» είπε η Έιμι, λαχανιασμένη ακόμα. Τράβηξε μερικά κέρματα και δυο-τρία χαρτονομίσματα από την τσέπη της. «Έχω περίπου διακόσια πενήντα τρία ευρώ. Λες να φτάνουν για ένα μυστικό αρχηγείο;»

Η καρδιά του Νταν βούλιαξε. Η αδερφή του είχε δίκιο, αλλά δεν ήταν ανάγκη να του το τρίψει στη μούρη με τόση κακία. Τα λεφτά τους ξοδεύονταν με εκπληκτική ταχύτητα. Ούτε εκείνος είχε περισσότερα από την Έιμι. Είχαν δώσει τα περισσότερα στη Νέλι για τα έξοδα του ταξιδιού τους, αλλά και πάλι... Η αλήθεια ήταν πως κόντευαν να μείνουν πανί με πανί. Αν έπρεπε να ταξιδέψουν αεροπορικώς για κάποιο άλλο μέρος μετά το Παρίσι... Έδιωξε αποφασιστικά αυτή τη σκέψη από το μυαλό του. Τα προβλήματα λύνονται ένα ένα.

«Πάμε για τον υπόγειο», είπε.

«Ναι», συμφώνησε η Έιμι. «Γυρνάμε στη Νέλι. Θα έχει αρχίσει ν' ανησυχεί».

Ο Νταν κούνησε αρνητικά το κεφάλι του. «Όχι ακόμα, αδερφούλα. Θα πάμε πρώτα στο νούμερο 23 της Ρι ντε Ζαρντέν. Πρέπει να δούμε τι κρύβεται σ' αυτό το νησάκι. Και πρέπει να φτάσουμε εκεί πριν από την Ιρίνα!»

ΚΕΦΑΛΑΙΟ 13

Στο μεταξύ, οι Χολτ είχαν πιαστεί από τα μαλλιά μέσα στο φορτηγάκι με τα παγωτά.

Η Μάντισον ήταν καβάλα στην πλάτη του Χάμιλτον και τον χτυπούσε στο κεφάλι μ' ένα κουτί γεμάτο σοκολάτα παρφέ. Η μαμά τους, η Μαίρη Τοντ, προσπαθούσε να τους χωρίσει. Η Ρέγκαν και ο Άρνολντ, το σκυλί, τραβολογούσαν με λύσσα ένα πακέτο σοκοφρέτες. Ο Άιζενχάουερ Χολτ, ο αρχηγός της οικογένειας, γάβγισε εκνευρισμένος: «Σταματήστε! Λόόόόχος, ΑΛΤ!»

Ο Χάμιλτον και η Μάντισον σταμάτησαν τον καβγά και στάθηκαν κλαρίνο, πετώντας κατάχαμα το κουτί της σοκολάτας παρφέ. Η Μαίρη Τοντ συγύρισε τα μαλλιά της, αγριοκοίταξε τα παιδιά της και στάθηκε προσοχή δίπλα τους. Η Ρέγκαν σηκώθηκε όρθια με τις σοκοφρέτες στο χέρι, σαν να κρατούσε όπλο. Κι ο Άρνολντ σωριάστηκε ανάσκελα κι έμεινε ακίνητος, κάνοντας τον ψόφιο.

«Έτσι μπράβο!» γρύλισε ο Άιζενχάουερ. «Δεν θ' αφήσω τα μέλη της οικογένειάς μου να σκοτωθούν μεταξύ τους για μερικά κατεψυγμένα γαλακτοκομικά!»

«Μα, μπαμπά...», είπε η Ρέγκαν.

«Σιωπή! Μίλησα! Θα φάτε παγωτό, *αφού* πρώτα τελειώσουμε τη δουλειά μας. Και δεν θα τελειώσουμε τη δουλειά μας, αν δεν μου δώσετε *αναφορά!*»

Η Μάντισον χαιρέτησε στρατιωτικά. «Μπαμπά, ζητώ την άδεια να αναφέρω!»

«Λέγε!»

«Τα μικρόφωνα παρακολούθησης λειτούργησαν κανονικά».

«Έξοχα. Πήραν το βιβλίο τα βρομόπαιδα;»

Η Μάντισον άλλαξε νευρικά το βάρος της από το ένα πόδι στο άλλο. «Δεν ξέρω. Αλλά πηγαίνουν στο νούμερο 23, στη Ρι ντε Ζαρντέν, στο Ιλ Σεν Λουί».

«Αν έπιασες σωστά τον αριθμό αυτή τη φορά», κορόιδεψε ο Χάμιλτον.

Το πρόσωπο της Μάντισον έγινε κατακόκκινο. «Δεν έφταιγα εγώ!»

«Πέσαμε με το αυτοκίνητο μέσα στον Σηκουάνα! Και μου λες ότι δεν έφταιγες εσύ;»

«Ναι, είδαμε και τις δικές σου καλές ιδέες, Χάμι! Σαν την ηλίθια έκρηξη στο μουσείο, που έστειλε στο νοσοκομείο άλλους αντί άλλων! Ή τη φωτιά που έκανε στάχτη το σπίτι της Γκρέις!»

«Σταματήστε τις φωνές!» τσίριξε η Μαίρη Τοντ. «Παιδιά! Αν συνεχίσουμε να τσακωνόμαστε έτσι, πάει περίπατο το ομαδικό πνεύμα!»

«Η μαμά σας έχει δίκιο», είπε ο Άιζενχάουερ Χολτ. «Η φωτιά στο σπίτι της Γκρέις και η βόμβα στο μουσείο δεν ήταν καλές ιδέες. Οι δυο μικροί Κέιχιλ είναι το πρόβλημα! Αυτούς πρέπει να εξουδετερώσουμε!»

Ο Άρνολντ γάβγισε ζωηρά και προσπάθησε να δαγκώσει τη μύτη του Άιζενχάουερ.

Η Ρέγκαν ζάρωσε τα φρύδια της και σάλεψε νευρικά, πατώντας πότε στο ένα πόδι της και πότε στο άλλο. «Ναι, αλλά, μπαμπά...»

«Υπάρχει πρόβλημα, Ρέγκαν;»

«Έεε... η έκρηξη... Θέλω να πω... Θα μπορούσε να τους σκοτώσει, έτσι δεν είναι;»

Η Μάντισον σήκωσε το βλέμμα της ψηλά, κρατώντας με δυσκολία την ψυχραιμία της. «Να τα μας πάλι! Τι ευαισθησίες είναι αυτές, Ρέγκαν;»

Το πρόσωπο της Ρέγκαν αναψοκοκκίνισε. «Δεν είναι ευαισθησίες!»

«Είναι!»

«Σκασμός!» γάβγισε ο Άιζενχάουερ. «Ακούστε με προσεκτικά όλοι σας! Για να νικήσουμε σ' αυτόν τον αγώνα πρέπει να πάρουμε δραστικά μέτρα. Δεν θα επιτρέψω κανενός είδους ευαισθησίες! Συνεννοηθήκαμε;»

Αγριοκοίταξε τη Ρέγκαν, που χαμήλωσε το βλέμμα της σαν βρεγμένη γάτα. «Μάλιστα».

«Ξέρουμε πως η Γκρέις είχε αδυναμία στον Νταν και στην Έιμι», συνέχισε ο Άιζενχάουερ. «Ο γερο-Μακιντάιρ μάλλον τους βοηθάει με πληροφορίες και συμβουλές. Τώρα μας νίκησαν μέσα στην ίδια την πόλη των Λούσιαν, ενώ τους παρακολουθούσαμε – πράγμα που ήταν *επίσης* κακή ιδέα! Θ' ανεχτούμε άλλες κακές ιδέες;»

«Όχι!» του απάντησαν τα παιδιά του μ' όλη τη δύναμη των πνευμόνων τους.

«Νομίζουν πως είμαστε βλάκες», συνέχισε ο Άιζενχάουερ. «Νομίζουν πως έχουμε μόνο μπράτσα και γροθιές. Λοιπόν, θα τους δείξουμε ότι έχουμε και μυαλό!» πρόσθεσε σηκώνοντας ψηλά το μπράτσο του και σφίγγοντας τη γροθιά του.

«Θα δείξουμε ομαδικό πνεύμα!» φώναξε η Μαίρη Τοντ. «Σύμφωνοι, παιδιά;»

«Ναι! Ομαδικό πνεύμα!»

«*Γαβ!*» είπε ο Άρνολντ.

«Λοιπόν», είπε ο Άιζενχάουερ. «Θέλουμε να πάρουμε στα χέρια μας αυτό το βιβλίο. Ας υποθέσουμε πως το έχουν τα βρομόπαιδα. Ή ότι ξέρουν τουλάχιστον τι γράφει μέσα. Πρέπει να πάμε στο Ιλ Σεν Λουί *χωρίς* να πέσουμε με το φορτηγάκι στο ποτάμι! Ποιος είναι μαζί μου;»

Τα παιδιά και η Μαίρη Τοντ ξέσπασαν σε ζητωκραυγές. Ύστερα θυμήθηκαν τα παγωτά. Και τα παιδιά της οικογένειας ξαναπιάστηκαν από τα μαλλιά.

Ο Άιζενχάουερ γρύλισε. Αποφάσισε να τ' αφήσει να μαλλιοτραβηχτούν για λίγο. Μια καλή γρονθοπατινάδα ήταν πάντα η καλύτερη γυμναστική.

Σ' όλη του τη ζωή οι άλλοι γελούσαν πίσω από την πλάτη του Άιζενχάουερ. Γελούσαν και τον κορόιδευαν. Όταν δεν πέρασε τις εξετάσεις για να μπει στο Γουέστ Πόιντ, την Ανώτατη Σχολή Δοκίμων. Όταν απορρίφθηκε στα εισαγωγικά διαγωνίσματα για το FBI. Όταν έπιασε δουλειά σεκιουριτάς σ' ένα πολυκατάστημα και κυνηγώντας έναν κλέφτη πυροβολήθηκε με το περίστροφό του στον ίδιο του τον πισινό.

Ένα απλό λαθάκι. Ο καθένας θα μπορούσε να το 'χει κάνει.

Όταν θα έβγαινε νικητής απ' αυτόν τον αγώνα, θα γινόταν ο πιο ισχυρός Κέιχιλ όλων των εποχών. Κανείς δεν θα τολμούσε να τον κοροϊδέψει – να τον περιγελάσει πίσω από την πλάτη του.

Χτύπησε τη γροθιά του στην ταμειακή μηχανή του παγωτατζίδικου. Αυτά τα δυο βρομόπαιδα είχαν αρχίσει να του δίνουν στα νεύρα. Του θύμιζαν επικίνδυνα τους γονείς τους, τον Άρθουρ και τη Χόουπ. Ο Άιζενχάουερ τους ήξερε καλά *κι αυτούς*. Είχε παλιούς λογαριασμούς να τακτοποιήσει με τους Κέιχιλ.

Λογαριασμούς που θα πλήρωναν σύντομα, πολύ σύντομα, ο Νταν και η Έιμι.

ΚΕΦΑΛΑΙΟ 14

Η Έιμι συμφώνησε να πάνε αμέσως στο Ιλ Σεν Λουί, αλλά το στομάχι της είχε τις δικές του απόψεις για το θέμα. Περνώντας έξω από μια *boulangerie* –που κρίνοντας από τις γαργαλιστικές μυρωδιές σίγουρα ήταν φούρνος– ο Νταν κι αυτή κοιτάχτηκαν.

«Μια σύντομη στάση», είπαν μ' ένα στόμα.

Λίγα λεπτά αργότερα κάθονταν δίπλα στο ποτάμι κι έτρωγαν το ωραιότερο γεύμα της ζωής τους. Δεν ήταν παρά μια φραντζόλα ψωμί, αλλά η Έιμι δεν είχε ξαναφάει τέτοια νοστιμιά.

«Το βλέπεις αυτό;» Η Έιμι έδειξε το καμπαναριό μιας εκκλησίας λίγο πιο πέρα· στην κορυφή του ξεχώριζε κάτι σαν μαύρο, σιδερένιο αγκάθι. «Αλεξικέραυνο είναι».

«Μμμμ», είπε ο Νταν μπουκωμένος.

«Οι Γάλλοι ήταν οι πρώτοι που δοκίμασαν στην πράξη τις θεωρίες του Φράνκλιν για τα αλεξικέραυνα. Και πολλά παλιά κτίρια εδώ έχουν ακόμα τα αλεξικέραυνα που τοποθετήθηκαν τότε».

«Μμμμ!» ξανάπε με ενθουσιασμό ο Νταν – αλλά η Έιμι δεν ήταν σίγουρη αν μούγκριζε για τα αλεξικέραυνα ή για το ψωμί.

Ο ήλιος είχε κρυφτεί πίσω από μαύρα σύννεφα. Κάπου μακριά ακούστηκε ένας κεραυνός· οι Παριζιάνοι, όμως, δεν έδειχναν ανήσυχοι. Άνθρωποι που έκαναν τζόκινγκ και νεαροί με σκέιτμπορντ ανεβοκατέβαιναν την προκυμαία, δίπλα στον Σηκουάνα. Ένα καραβάκι γεμάτο τουρίστες πέρασε κόντρα στο ρεύμα.

Η Έιμι δοκίμασε να τηλεφωνήσει στη Νέλι από το κινητό των Στάρλινγκ, αλλά το τηλέφωνο ήταν νεκρό. Προφανώς δεν είχε ρυθμιστεί για να έχει σήμα στη Γαλλία.

Τα νεύρα της ήταν ακόμα τεντωμένα από το κυνηγητό μέσα στο αρχηγείο των Λούσιαν. Παρά τα μέτρα ασφαλείας, είχε την αίσθηση ότι μπήκαν και βγήκαν υπερβολικά εύκολα. Και δεν καταλάβαινε γιατί. Δεν της άρεσαν, επίσης, τα πράγματα που είχε πάρει από εκεί ο Νταν – η μπαταρία του Φράνκλιν και αυτή η περίεργη μεταλλική σφαίρα. Μα ήξερε πως δεν είχε νόημα να τσακωθεί μαζί του. Όταν ο αδερφός της διάλεγε κάτι για τη συλλογή του, δεν το άφηνε για τίποτα στον κόσμο.

Αναρωτήθηκε πώς άραγε είχε πάρει η Ιρίνα Σπάσκι το βιβλίο από τον θείο Άλιστερ· και για ποιο λόγο έδειχνε ξαφνικό ενδιαφέρον για το νησάκι Ιλ Σεν Λουί. Κάτι μέσα της την προειδοποιούσε για παγίδα. Αλλά ήταν το μοναδικό στοιχείο που είχαν – και πάντως, το μοναδικό στοιχείο που η Έιμι ήθελε να σκεφτεί. Γιατί η σημείωση της μαμάς της στον *Καζαμία του Φτωχού Ρί-*

τσαρντ –Ο Λαβύρινθος των Σκελετών– εξακολουθούσε να της προκαλεί ανατριχίλες.

Προσπάθησε να φανταστεί τι θα έκαναν στη θέση της η μαμά της, ή η Γκρέις. Θα ήταν γενναίες. Θα μπορούσαν να σκεφτούν πιο καθαρά. Η μαμά της είχε κάποτε ψάξει για τα ίδια στοιχεία. Η Έιμι ήταν πια σίγουρη γι' αυτό. Η Γκρέις ήθελε να συνεχίσει η Έιμι την έρευνα. Ναι. Αλλά αν η Έιμι δεν ήταν ικανή να τα βγάλει πέρα;

Μέχρι τώρα προχωρούσε από το ένα φιάσκο στο άλλο. Κάθε φορά που έπρεπε ν' ανοίξει το στόμα της και να μιλήσει, τα θαλάσσωνε. Οι άλλες ομάδες θα την θεωρούσαν κιόλας ανίκανη κι αποτυχημένη. Κι αν δεν ήταν ο Νταν, θα τα είχε ήδη παρατήσει. Και μόνο που σκεφτόταν τον αγώνα, ένιωθε έναν κόμπο στον λαιμό της.

Έφαγαν όλο το ψωμί. Η Έιμι ήξερε πως έπρεπε να συνεχίσουν. Κοίταξε τον ουρανό που σκοτείνιαζε. Και έστυψε το μυαλό της να θυμηθεί τους τουριστικούς οδηγούς της πόλης, που είχε φυλλομετρήσει στο αεροπλάνο. «Στο Ιλ Σεν Λουί δεν πάει το μετρό», είπε. «Θα πρέπει να περπατήσουμε».

«Ωραία! Πάμε!» είπε ο Νταν και σηκώθηκε όρθιος μ' ένα πήδημα.

Τι γρήγορα που ξαναβρήκε το κέφι του και τις δυνάμεις του, είπε μέσα της η Έιμι. Πριν από λίγα λεπτά κλαψούριζε ακόμα πως τον πονούσαν τα πόδια του και πως δεν άντεχε το βαρύ σακίδιο στην πλάτη του. Και τώρα, μισή φραντζόλα ψωμί αργότερα, χοροπηδούσε σαν να 'χε ξαναγεννηθεί. Μακάρι να 'ταν κι αυτή έτσι, ευχήθηκε η Έιμι από μέσα της. Εκείνη πολύ θα ήθελε να ξαπλώσει και να κοιμηθεί μερικά χρονάκια· αλλά δεν θα το 'λεγε στον Νταν, βέβαια.

Όταν έφτασαν τη γέφυρα Λουί Φιλίπ, είχε πια σκοτεινιάσει για τα καλά. Το φως των φαναριών της πέτρινης γέφυρας καθρεφτιζόταν στα νερά του ποταμού. Στην απέναντι όχθη ξεχώριζαν δέντρα και σπίτια – ήταν το νησάκι Ιλ Σεν Λουί. Βόρεια υπήρχε ακόμα ένα νησί, μεγαλύτερο, με μια μεγάλη φωτισμένη εκκλησία, που φάνταζε κίτρινη στο σκοτάδι της νύχτας.

«Είναι το Ιλ ντε λα Σιτέ», είπε η Έιμι καθώς διέσχιζαν τη γέφυρα – για ν' ακούσει τη φωνή της και να κρατηθεί ήρεμη. «Η εκκλησία είναι η Νοτρ Νταμ».

«Μμμ, μάλιστα», είπε ο Νταν. «Λες να δούμε και τον Καμπούρη;»

«Έεε... αργότερα ίσως». Η Έιμι αποφάσισε να μην του πει πως ο Καμπούρης της Νοτρ Νταμ δεν υπήρχε στ' αλήθεια, πως ήταν μια φιγούρα βγαλμένη από ένα μυθιστόρημα. «Τώρα πάμε στο μικρότερο νησάκι, στο Ιλ Σεν Λουί. Και οι οδηγοί που κοίταξα, δεν έλεγαν και πολλά γι' αυτό. Μόνο παλιά σπίτια και μαγαζάκια και τέτοια. Δεν ξέρω τι πάει να κάνει εκεί η Ιρίνα».

«Δεν έχει τίποτα σχετικό με την ιστορία του Μπέντζαμιν Φράνκλιν;»

Η Έιμι κούνησε αρνητικά το κεφάλι της. «Το έλεγαν παλιά Νησί των Αγελάδων, επειδή είχε μόνο αγελάδες. Μετά χτίστηκαν σπίτια κι έγινε γειτονιά».

«Αγελάδες», είπε ο Νταν. «Πολύ ενδιαφέρον».

Μετά τα άλλα μέρη της πόλης που είχαν δει, το Ιλ Σεν Λουί έμοιαζε με γειτονιά-φάντασμα. Δεξιά κι αριστερά στα στενά δρομάκια του υψώνονταν παλιά αρχοντόσπιτα – πενταώροφα ψηλά κτίρια και μαύρες στέγες, όλο αετώματα. Τα περισσότερα παράθυρα ήταν σκοτεινά. Και πολλά μαγαζιά είχαν ήδη κλείσει. Τα φανάρια στα πεζοδρόμια έριχναν παράξενες σκιές μέσα από τα κλαδιά των δέντρων, ζωγραφίζοντας τρομακτικά σχήματα στους τοίχους. Η Έιμι ήταν πια μεγάλη και δεν πίστευε στα φαντάσματα. Αλλά οι σκιές γύρω της, την ανησυχούσαν.

Ένα ηλικιωμένο ζευγάρι διέσχισε τον δρόμο μπροστά τους. Η Έιμι νόμισε πως γύρισαν κι οι δυο και τους κοίταξαν καχύποπτα, πριν στρίψουν στην πρώτη γωνιά και χαθούν από τα μάτια τους. Μα έδιωξε την ιδέα από το μυαλό της. Στο επόμενο τετράγωνο συνάντησαν έναν τύπο με μπερέ, που είχε βγάλει βόλτα το λαμπραντόρ του. Χαμογέλασε στα δυο παιδιά καθώς περνούσε δίπλα τους, μα το ύφος του θύμισε στην Έιμι τον Ίαν Κάμπρα – φαινόταν λες κι ήξερε κάποιο μυστικό.

Μη γίνεσαι παρανοϊκή, είπε στον εαυτό της. Ή μήπως υπήρχαν κι άλλοι άνθρωποι, που κυνηγούσαν τα στοιχεία των Κέιχιλ; Άνθρωποι που δεν ανήκαν σε καμιά από τις εφτά γνωστές ομάδες; Κοίταξε τον Νταν, αλλά κρατήθηκε: δεν θα του έλεγε τίποτα... ακόμα. Αρκετά είχαν ζοριστεί με τον αγώνα.

Καμιά πενηνταριά μέτρα πιο κάτω, βρήκαν τη Ρι ντε Ζαρντέν. Ήταν πιο στενή από τους γύρω δρόμους και τα σπίτια της έμοιαζαν ετοιμόρροπα, λες κι έστεκαν εκεί αιώνες ολόκληρους.

Η Έιμι κοίταξε τα νούμερα στις πόρτες. Ξαφνικά στάθηκε. «Νταν... το 23 ήταν; Είσαι σίγουρος;»

«Ναι. Γιατί;»

Η Έιμι του 'δειξε. Στο νούμερο 23 του δρόμου δεν υπήρχε κτίριο, αλλά ένας σκουριασμένος σιδερένιος φράχτης. Και στο εσωτερικό του, ένα μικρό νεκροταφείο. Στο βάθος του ξεχώριζε ένα μαρμάρινο μαυσωλείο. Και μπροστά του μια ντουζίνα ταφόπλακες, που έγερναν άλλη δεξιά κι άλλη αριστερά, σαν στραβά δόντια σε φαφούτικο στόμα.

Το νεκροταφείο ήταν στριμωγμένο ανάμεσα σε δυο ψηλά κτίρια. Στο κτίριο δεξιά υπήρχε μια ταμπέλα: *MUSEE*. Το άλλο στ' αριστερά πρέπει να 'ταν κάποτε μαγαζί, μα τώρα οι βιτρίνες του ήταν βαμμένες μαύρες και η πόρτα αμπαρωμένη. Μόνο η αχνή πορτοκαλιά λάμψη του ουρανού έριχνε λίγο φως στη Ρι ντε Ζαρντέν – κι αυτό έδινε μια ακόμα πιο τρομακτική όψη στο μικρό κοιμητήριο.

«Δεν μ' αρέσει αυτό», είπε η Έιμι. «Δεν μπορεί να υπάρχει τίποτα σχετικό με τον Φράνκλιν εδώ πέρα».

«Πού το ξέρεις;» ρώτησε ο Νταν. «Δεν ψάξαμε καν. Κι αυτές οι ταφόπλακες δείχνουν πολύ πρώτες!»

«Όχι, Νταν. *Δεν θα σ' αφήσω* να πάρεις αποτυπώματα».

«Ω, καλά...», απάντησε ο αδερφός της και μπήκε μέσα από την αυλόπορτα στο νεκροταφείο. Η Έιμι δεν είχε άλλη επιλογή, παρά να τον ακολουθήσει.

Οι ταφόπλακες δεν τους είπαν τίποτα. Κάποτε, πριν από πολλά χρόνια, ίσως είχαν επιγραφές, μα το πέρασμα των αιώνων τις είχε σβήσει. Ο σφυγμός της Έιμι χτυπούσε σαν τρελός. Κάτι δεν πήγαινε καλά. Έστυψε το μυαλό της, προσπαθώντας να βρει κάποια σχέση ανάμεσα σ' αυτό το μέρος και τον Μπέντζαμιν Φράνκλιν. Μάταιος κόπος.

Προσεκτικά, διστακτικά, πλησίασε το μαυσωλείο. Από μικρή έβρισκε αντιπαθητικά τα μνήματα που ξεπρόβαλλαν πάνω από το έδαφος. Έμοιαζαν με κουκλόσπιτα για τους πεθαμένους.

Η σιδερένια πόρτα του έχασκε ανοιχτή. Η Έιμι στάθηκε λίγα μέτρα μακριά από την πόρτα – δεν έβλεπε τίποτα σπουδαίο μέσα, μόνο παλιές πλάκες με ονόματα, αραδιασμένες στους τοίχους. Μα στο δάπεδο του μαυσωλείου, ακριβώς μπροστά στο κατώφλι, ξεχώριζε μια μαρμάρινη πλάκα. Η Έιμι συνειδητοποίησε πως η επιγραφή της ήταν πολύ πιο καινούρια από όλων των άλλων στο κοιμητήριο. Έδειχνε φρεσκοσκαλισμένη:

«Ουάου», είπε ο Νταν. «Γιατί γράφει τα ονόματά μας;...»

«Ίσως είναι μήνυμα...» Η Έιμι μετάνιωσε που δεν είχε στρωθεί ποτέ της να μάθει λίγα γαλλικά. Αν κατάφερναν να γυρίσουν στο ξενοδοχείο, ορκίστηκε ότι θα ζητούσε από τη Νέλι να της κάνει μερικά μαθήματα.

«Μπαίνουμε μέσα, εντάξει;» είπε ο Νταν.

«Όχι, είναι παγίδα!»

Ο αδερφός της, όμως, προχώρησε – και το έδαφος υποχώρησε κάτω από τα πόδια του. Η μαρμάρινη πλάκα εξαφανίστηκε, παίρνοντας μαζί της τον Νταν.

«Νταν!»

Έτρεξε στο χείλος του λάκκου, αλλά το έδαφος δεν είχε πάψει να κουνιέται. Ένιωσε τις πέτρες και τα χώματα να γλιστρούν κάτω από τα πόδια της, παραπάτησε άθελά της – και την κατάπιε το σκοτάδι.

Για μια στιγμή, μέσα στη ζάλη, το μυαλό της σταμάτησε. Άρχισε να βήχει και τα πνευμόνια της γέμισαν σκόνη. Είχε πέσει πάνω σε κάτι μαλακό και ζεστό...

«Νταν!» Πανικόβλητη τραβήχτηκε από πάνω του και τον τράνταξε απ' τους ώμους – αλλά μέσα στο βαθύ σκοτάδι δεν μπορούσε να τον δει. «Νταν! Σε παρακαλώ! Είσαι ζωντανός, έτσι;»

«Μμμχ», βόγκηξε ο αδερφός της.

«Είσαι καλά;»

«Μόλις έπεσε απάνω μου η αδερφή μου και με κάρφωσε με τον κοκαλιάρικο πισινό της. Πώς να είμαι καλά;»

Η Έιμι στέναξε με ανακούφιση. Αφού είχε όρεξη για καζούρα, θα πει πως ήταν μια χαρά. Ανακάθισε με κόπο, σκοντάφτοντας στις πέτρες και στα χώματα που υποχωρούσαν μαλακά κάτω απ' τα πόδια της. Σήκωσε τα μάτια της ψηλά και είδε το στόμιο του λάκκου, μέσα στον οποίο είχαν πέσει. Ήταν σαν πηγάδι.

«Μας κατάπιε η γη», μουρμούρισε. «Το έδαφος εδώ αποτελείται από ασβεστολιθικά μαλακά πετρώματα. Κάτω από το Παρίσι υπάρχουν ένα σωρό σπηλιές και σήραγγες. Μάλλον πέσαμε σε κάποια απ' αυτές τυχαία».

«Τυχαία;» είπε ο Νταν. «Η Ιρίνα μάς παγίδεψε! Μας παρέσυρε ως εδώ επίτηδες!»

Η Έιμι καταλάβαινε πως ο αδερφός της είχε πιθανότατα δίκιο. Αλλά δεν ήθελε να το παραδεχτεί... δεν ήθελε να το σκεφτεί καν... Όπως δεν ήθελε να σκεφτεί και τι θα γινόταν στη συνέχεια. Έπρεπε να βρουν τρόπο να βγουν από 'κεί μέσα. Ψαχούλεψε τα τοιχώματα του λάκκου – αλλά ήταν ακριβώς ένας λάκκος. Δεν βρήκε πουθενά να πατήσει ή να πιαστεί. Δεν βρήκε κανένα άνοιγμα, καμιά τρύπα. Η μοναδική έξοδος βρισκόταν ίσια προς τα πάνω. Και ήταν ψηλά· τρία μέτρα τουλάχιστον τους χώριζαν από το χείλος του λάκκου. Από θαύμα δεν είχαν σπάσει τα κόκαλά τους πέφτοντας.

Ξάφνου, ένα φως την τύφλωσε. «Βρε, βρε!» είπε μια αντρική φωνή.

«*Γαβ!*» ακούστηκε ένα σκυλί.

Όταν τα μάτια της Έιμι προσαρμόστηκαν, είδε να της χαμογελούν πάνω από το κεφάλι της έξι σκιές με κόκκινες αθλητικές φόρμες. Πέντε άνθρωποι κι ένας αγριεμένος σκύλος.

«Οι Χολτ!» είπε ο Νταν. «Εμ, βέβαια. Εσείς βοηθήσατε την Ιρίνα να μας παγιδέψει!»

«Ω, ξεκόλλα, μικρέ!» φώναξε η Μάντισον. «Δεν παγιδέψαμε κανέναν».

«Ναι», την σιγοντάρησε και η Ρέγκαν. «Μόνοι σας πέσατε μέσα! Από τη βλακεία σας! Δεν χρειάστηκε να σας παγιδέψει κανείς!»

Και χτυπώντας την παλάμη της στην παλάμη της αδερφής της, ξέσπασαν κι οι δυο σε θριαμβευτικά γέλια.

Τα χέρια της Έιμι άρχισαν να τρέμουν. Έμοιαζε σαν τους χειρότερους εφιάλτες της... στον πάτο ενός πηγαδιού, μ' ένα πλήθος από πάνω της να την κοροϊδεύει. Μόνο που αυτό δεν ήταν εφιάλτης. Ήταν η *πραγματικότητα*.

«Λοιπόν», φώναξε ο Άιζενχάουερ Χολτ. «Αυτό ψάχνατε να βρείτε; Αυτός είναι ο Λαβύρινθος των Σκελετών;»

Η καρδιά της Έιμι φτερούγισε τρομαγμένη. «Τι... τι... τι εννοείς;»

«Ω, έλα τώρα, δεσποινίς! Τα ξέρουμε όλα για τον Λαβύρινθο των Σκελετών. Διαβάσαμε τον *Καζαμία*».

«Έχετε το βιβλίο; Μα η Ιρίνα...»

«Η Ιρίνα μάς το 'κλεψε», γρύλισε ο Άιζενχάουερ. «Αφού πρώτα το είχαμε κλέψει εμείς από τον Κορεάτη. Γι' αυτό και της την στήσαμε στο αρχηγείο τους. Μόνο που *εσείς* προλάβατε και μπήκατε μέσα, πριν μπουκάρουμε. Τώρα το 'χετε εσείς. Και ήρθατε εδώ. Που θα πει ότι κάτι ξέρετε».

«Μα δεν το 'χουμε εμείς το βιβλίο!» είπε η Έιμι. «Δεν είχαμε καν την ευκαιρία να...»

«Έλα τώρα!» είπε ο Χάμιλτον. Τα λιγδιασμένα ξανθά μαλλιά του γυάλιζαν στο σκοτάδι. «Το 'γραφε φαρδιά-πλατιά στη σελίδα 52: *ΜπΦ: Λαβύρινθος των Σκελετών, συντεταγμένες μέσα στο τετράγωνο.* Με τον γραφικό χαρακτήρα της μαμάς σας. Ο μπαμπάς τον αναγνώρισε».

Η Έιμι έτρεμε σύγκορμη. Θύμωσε πολύ με τον εαυτό της, αλλά στάθηκε αδύνατον να σταματήσει. Οι Χολτ είχαν διαβάσει και πιο κάτω, είχαν βρει μέσα στο βιβλίο στοιχεία που η ίδια δεν είχε προλάβει ούτε να δει. Είχαν βρει κι άλλη σημείωση της μαμάς της: *Λαβύρινθος των Σκελετών, συντεταγμένες μέσα στο τετράγωνο.* Καταλάβαινε το κομμάτι με τον Λαβύρινθο – δηλαδή νόμιζε ότι το καταλάβαινε... αλλά οι συντεταγμένες στο τετράγωνο... τι ήταν;

«Δεν... δεν ξέρω τι θα πει αυτό», απάντησε. «Δεν έχουμε εμείς το βιβλίο. Αλλά αν μας βγάλετε από 'δώ, ίσως μπορέσω να...»

«Ναι, βέβαια!» ξεφύσηξε η Μάντισον. «Σιγά μη σας βοηθήσουμε!» Ξανάβαλαν τα γέλια – όλα τα μέλη της οικογένειας Χολτ. Γελούσαν και την κορόιδευαν.

«Σταματήστε, σας παρακαλώ», ψιθύρισε. «Μη...»

«Ωχ, παιδιά! Θα βάλει τα κλάματα», χαχάνισε ο Χάμιλτον. «Τι μαύρο χάλι είναι αυτό! Δεν το πιστεύω ότι γλιτώσατε από τη φωτιά και τη βόμβα!»

«*Τι;*» τσίριξε ο Νταν. «*Εσείς* κάψατε το σπίτι της Γκρέις; *Εσείς* βάλατε τη βόμβα στο μουσείο;»

«Για να σας καθυστερήσουμε», παραδέχτηκε ο Άιζενχάουερ. «Κανονικά θα 'πρεπε να σας έχουμε κανονίσει σώμα με σώμα. Έγινε λάθος. Ζητάμε ταπεινά συγγνώμη».

Ο Νταν πέταξε μια πέτρα, που δυστυχώς πέρασε ανάμεσα απ' τα πόδια της Ρέγκαν, χωρίς να την αγγίξει. «Βλακόμουτρα! Ανεγκέφαλοι! Βγάλτε μας έξω...».

Η Ρέγκαν ζάρωσε τα φρύδια της, αλλά η Μάντισον και ο Χάμιλτον έβαλαν ταυτοχρόνως τις φωνές στον Νταν. Ο Άρνολντ βάλθηκε να γαβγίζει. Η Έιμι ήξερε πως όλα αυτά δεν θα είχαν κανένα αποτέλεσμα. Έπρεπε να πείσουν τους Χολτ να τους βγάλουν έξω από τον λάκκο – αλλά η γλώσσα της είχε δεθεί κόμπος και η φωνή της δεν την υπάκουγε. Ήθελε μόνο να κουβαριαστεί σε μια γωνιά και να κρυφτεί απ' όλους.

Και ξαφνικά, το έδαφος σείστηκε. Ένα μουγκρητό έφτασε στ' αυτιά τους, σαν να πλησίαζε μια βαριά μηχανή. Οι Χολτ γύρισαν όλοι μαζί, κοίταξαν προς τον δρόμο... κι έμειναν με το στόμα ανοιχτό – ό,τι κι αν ήταν αυτό που είχαν δει.

«Βρομόπαιδα!» βλαστήμησε αγριεμένος ο Άιζενχάουερ. «Μας είχατε στήσει παγίδα, ε;»

«Τι είναι αυτά που λες;» ρώτησε ο Νταν.

«Ένα φορτηγό έχει μπλοκάρει τις πόρτες!» είπε η Μαίρη Τοντ. «Ένα φορτηγό με τσιμέντο».

«Μπαμπά! Κοίτα!» είπε ανήσυχη η Ρέγκαν. «Έχουν φτυάρια».

Οι σειρήνες του συναγερμού άρχισαν να ουρλιάζουν μέσα στο μυαλό της Έιμι. Ο Νταν γύρισε προς το μέρος της – κι από το ύφος του, η Έιμι μάντεψε ότι η ίδια σκέψη είχε περάσει κι από το δικό του μυαλό.

«Θα κλείσουν τον λάκκο», είπε ο Νταν. «Ε;»

Του έγνεψε αδύναμα.

«Κύριε Χολτ!» Ο Νταν άρχισε να χοροπηδάει σαν τον Άρνολντ, αλλά στάθηκε αδύνατον να φτάσει στο χείλος του λάκκου. «Πρέπει να μας βγάλετε! Δεν μπορείτε να μας αφήσετε εδώ! Θα σας βοηθήσουμε!»

Ο κύριος Χολτ ρουθούνισε περιφρονητικά. «Εσείς μας οδηγήσατε εδώ! Όσο για να μας βοηθήσετε... είσαστε ανίκανοι να παλέψετε! Τι να περιμένουμε από σας;»

«Μπαμπά», είπε η Ρέγκαν. «Ίσως θα 'πρεπε να...»

«Βγάλε τον σκασμό, αδερφούλα», γρύλισε ο Χάμιλτον. «Ξέρουμε τι πρέπει να κάνουμε!»

«Ρέγκαν!» ούρλιαξε ο Νταν. «Άκουσέ με! Πες τους να μας βγάλουν!»

Η Ρέγκαν, όμως, έσμιξε τα φρύδια της αμίλητη και κάρφωσε το βλέμμα της στο χώμα.

Ο Νταν κοίταξε απελπισμένος την Έιμι. «Κάνε κάτι!» της είπε. «Πες τους ότι έχεις καταλάβει τι σημαίνουν οι σημειώσεις στο βιβλίο!»

Αλλά τα λόγια δεν έβγαιναν από το στόμα της. Η Έιμι ένιωθε λες και την είχε ήδη σκεπάσει το τσιμέντο. Ο αδερφός της την χρειαζόταν. Έπρεπε κάτι να πει. Αλλά εκείνη στεκόταν ασάλευτη, παγωμένη, ανήμπορη, έξαλλη με τον εαυτό της και με τον φόβο που την παρέλυε.

«ΕΕΕΕΕ!» τσίριξε ο Νταν. «Η Έιμι ξέρει τη λύση του γρίφου! Θα σας την πει, αν μας βγάλετε έξω!»

Ο κύριος Χολτ τούς έριξε μια αγριεμένη ματιά. Η Έιμι ήξερε ότι δεν θα το 'χαφτε αυτό το ψέμα. Θα τους άφηνε στον λάκκο. Θα έμεναν εκεί μέσα, παγιδευμένοι, θαμμένοι στο τσιμέντο. Τότε ο κύριος Χολτ έβγαλε το μπουφάν του, τύλιξε το ένα μανίκι στη γροθιά του και χαμήλωσε το χέρι του όσο μπορούσε μέσα στον λάκκο. «Πιαστείτε από το μανίκι».

Λίγα δευτερόλεπτα αργότερα, η Έιμι και ο Νταν είχαν βγει από τον λάκκο. Πράγματι, ένα φορτηγό με τσιμέντο είχε φράξει την πύλη του νεκροταφείου. Έξι γεροδεμένοι άντρες με μουσαμαδιές και σκληρά καπέλα είχαν παραταχθεί δίπλα στον φράχτη κρατώντας φτυάρια, σαν να 'ταν έτοιμοι για μάχη.

«Εντάξει, παιδιά», είπε ο Άιζενχάουερ Χολτ ανήμπορος να κρύψει τη χαρά του. «Ελάτε να τους δείξουμε πώς παλεύουν οι Χολτ!»

Όλη η οικογένεια όρμησε μπροστά. Ο κύριος Χολτ άρπαξε το φτυάρι του πρώτου άντρα, το στριφογύρισε με τον άντρα ακόμα πιασμένο γερά στη λαβή του και το πέταξε μέσα στην καρότσα του φορτηγού. *ΚΛΑΝΓΚ!* Τα κορίτσια, η Μάντισον και η Ρέγκαν, έπεσαν με τόση φόρα πάνω στον δεύτερο, που βρέθηκε φαρδύς-πλατύς στο απέναντι πεζοδρόμιο, σπάζοντας την τζαμαρία ενός ανθοπωλείου. Ο Άρνολντ δάγκωσε τον τρίτο λίγο πάνω από τον αστράγαλο και τα σιδερένια σαγόνια του έμειναν καρφωμένα σαν μέγκενη στο πόδι του. Η Μαίρη Τοντ και ο Χάμιλτον έριξαν τον τέταρτο στον σωλήνα του τσιμέντου, στο πίσω μέρος του φορτηγού. Το κεφάλι του γύρισε κάποιο μοχλό και τσιμέντο άρχισε να χύνεται πηχτό στον δρόμο.

Δυστυχώς, δυο από τους «εργάτες» έμεναν ακόμα όρθιοι. Κι αυτοί χίμηξαν ίσια πάνω στην Έιμι και στον Νταν. Ο τρόμος έσφιξε το λαρύγγι της Έιμι. Αναγνώρισε τα πρόσωπά τους – ήταν οι φρουροί από το αρχηγείο των Λούσιαν. Πριν καν προλάβει να σκεφτεί ότι έπρεπε κάπως να τους ξεφύγουν, ο Νταν είχε ανοίξει το σακίδιό του κι είχε βγάλει την ασημένια σφαίρα με τα φωτάκια που αναβόσβηναν.

«Ντάν, μη!» φώναξε η Έιμι. «Αφού δεν μπορείς...» Μα ο Νταν το έκανε.

Όσο κι αν λάτρευε το μπέιζμπολ, ο Νταν δεν τα κατάφερνε με την μπάλα· κι ήταν άθλιος στο σημάδι. Η σφαίρα πέρασε ανάμεσα στους δυο αγριανθρώπους, που χιμούσαν καταπάνω τους, κι εξερράγη κάτω από τα πόδια του κυρίου Χολτ – με εκτυφλωτική κίτρινη λάμψη. Ο κρότος τούς ξεκούφανε, λες κι ένα πελώριο σφυρί είχε μόλις κάνει κομμάτια το μεγαλύτερο τύμπανο του κόσμου. Η Έιμι σωριάστηκε λιπόθυμη κατάχαμα. Όταν ξαναβρήκε τις αισθήσεις της, είδε όλη την οικογένεια Χολτ και τους αντιπάλους τους πεσμένους στο έδαφος, νοκ-άουτ – όλους, εκτός από τους δύο που ο Νταν *ήθελε να χτυπήσει*. Αυτοί οι δυο είχαν απλώς ζαλιστεί και τώρα παραπατούσαν κουνώντας τα κεφάλια τους για να συνέλθουν.

Η Έιμι γύρισε έντρομη στον Νταν. «Τι *έκανες;*»

«Νομίζω πως ήταν χειροβομβίδα κρότου λάμψης», απάντησε ο αδερφός της σαστισμένος: Σαν αυτή στο μουσείο! Τους έκανα σκόνη!»

Οι δυο όρθιοι άντρες ανοιγόκλεισαν τα μάτια τους μερικές φορές κι ύστερα στράφηκαν ξανά στην Έιμι και στον Νταν. Το ύφος τους έδειχνε πεντακάθαρα πως ήταν πολύ θυμωμένοι.

«Τρέχα!» Ο Νταν τράβηξε την Έιμι πίσω από το μαυσωλείο, αλλά διέξοδος δεν υπήρχε ούτε από 'κεί: τα παιδιά βρέθηκαν αντιμέτωπα μ' έναν ακόμα σιδερένιο φράχτη, και λίγα μέτρα πιο πέρα το πίσω μέρος ενός κτιρίου – τοίχος από τούβλα, δέκα μέτρα ψηλός.

Στην απελπισία τους σκαρφάλωσαν και πήδησαν τον φράχτη έτσι κι αλλιώς. Η μπλούζα της Έιμι πιάστηκε στα κάγκελα, αλλά ο Νταν την ξέμπλεξε. Μαζί έτρεξαν προς την άκρη του τοίχου. Πέρασμα δεν υπήρχε. Είχαν πιαστεί στη φάκα. Αν είχαν όπλο... και τότε η Έιμι ξαφνικά συνειδητοποίησε ότι το μυαλό της δούλευε και πάλι, ο φόβος δεν παρέλυε πια τη σκέψη της. Η έκρηξη την είχε συνεφέρει για τα καλά. Και ήξερε τι έπρεπε να κάνουν. «Νταν, δώσε μου την μπαταρία του Φράνκλιν!»

«Γιατί; *Τι* θα την κάνεις;»

Η Έιμι άνοιξε το σακίδιό του με γρήγορες κινήσεις κι έβγαλε από μέσα την μπαταρία. Οι δυο άντρες προχωρούσαν με προσοχή – μάλλον φοβόντουσαν ότι ο Νταν θα 'χε κι άλλες χειροβομβίδες. Η Έιμι ξετύλιξε τα χάλκινα σύρματα της μπαταρίας και βεβαιώθηκε πως οι άκρες τους ήταν γυμνές. «Ελπίζω να 'ναι φορτισμένη».

«Τι κάνεις;» ρώτησε ο Νταν.

«Ο Φράνκλιν το 'κανε για πλάκα», του είπε η αδερφή του. «Για να τρομάξει τους φίλους του. Αλλά αν είναι καλά φορτισμένη...»

Οι δυο άντρες είχαν φτάσει πια στον φράχτη. Ο ένας κάτι γάβγισε στα γαλλικά – μάλλον τους πρόσταζε να παραδοθούν. Η Έιμι κούνησε αρνητικά το κεφάλι της. Οι άντρες άρχισαν να σκαρφαλώνουν. Και η Έιμι τινάχτηκε προς τα εμπρός. Ακούμπησε τα γυμνά σύρματα στον φράχτη και οι δυο άντρες φώναξαν ξαφνιασμένοι. Γαλάζιες σπίθες πετάχτηκαν από τα σιδερένια κάγκελα. Καπνός ξετυλίχτηκε από τα χέρια των αντρών που βρέθηκαν πεσμένοι ανάσκελα, ανήμποροι να σαλέψουν από τον αναπάντεχο αιφνιδιασμό. Η Έιμι πέταξε την μπαταρία από τα χέρια της.

«Έλα!» φώναξε στον αδερφό της.

Καβάλησαν ξανά τον φράχτη και διέσχισαν τρέχοντας το νεκροταφείο. Προσπέρασαν τους αναίσθητους ακόμα Χολτ και τους υπόλοιπους φρουρούς των Λούσιαν – και το αναποδογυρισμένο φορτηγό.

Η Έιμι ένιωσε τύψεις, που άφηνε τους Χολτ αναίσθητους. Αλλά δεν είχε άλλη επιλογή.

Δεν σταμάτησαν να τρέχουν παρά στα μισά της γέφυρας Λουί Φιλίπ. Η Έιμι διπλώθηκε σχεδόν στα δυο προσπαθώντας να πάρει ανάσα. Τουλάχιστον είχαν σωθεί. Είχαν βγει ζωντανοί από την παγίδα.

Μα ρίχνοντας μια ματιά πίσω της, είδε κάτι που την τρόμαξε περισσότερο κι από τα τελευταία επεισόδια στο νεκροταφείο. Όρθιος στις σκιές κάτω από τις κολόνες της γέφυρας, κάπου πενήντα μέτρα προς τα 'κεί απ' όπου είχαν έρθει, στεκόταν ένας ψηλός γκριζομάλλης με μαύρη καμπαρντίνα.

Και η Έιμι ήταν σίγουρη ότι τους κοίταξε.

ΚΕΦΑΛΑΙΟ 15

Ο Νταν πίστεψε πως η Νέλι θα τους σκότωνε. Δεν είχε ξαναδεί τόσο σκούρο κόκκινο το πρόσωπό της.

«*Τι* κάνατε;» Περπατούσε πάνω-κάτω στο στενόχωρο δωμάτιό τους, σαν το λιοντάρι στο κλουβί του. «Δυο ώρες, μου είπατε. *Δυο ώρες*. Κι εγώ περίμενα έξω από το ξενοδοχείο, ούτε ξέρω πόσο. Περίμενα, περίμενα... κι εσείς πουθενά. Δεν ήρθατε. Δεν πήρατε τηλέφωνο. Νόμιζα πως είχατε πεθάνει!» Κούνησε απειλητικά το χέρι της με το iPod και τα ακουστικά χόρεψαν ξέφρενα στον αέρα.

«Το τηλέφωνό μας δεν λειτουργούσε», είπε η Έιμι με το κεφάλι σκυφτό.

«Και μας την έφεραν, μας έστησαν παγίδα», πρόσθεσε ο Νταν. «Μεγάλο μπέρδεμα: με μια χειροβομβίδα κρότου λάμψης, ένα φορτηγό φορτωμένο τσιμέντο, μια μπαταρία. Και μια φραντζόλα ψωμί».

Ο Νταν ήταν σίγουρος πως είχε καλύψει όλες τις σημαντικές λεπτομέρειες, αλλά η Νέλι τον κοίταξε σαν να μην μπορούσε να καταλάβει γρι.

«Πες τα μου πάλι από την αρχή», είπε. «Και μην τολμήσεις να πεις *ψέματα*».

Ο Νταν αισθανόταν πολύ κουρασμένος για να πει ψέματα. Παρ' όλα αυτά, της είπε όλη την ιστορία – της μίλησε ακόμα και για τα τριάντα εννέα στοιχεία. Και η Έιμι συμπλήρωνε ό,τι ξεχνούσε εκείνος.

«Δηλαδή, παραλίγο να σκοτωθείτε», είπε χαμηλόφωνα η Νέλι. «Αυτοί οι παλιάνθρωποι παραλίγο να σας θάψουν στο τσιμέντο».

«Μπορεί να μη μας έθαβαν και τελείως. Μπορεί να μας έριχναν λίγο μόνο τσιμέντο», είπε ο Νταν.

«Τι έλεγε η επιγραφή;» ρώτησε η Νέλι.

Ο Νταν δεν ήξερε γαλλικά, αλλά είχε απομνημονεύσει τις λέξεις που ήταν χαραγμένες στο μάρμαρο. Τις επανέλαβε λοιπόν στη Νέλι.

«Εδώ είναι θαμμένοι η Έιμι και ο Νταν Κέιχιλ», μετέφρασε η κοπέλα. «Που έχωσαν τη μύτη τους σε ξένες δουλειές».

«Η Ιρίνα Σπάσκι μάς την έφερε!» συμπέρανε ο Νταν. «Αυτή μάς παρέσυρε και πήγαμε εκεί. Ήταν παγίδα».

«Και δεν έχουμε χρήματα για να σε πληρώσουμε», έσκυψε ακόμα περισσότερο το κεφάλι της η Έιμι. «Δεν έχουμε καν αρκετά για να βγάλουμε τα εισιτήρια της επιστροφής. Λυ... λυπάμαι πολύ, Νέλι».

Η Νέλι έμεινε ακίνητη. Σήμερα είχε απλώσει κόκκινο γκλίτερ στα μάτια της κι αυτό την έκανε να δείχνει ακόμα πιο άγρια, ακόμα πιο θυμωμένη. Τα χέρια της, σταυρωμένα στο στήθος, μισοέκρυβαν τον έξαλλο πανκ ρόκερ που είχε η στάμπα της μπλούζας της. Σε γενικές γραμμές, ήταν πολύ τρομακτική στην όψη. Τελικά, όμως, άρπαξε την Έιμι και τον Νταν και τους έσφιξε δυνατά στην αγκαλιά της.

Μετά γονάτισε για να μπορέσει να τους κοιτάξει στα μάτια. «Έχω ένα μικρό υπόλοιπο στον λογαριασμό της πιστωτικής μου κάρτας. Θα τα καταφέρουμε».

Ο Νταν τα 'χασε. «Μα... δεν θα μας σκοτώσεις;»

«Θα σας βοηθήσω, χαζούλη». Η Νέλι τον τράνταξε μαλακά από τους ώμους. «Δεν θ' αφήσω κανέναν να πειράξει τα νιάνιαρα που προσέχω».

«Τα παιδιά, τα μεγάλα παιδιά», την διόρθωσε ο Νταν.

«Εντάξει, εντάξει! Τώρα, όμως, θα πέσετε για ύπνο. Γιατί αύριο θα πάμε να κάνουμε μαύρους στο ξύλο αυτούς τους τύπους».

Το Μεζόν ντε Γκαρντόν δεν είχε καμιά σχέση με κήπους. Φαίνεται πως *γκαρντόν* ήταν τα τσιρόνια. Ο Νταν το κατάλαβε, πρώτον επειδή του το είπε η Νέλι, και δεύτερον επειδή όλη νύχτα άκουγε ήχους περίεργους από το μπάνιο και κάτω από τα σανίδια του πατώματος. Μακάρι να είχαν πάρει μαζί τους τον Σαλαντίν. Ο γάτος θα 'χε στήσει μεγάλο γλέντι εδώ πέρα.

Το πρωί, όλοι τους έδειχναν ταλαιπωρημένοι και άυπνοι. Αλλά έκαναν ντους και άλλαξαν ρούχα. Η Νέλι πήγε στο *καφέ* της γωνίας κι έφερε καφέ για τον εαυτό της, ζεστή σοκολάτα για τον Νταν και την Έιμι, και *πεν ο σοκολά* και για τους τρεις. Κι ο Νταν αποφάσισε πως μια χώρα όπου ο κόσμος έτρωγε σοκολάτα για πρωινό, δεν μπορούσε να 'ναι εντελώς για πέταμα.

«Λοιπόν», είπε ο Νταν. «Θα μ' αφήσετε να ρίξω μερικές χειροβομβίδες ακόμα;»

«Όχι!» είπε η Έιμι. «Νταν, ήσουν τυχερός που ήταν μόνο κρότου λάμψης. Θα μπορούσες να 'χεις σκοτώσει ολόκληρη την οικογένεια Χολτ».

«Και για ποιον ακριβώς λόγο θα ήταν αυτό κακό;...»

«Εντάξει, σταματήστε», είπε η Νέλι. «Η ουσία είναι πως δεν πάθατε τίποτα».

Η Έιμι τσιμπολόγησε μια ακρίτσα από το κρουασάν της. Ήταν πολύ χλωμή και τα μαλλιά της κρέμονταν αχτένιστα. «Νταν... συγγνώμη για χτες το βράδυ. Πανικοβλήθηκα. Παραλίγο να σκοτωθούμε».

Ο Νταν το 'χε σχεδόν ξεχάσει αυτό. Εκείνη τη στιγμή τον είχε νευριάσει η αδερφή του. Αλλά δεν άντεχε να της κρατάει κακία, όταν την έβλεπε τόσο στενοχωρημένη – όταν ύστερα του ζητούσε συγγνώμη. Άσε που μετά είχε καταφέρει κάτι πολύ πρώτο η Έιμι, με την μπαταρία. Κι έτσι τον είχε αποζημιώσει κατά κάποιον τρόπο για τον πανικό της.

«Δεν πειράζει», της είπε. «Μην το σκέφτεσαι».

«Ναι, αλλά αν ξανασυμβεί...»

«Να σου πω! Αν αφήσουμε την Ιρίνα να μας ξαναπιάσει στη φάκα, τότε θα 'μαστε πιο βλάκες κι από τους Χολτ».

Η Έιμι δεν έδειξε ν' ανακουφίζεται από τα λόγια του. «Αυτό που δεν καταλαβαίνω, είναι ο άντρας με τα μαύρα. Τι γύρευε εκεί πέρα χτες τη νύχτα; Κι αν πράγματι τη φωτιά στο σπίτι της Γκρέις την έβαλαν οι Χολτ... κι αν αυτοί ήταν υπεύθυνοι για την έκρηξη στο μουσείο...»

«Τότε τι έκανε ο άντρας με τα μαύρα και στα δυο αυτά μέρη;» αποτέλειωσε τη φράση της ο Νταν. «Και πώς βρέθηκε η φωτογραφία του στα χέρια της Ιρίνας;»

Περίμενε να ξεφουρνίσει η Έιμι κάποια από τις συνηθισμένες απαντήσεις της, του τύπου Έκανα-Μια-Εργασία-Γι' αυτό-Το-Θέμα-Πέρυσι. Αλλά η αδερφή του συνέχιζε να κοιτάζει μουτρωμένη το κρουασάν της.

«Παιδιά, εγώ λέω να συγκεντρώσετε το μυαλό σας στο πού θα πάμε στη συνέχεια», είπε η Νέλι.

Η Έιμι πήρε βαθιά ανάσα. «Νομίζω πως ξέρω», είπε. «Νταν, μπορώ να χρησιμοποιήσω το λάπτοπ σου;»

Την κοίταξε ξαφνιασμένος, γιατί η Έιμι δεν συμπαθούσε τους υπολογιστές. Της το 'φερε, όμως. Και η Έιμι βάλθηκε να ψάχνει στο ίντερνετ.

Σε χρόνο μηδέν έκανε μια γκριμάτσα και γύρισε την οθόνη προς το μέρος τους. Είδαν έναν σωρό κόκαλα μέσα σ' ένα σκοτεινό, πέτρινο δωμάτιο.

«Το υποψιαζόμουν εδώ και κάμποσες μέρες», είπε η Έιμι, «αλλά ήλπιζα πως έπεφτα έξω. Γιατί παραείναι επικίνδυνο. *Ο Λαβύρινθος των Σκελετών*. Αυτό έγραφε η σημείωση της μαμάς στον *Καζαμία του Φτωχού Ρίτσαρντ*. Πρέπει να ψάξουμε στις Κατακόμβες».

«Τι θα πει κατακόμβες; Έχουν σχέση με τις γάτες; Ή με τους κόμπους;» ρώτησε ο Νταν.

Κατά τη γνώμη του, η ερώτησή του ήταν απολύτως λογική. Η Έιμι, όμως, τον κοίταξε μ' αυτό το ύφος που έλεγε, *Θεέ μου, τι βλάκας που είσαι.*

«Οι κατακόμβες είναι ένας υπόγειος λαβύρινθος», του απάντησε. «Σ' το είπα ότι το Παρίσι είναι ολόκληρο σκαμμένο από κάτω, γεμάτο στοές και σήραγγες. Από τη ρωμαϊκή εποχή ακόμα, έπαιρναν από το έδαφος τις πέτρες, που χρησιμοποιούσαν για να χτίζουν τα σπίτια τους, αφήνοντας κάτω από τα θεμέλιά τους ένα σωρό άδειους χώρους. Μερικοί είναι σκέτοι λάκκοι, σαν αυτόν που πέσαμε χτες βράδυ».

«Μερικοί, όμως, είναι διάδρομοι που διασταυρώνονται μεταξύ τους», είπε η Νέλι. «Ναι, ναι... το 'χω ακούσει. Και οι στοές αυτές είναι γεμάτες κόκαλα. Σωστά;»

«Θέλω ένα δωμάτιο στολισμένο με κόκαλα!» είπε ο Νταν. «Πού τα βρήκαν τα κόκαλα;»

«Στα νεκροταφεία», είπε η Έιμι. «Τον δέκατο όγδοο αιώνα, τα νεκροταφεία είχαν πια γεμίσει τελείως. Κι οι αρχές της πόλης αποφάσισαν ν' ανοίξουν τους τάφους και να μεταφέρουν τα κόκαλα των πεθαμένων στις κατακόμβες. Το θέμα είναι... κοίτα τις χρονολογίες. Βλέπεις πότε άρχισαν να μεταφέρουν κόκαλα στις κατακόμβες;»

Ο Νταν έψαξε με το βλέμμα την οθόνη. Δεν κατάλαβε τι εννοούσε η αδερφή του. «Στα γενέθλιά μου;»

«Όχι, βλακόμετρο. *Κοίτα.* Το 1785. Δεν το δήλωσαν επισήμως παρά τον επόμενο χρόνο. Αλλά τη δουλειά την ξεκίνησαν το 1785 – που ήταν και η τελευταία χρονιά του Φράνκλιν στο Παρίσι».

«Ουάου. Εννοείς δηλαδή ότι...»

«Κάτι έκρυψε εκεί κάτω».

Η ησυχία που ακολούθησε τα λόγια της ήταν τόσο απόλυτη, ώστε ο Νταν άκουσε τις κατσαρίδες να πηγαινόερχονται στο μπάνιο.

«Μάλιστα», είπε η Νέλι. «Θα πρέπει, δηλαδή, να κατέβουμε στις κατακόμβες. Σ' έναν λαβύρινθο γεμάτο κόκαλα πεθαμένων... Και να βρούμε αυτό που... πρέπει να βρούμε».

Η Έιμι έγνεψε καταφατικά. «Μόνο που οι κατακόμβες είναι απέραντες. Κι εμείς δεν ξέρουμε πού να ψάξουμε. Σκέφτηκα, βέβαια, ότι... υπάρχει μόνο μία είσοδος για το κοινό. Εδώ γράφει πως βρίσκεται απέναντι από τον σταθμό του μετρό Ντανφέρ Ροσρό, στον 14ο τομέα της πόλης».

«Μα αν αυτή είναι η μοναδική είσοδος για το κοινό», είπε ο Νταν, «τότε ίσως εκεί συναντήσουμε και τις άλλες ομάδες. Αυτόν τον Καζαμία, τον κλέβει ο ένας από τον άλλον... Δεν θ' αργήσουν να το καταλάβουν όλοι πως πρέπει να κατέβουν σ' αυτό τον Λαβύρινθο των Σκελετών... Αν δεν το 'χουν ήδη καταλάβει!»

«Εγώ δεν έχω πρόβλημα», είπε η Νέλι τινάζοντας τα ψίχουλα του κρουασάν και της σοκολάτας από την μπλούζα της. «Πάμε να γνωρίσω τους συγγενείς σας».

Το σακίδιο του Νταν ήταν πολύ ελαφρύτερο σήμερα. Ωστόσο, πριν φύγουν από το ξενοδοχείο, το παιδί σιγουρεύτηκε πως η φωτογραφία βρισκόταν ασφαλής στην πλαϊνή τσέπη του σακιδίου. Ο μπαμπάς και η μαμά του ήταν όπου ακριβώς τους είχε αφήσει: μέσα στην πλαστική θήκη τους. Και του χαμογελούσαν από την κορυφή του βουνού. Σαν να μην τους είχε πειράξει καθόλου που είχαν μοιραστεί τον χώρο τους με μια μπαταρία του Φράνκλιν και μια χειροβομβίδα.

Αναρωτήθηκε αν θα 'νιωθαν περήφανοι γι' αυτόν, που είχε καταφέρει να βγουν από τον λάκκο χτες το βράδυ. Ή αν θα τον μάλωναν, όπως η Έιμι: *Παραλίγο να σκοτωθείς*, και μπλα, μπλα, μπλα. Α, όχι, αποφάσισε. Δεν θα 'ταν τόσο προστατευτικοί και φοβητσιάρηδες. Στο κάτω κάτω, μάλλον είχαν ζήσει και οι ίδιοι αμέτρητες επικίνδυνες περιπέτειες. Ίσως στο *δικό τους* σπίτι υπήρχε οπλοστάσιο, πριν καταστραφεί από τη φωτιά.

«Νταν!» φώναξε η Έιμι. «Βγες από το μπάνιο! Φεύγουμε!»

«Έρχομαι!» απάντησε. Κοίταξε τους γονείς του μια ακόμα φορά. «Σ' ευχαριστώ για τη σημείωση σχετικά με τον Λαβύρινθο, μαμά. Δεν θα σε απογοητεύσω».

Έχωσε τη φωτογραφία ξανά στο σακίδιο και βγήκε. Η Έιμι και η Νέλι τον περίμεναν.

Δεν είχαν ούτε δυο λεπτά, που βγήκαν από τον σταθμό Ντανφέρ- Ροσρό, όταν είδαν τον θείο Άλιστερ. Θα 'ταν δύσκολο να μην τον δει κανείς με το κερασί κοστούμι του, την καναρινί γραβάτα και το μπαστουνάκι με τη διαμαντένια μύτη που στριφογύριζε στο ένα του χέρι. Ο γέρος κατευθύνθηκε προς το μέρος τους με βήμα αργό κι άνοιξε τα μπράτσα του χαμογελαστός. Καθώς πλησίασε, ο Νταν είδε πως το ένα του μάτι ήταν μαυρισμένο.

«Αγαπητά μου παιδιά!»

Η Νέλι του 'φερε το σακίδιό της στο κεφάλι.

«Ώωωωχ!» βόγκηξε ο θείος Άλιστερ σκεπάζοντας με το χέρι του το καλό του μάτι.

«Νέλι!» είπε η Έιμι.

«Σόρι», μουρμούρισε η Νέλι. «Νόμιζα πως ήταν από τους κακούς!»

«Είναι από τους κακούς», συμφώνησε ο Νταν.

«Όχι, όχι». Ο Άλιστερ δοκίμασε να χαμογελάσει, αλλά κατάφερε μόνο να βογκήξει ξανά ανοιγοκλείνοντας με δυσκολία το μάτι του. Τώρα θα μαυρίσει *και το άλλο του* μάτι, σκέφτηκε ο Νταν. Το σακίδιο της Νέλι δεν ήταν ελαφρύ. «Παιδιά, πιστέψτε με! Σας παρακαλώ! *Δεν* είμαι εχθρός σας!»

«Μας έκλεψες το βιβλίο», είπε ο Νταν. «Και μας άφησες να καούμε ζωντανοί!»

«Παιδιά, το παραδέχομαι. Νόμιζα πως είχατε χαθεί στη φωτιά. Με δυσκολία γλίτωσα κι εγώ από 'κεί μέσα. Βρήκα τον μοχλό που άνοιγε την πόρτα. Σας φώναξα, αλλά μάλλον είχατε ήδη βρει άλλη έξοδο. Είχα τον Καζαμία, ναι. Και τον πήρα μαζί μου. Δεν μπορούσα να τον αφήσω στις φλόγες. Παραδέχομαι ότι πανικοβλήθηκα όταν βρέθηκα έξω. Νόμισα πως οι εχθροί μας θα 'ταν ακόμα εκεί. Φοβήθηκα ότι θα κατηγορούσαν εμένα για την τρομερή πυρκαγιά. Και το 'βαλα στα πόδια. Συγχωρήστε με».

Το ύφος της Έιμι μαλάκωσε, αλλά ο Νταν δεν πίστεψε λέξη.

«Ψέματα λέει!» δήλωσε. «Και δεν πρέπει να εμπιστευόμαστε κανέναν! Το ξέχασες;»

«Να τον ξαναχτυπήσω;» ρώτησε η Νέλι.

Ο θείος Άλιστερ ζάρωσε τρομαγμένος. «Σας παρακαλώ, ακούστε με. Είμαστε έξω από τις κατακόμβες». Τους έδειξε στην απέναντι μεριά του δρόμου ένα απλό κτίριο με μαύρη πρόσοψη. Πάνω από την πόρτα διακρίνονταν γραμμένες με άσπρα γράμματα οι λέξεις ENTREE DES CATACOMBES.

Ο δρόμος έδειχνε συνηθισμένος, συνοικιακός – σπίτια, μαγαζιά, περαστικοί που πήγαιναν στις δουλειές τους. Δύσκολα θα πίστευε κανείς πως από κάτω κρυβόταν ένας ολόκληρος λαβύρινθος γεμάτος πεθαμένους.

«Πρέπει να σας μιλήσω, πριν μπείτε μέσα», επέμεινε ο Άλιστερ. «Δεν σας ζητώ παρά μόνο δέκα λεπτά. Σας απειλεί θανάσιμος κίνδυνος».

«*Θανάσιμος* κίνδυνος», επανέλαβε ο Νταν. «Αστείο είναι τώρα αυτό;»

«Νταν...» Η Έιμι τον έπιασε μαλακά από το μπράτσο. «Γιατί να μην ακούσουμε τι έχει να μας πει; Δέκα λεπτά είναι μόνο. Τι θα χάσουμε;»

Ένα σωρό πράγματα πέρασαν από το μυαλό του Νταν – πράγματα που θα έχαναν. Αλλά ο Άλιστερ βιάστηκε να χαμογελάσει.

«Σ' ευχαριστώ, αγαπητή μου. Υπάρχει ένα *καφέ*, εδώ στη γωνία. Πάμε;»

Μια και πλήρωνε ο Άλιστερ, ο Νταν παράγγειλε ήδη κάτι για φαγητό – κι ας μην ήταν ακόμα μεσημέρι. Πήρε σάντουιτς με γαλοπούλα και τυρί και τσιπς και μια μεγάλη κόκα, που για κάποιον μυστήριο λόγο τού την έφεραν χωρίς παγάκια. Η Νέλι μίλησε γαλλικά με τον σερβιτόρο για αρκετή ώρα και παράγγειλε κάτι εξωτικό κι ακαταλαβίστικο. Ο σερβιτόρος εντυπωσιάστηκε με την επιλογή της· μα όταν έφερε το πιάτο της, ο Νταν δεν μπόρεσε να μαντέψει τι ήταν. Έμοιαζε με σβολαράκια πλαστελίνης μέσα σε σάλτσα από σκόρδο.

Με λυπημένη φωνή ο θείος Άλιστερ τους εξήγησε πώς τον στρίμωξαν οι Χολτ έξω από το αεροδρόμιο Ντε Γκολ και του άρπαξαν τον *Καζαμία του Φτωχού Ρίτσαρντ*. «Οι βάρβαροι με χτύπησαν στο πρόσωπο και μου 'σπασαν ένα πλευρό. Μάλλον παραείμαι γέρος για τέτοιες περιπέτειες», είπε αγγίζοντας με προσοχή τις μελανιές στα μάτια του.

«Μα... γιατί προσπαθούν όλοι να σκοτώσουν ο ένας τον άλλον γι' αυτό το βιβλίο;» ρώτησε η Έιμι. «Δεν υπάρχουν άλλοι τρόποι να λύσουν τον γρίφο; Σαν το αόρατο μήνυμα που βρήκαμε στη Φιλαδέλφεια, ας πούμε...»

«Έιμι!» την έκοψε ο Νταν. «Δεν μπορείς να προσέχεις τα λόγια σου;»

«Δεν πειράζει, αγόρι μου», είπε ο Άλιστερ. «Κι εσύ, Έιμι, έχεις φυσικά δίκιο. Υπάρχουν πολλά μονοπάτια που οδηγούν στο επόμενο στοιχείο. Εγώ, για παράδειγμα, βρήκα ένα κρυπτογραφημένο μήνυμα σ' έναν διάσημο πίνακα του... καλύτερα να σας το δείξω».

Ο θείος Άλιστερ έψαξε στην τσέπη του και έβγαλε από μέσα ένα χαρτί. Όταν το ξεδίπλωσε, είδαν πως ήταν η έγχρωμη φωτοτυπία ενός ζωγραφικού πίνακα – που έδειχνε τον Μπέντζαμιν Φράνκλιν, γέρο πια, με κόκκινο πανωφόρι, να κάθεται έξω στο ύπαιθρο, ενώ γύρω του έπεφτε μπόρα δυνατή. Αν ήταν ποτέ δυνατόν! Μια χούφτα αγγελούδια φτερούγιζαν γύρω του – δυο στα πόδια του πασπάτευαν κάτι μπαταρίες, τρία πίσω του κρατούσαν έναν χαρταετό μ' ένα κλειδί περασμένο στον σπάγγο του. Ένας κεραυνός ήταν ζωγραφισμένος από το κλειδί στο απλωμένο χέρι του Μπέντζαμιν. Κι ο Μπέντζαμιν δεν έδειχνε καθόλου αναστατωμένος. Τα μακριά γκρίζα μαλλιά του πετούσαν αχτένιστα σαν άγριο φωτοστέφανο γύρω από το κεφάλι του. Ίσως είχε συνηθίσει πια τις ηλεκτροπληξίες.

«Αποκλείεται να 'χει γίνει τέτοιο πράγμα», είπε ο Νταν. «Με αγγελάκια και τέτοια».

«Φυσικά και αποκλείεται, Νταν», συμφώνησε ο Άλιστερ. «Είναι συμβολικό. Ο ζωγράφος, Μπέντζαμιν Γουέστ τον έλεγαν, ήθελε να δείξει πως ο Φράνκλιν ήταν ένας ήρωας ικανός να πιάνει τους κεραυνούς που έπεφταν ψηλά στον ουρανό. Υπήρχαν, όμως, κι άλλα σύμβολα στην εικόνα – σύμβολα που δεν διέκρινα στην αρχή. Σύμβολα κρυμμένα τόσο βαθιά, που μόνο ένας

Κέιχιλ θα μπορούσε να τα βρει. Κοιτάξτε το γόνατο του Φράνκλιν».

Ο Νταν είδε ένα συνηθισμένο γόνατο. Αλλά η Έιμι έμεινε με το στόμα ανοιχτό. «Το σχέδιο του υφάσματος!»

Ο Νταν κοίταξε καλύτερα. Και τότε είδε τι εννοούσε η αδερφή του. Στο γόνατο του Φράνκλιν διέκρινε ένα σημείο ζωγραφισμένο με πιο ανοιχτό κόκκινο. Μα το σημείο αυτό δεν ήταν ένας τυχαίος λεκές, αλλά ένα σχήμα, που το είχε ξαναδεί αρκετές φορές.

«Ουάου», είπε. «Το οικόσημο των Λούσιαν».

Η Νέλι μισόκλεισε τα μάτια της. «Αυτό; Αυτό μοιάζει με τα σχέδια που έχουν οι λαστιχένιοι λασπωτήρες των φορτηγών».

«Όχι, είναι δυο φίδια τυλιγμένα γύρω από ένα σπαθί», είπε η Έιμι. «Πίστεψέ με: αν είχες δει το οικόσημο των Λούσιαν, θα το αναγνώριζες».

«Και δεν είναι μόνο αυτό», είπε ο Άλιστερ. «Κοιτάξτε το χαρτί που κρατάει ο Φράνκλιν. Γυρίστε την εικόνα ανάποδα. Να – γραμμένα με άσπρο χρώμα, σχεδόν δεν διαβάζονται».

Ο Νταν δεν θα το πρόσεχε ποτέ, αν δεν τους το έδειχνε ο Άλιστερ. Μα κοιτάζοντας από κοντά, είδε αχνά τα γράμματα πάνω στο χαρτί, που κρατούσε ο Φράνκλιν.

«Παρίσι», διάβασε. «1785».

«Ακριβώς, αγαπητό μου παιδί: ένας πίνακας με τον Φράνκλιν, το οικόσημο ενός κλάδου των Κέιχιλ και οι λέξεις *Παρίσι, 1785.* Σημαντικό στοιχείο».

«Αυτό δεν θα το έβρισκα ποτέ μου», είπε η Έιμι, χωρίς να κρύβει τον θαυμασμό της.

Ο Άλιστερ ανασήκωσε τους ώμους. «Όπως είπες κι εσύ, αγαπητή μου, πολλά και διάφορα πράγματα μας οδηγούν στο δεύτερο στοιχείο. Δυστυχώς, εμείς οι Κέιχιλ τσακωνόμαστε μεταξύ μας, κλέβουμε πληροφορίες και κάνουμε ό,τι μπορούμε για να εμποδίσουμε ο ένας τον άλλον να προχωρήσει...», και πρόσθεσε μ' ένα βογκητό, «... όπως δείχνουν καθαρά το σπασμένο πλευρό μου και τα δυο μαυρισμένα μου μάτια».

«Μα ποιος τοποθέτησε αυτά τα στοιχεία σε διάφορα μέρη, για να τα βρούμε;» ρώτησε η Έιμι. «Ο ίδιος ο Φράνκλιν;»

Ο Άλιστερ ήπιε μια γουλιά από τον εσπρέσο του. «Δεν ξέρω, αγαπητή μου. Αν έπρεπε να μαντέψω, θα έλεγα πως είναι ένα ανακάτεμα, μια συλλογική προσπάθεια πολλών Κέιχιλ στο πέρασμα των αιώνων. Η μακαρίτισσα η Γκρέις ήταν πάντως εκείνη που ένωσε τα νήματα – αν και δεν ξέρω ούτε πώς ούτε γιατί. Όποιος κι αν είναι ο θησαυρός που κρύβεται πίσω απ' όλα αυτά, ένα είναι βέβαιο: τα μεγαλύτερα μυαλά των Κέιχιλ κοπίασαν πολύ για να τον κρύψουν. Άλλοι, πάλι, όπως ο Μπέντζαμιν Φράνκλιν, έκαναν προσπάθειες να μας οδηγήσουν σ' αυτόν. Να μας βοηθήσουν να τον βρούμε. Υποθέτω πως δεν θα μάθουμε, παρά μόνο όταν φτάσουμε στον θησαυρό και τον δούμε».

«Θα *μάθουμε;*» ρώτησε ο Νταν. «Θα *φτάσουμε;* Θα *δούμε;*»

«Εξακολουθώ να πιστεύω πως πρέπει να ενώσουμε τις δυνάμεις μας», είπε ο Άλιστερ.

«Όχι», κούνησε αρνητικά η Νέλι το κεφάλι της. «Μην τον εμπιστεύεστε αυτόν τον τύπο, παιδιά. Παραείναι γλυκομίλητος».

Ο Άλιστερ γέλασε. «Κι εσύ είσαι ειδική στους γλυκομίλητους, νεαρή νταντά;»

«Συνοδός!» τον διόρθωσε η Νέλι.

Ο Άλιστερ άνοιξε το στόμα του να της πετάξει άλλη μια κοροϊδία. Αλλά μια ματιά στο θανάσιμο σακίδιό της, τον έκανε ν' αλλάξει γνώμη.

«Το ζήτημα είναι, παιδιά, ότι όλοι οι ανταγωνιστές μας δείχνουν αποφασισμένοι να βγάλουν *εσάς* από το παιχνίδι».

«Γιατί;» ρώτησε η Έιμι.

Ο Άλιστερ ανασήκωσε τους ώμους. «Μέχρι στιγμής προηγείστε. Έχετε ξεφύγει απ' όλες τις παγίδες που σας έστησαν. Και η Γκρέις σάς είχε πάντα αδυναμία». Τα μάτια του γυάλισαν, σαν του πεινασμένου που κοιτάζει ένα λαχταριστό Big Mac. «Ας είμαστε ειλικρινείς, εντάξει; Όλοι πιστεύουμε πως η Γκρέις σάς έχει δώσει επιπλέον οδηγίες, πληροφορίες και στοιχεία που οι υπόλοιποι δεν έχουμε. Ω, σίγουρα το έκανε. Πείτε μου τι σας είπε. Κι εγώ θα σας βοηθήσω».

Ο Νταν έσφιξε τις γροθιές του. Θυμήθηκε το βίντεο της γιαγιάς του. Θυμήθηκε την έκπληξή του, όταν την άκουσε να μιλάει για το κυνήγι του θησαυρού. Η Γκρέις *θα έπρεπε* να τους είχε δώσει επιπλέον οδηγίες, επιπλέον πληροφορίες. Αν τους αγαπούσε στ' αλήθεια, δεν θα τους είχε αφήσει στο σκοτάδι. Οι άλλες ομάδες τούς κυνηγούσαν τώρα, επειδή νόμιζαν πως η Γκρέις είχε αδυναμία στην Έιμι και στον Νταν. Φαίνεται, όμως, πως η Γκρέις δεν έδινε δεκάρα για τα εγγόνια της. Τους θεωρούσε απλώς μια ομάδα ανάμεσα στις άλλες σ' αυτό το σκληρό κι απάνθρωπο παιχνίδι που είχε στήσει. Όσο το σκεφτόταν, τόσο πιο προδομένος ένιωθε. Κοίταξε τις χάντρες από νεφρίτη στον λαιμό της Έιμι. Με το ζόρι κρατήθηκε να μην τις αρπάξει και τις πετάξει. Τα μάτια του άρχισαν να τσούζουν.

«Δεν έχουμε επιπλέον οδηγίες. Δεν ξέρουμε τίποτα παραπάνω από σας», μουρμούρισε.

«Έλα τώρα, μικρέ», είπε ο Άλιστερ. «Δεν μπορείς να καταλάβεις ότι *κινδυνεύετε;* Εγώ μπορώ να σας προστατέψω. Θα ψάξουμε μαζί στις κατακόμβες».

«Θα ψάξουμε μόνοι μας», είπε ο Νταν.

«Όπως θέλεις, παιδί μου. Αλλά να προσέχετε: οι κατακόμβες είναι απέραντες. Χιλιόμετρα ολόκληρα στοές και σήραγγες. Ελάχιστα απ' αυτά χαρτογραφημένα. Μπορεί να χαθείτε πολύ εύκολα. Ειδική αστυνομία περιπολεί εκεί κάτω για να διώχνει όσους βγαίνουν από τη σημαδεμένη διαδρομή. Μερικές στοές είναι πλημμυρισμένες. Άλλες καταρρέουν. Η έρευνα για το στοιχείο που έκρυψε ο Φράνκλιν στις κατακόμβες, θα είναι επικίνδυνη και μάταιη» – έγειρε μπροστά ανασηκώνοντας τα φρύδια του: «*Εκτός αν ξέρετε πράγματι* κάτι που δεν μου λέτε. Ο Καζαμίας είχε μια σημείωση στο περιθώριο. Μια σημείωση που αναφέρει κάτι συντεταγμένες μέσα σ' ένα τετράγωνο. Μήπως ξέρετε για ποιο πράγμα μιλάει;»

«Ακόμα κι αν ξέραμε», είπε ο Νταν, «δεν θα σου το λέγαμε».

Η Έιμι άγγιξε τις χάντρες από νεφρίτη στον λαιμό της. «Λυπάμαι, θείε Άλιστερ».

«Καταλαβαίνω». Ο Άλιστερ ακούμπησε στη ράχη της καρέκλας του. «Θαυμάζω το κουράγιο σας. Αλλά τι θα λέγατε, αν σας πρότεινα... ν' ανταλλάξουμε πληροφορίες; Είμαι βέβαιος πως αναρωτιέστε γι' αυτές τις σημειώσεις της μαμάς σας. Ήξερα τους γονείς σας. Θα μπορούσα να σας εξηγήσω ένα-δυο πραγματάκια».

Ο Νταν ένιωσε ξαφνικά να πνίγεται, λες κι ο αέρας γύρω του είχε γίνει γυαλί. Δεν τολμούσε ούτε να κουνηθεί, από τον φόβο του μην κοπεί. «Τι ακριβώς πραγματάκια;»

Ο Άλιστερ χαμογέλασε, σαν να 'ξερε ότι μ' αυτό θα τους έπιανε στο αγκίστρι του. «Το ενδιαφέρον της μαμάς σας για τα στοιχεία, ας πούμε. Ή τι δουλειά έκανε στ' αλήθεια ο μπαμπάς σας».

«Ήταν καθηγητής μαθηματικών», είπε η Έιμι.

«Μμμμ». Το χαμόγελο του Άλιστερ ήταν τόσο εκνευριστικό, που ο Νταν μπήκε στον πειρασμό να πει στη Νέλι να τον κοπανήσει ξανά με το σακίδιό της. «Ίσως θέλετε να μάθετε για τη νύχτα που πέθαναν;»

Το σάντουιτς με γαλοπούλα και τυρί μεταμορφώθηκε σε έναν καυτό και βαρύ σβόλο μέσα στο στομάχι του Νταν. «Τι ξέρεις γι' αυτή τη νύχτα;»

«Πολλά χρόνια πριν, η μαμά σας...» Ο Άλιστερ σταμάτησε απότομα να μιλάει. Τα μάτια του καρφώθηκαν σε κάτι στην απέναντι μεριά του δρόμου. «Παιδιά, θα συνεχίσουμε άλλη ώρα αυτή την κουβέντα. Νομίζω ότι καλά θα κάνετε να ψάξετε *μόνοι σας* στις κατακόμβες. Εγώ θα μείνω εδώ, για να σας αποδείξω την καλή μου θέληση».

«Τι εννοείς;» ρώτησε ο Νταν.

Ο Άλιστερ σήκωσε το μπαστούνι του κι έδειξε. Καμιά πενηνταριά μέτρα παρακάτω, ο Ίαν και η Ναταλί Κάμπρα προχωρούσαν βιαστικοί προς τις κατακόμβες.

«Θα τους καθυστερήσω όσο μπορώ», υποσχέθηκε ο Άλιστερ. «Τώρα φύγετε! Κατεβείτε!»

ΚΕΦΑΛΑΙΟ 16

Η Έιμι φοβόταν τον πολύ κόσμο. Αλλά οι κατακόμβες, όπου υπήρχαν τουλάχιστον εφτά εκατομμύρια νεκροί, δεν την τρόμαζαν καθόλου.

Η Νέλι, ο Νταν και η Έιμι κατέβηκαν γρήγορα τη μεταλλική σκάλα και βρέθηκαν σ' έναν διάδρομο σκαμμένο στον ασβεστόλιθο. Πάνω από το κεφάλι τους υπήρχαν μεταλλικοί σωλήνες και ηλεκτρικά φώτα. Ο ζεστός αέρας μύριζε μούχλα και βρεγμένη πέτρα.

«Μια έξοδος μόνο, παιδιά», είπε ανήσυχη η Νέλι. «Αν παγιδευτούμε εδώ κάτω...»

«Δίχως άλλο, η σήραγγα διακλαδίζεται λίγο παρακάτω», είπε η Έιμι, προσπαθώντας να μιλήσει με περισσότερο θάρρος απ' όσο ένιωθε στ' αλήθεια.

Οι πέτρινοι τοίχοι ήταν γεμάτοι γκράφιτι. Κάποια πιο καινούρια, κάποια παλιότερα. Διέκριναν μια επιγραφή χαραγμένη σε μια μαρμάρινη πλάκα πάνω από τα κεφάλια τους.

«Σταματήστε, θνητοί», μετέφρασε η Νέλι. *«Εδώ είναι το βασίλειο του θανάτου»*.

«Ωραία υποδοχή», μουρμούρισε ο Νταν.

Συνέχισαν να περπατούν. Η Έιμι ένιωθε τα λασπωμένα χαλίκια κάτω από τα πόδια της και σκεφτόταν τον θείο Άλιστερ. Ήξερε στ' αλήθεια κάτι για τους γονείς τους; Ή προσπαθούσε απλώς να τους παραπλανήσει;

Προσπάθησε να διώξει αυτές τις σκέψεις από το μυαλό της.

«Πού είναι τα κόκαλα;» ρώτησε ο Νταν.

Αμέσως μετά πέρασαν σε μια μεγαλύτερη αίθουσα και ο Νταν είπε: «Ω!»

Η Έιμι δεν είχε ξαναδεί πιο τρομακτικό μέρος στη ζωή της. Στους τοίχους ήταν στοιβαγμένοι ανθρώπινοι σκελετοί, σαν ξύλα για το τζάκι. Κι οι σωροί τους ήταν ψηλότεροι από την Έιμι. Τα κόκαλα φαίνονταν κίτρινα και καφετιά – τα περισσότερα μακριά κόκαλα ποδιών, αλλά υπήρχαν και κρανία εδώ κι εκεί, σαν μπαλώματα σε ατέλειωτη κουρελού. Στο πάνω μέρος κάθε στοίβας έστεκαν αραδιασμένα μικρά και μεγάλα κρανία, το ένα δίπλα στο άλλο.

Η Έιμι προχώρησε αμίλητη. Η επόμενη αίθουσα ήταν ίδια με την πρώτη – οι τοίχοι δεν φαίνονταν από τ' αμέτρητα κόκαλα, που ήταν σωριασμένα με τάξη εμπρός τους. Οι αδύναμες ηλεκτρικές λάμπες έριχναν σκιές πάνω στους σκελετούς κι έκαναν τα κρανία τους να φαντάζουν ακόμα πιο τρομακτικά.

«Είναι τρομερό», κατάφερε να ψελλίσει η Νέλι. «Πρέπει να είναι, τι να πω; – χιλιάδες εδώ μέσα».

«Εκατομμύρια», απάντησε η Έιμι. «Δεν βλέπουμε παρά ένα μικρό μέρος μόνο».

«Ξέθαψαν τόσους ανθρώπους;» ρώτησε ο Νταν. «Πώς τους ήρθε; Ποιος την έκανε τέτοια δουλειά;»

Η Έιμι δεν ήξερε. Αλλά κοίταζε με δέος τις στοίβες που είχαν φτιάξει οι εργάτες, τοποθετώντας τα κρανία σε τέτοια σημεία ώστε να σχηματίζουν, σαν τελίτσες, διάφορα σχέδια: γωνίες, σταυρούς, κύκλους. Μ' έναν αλλόκοτο, φρικτό τρόπο, θα τα 'λεγες σχεδόν όμορφα.

Στην τρίτη αίθουσα βρήκαν ένα πέτρινο βάθρο με σβηστά κεριά.

«Πρέπει να βρούμε την πιο παλιά πτέρυγα», είπε η Έιμι. «Αυτοί οι σκελετοί είναι πολύ πρόσφατοι. Κοιτάξτε την πλακέτα... είναι του 1804».

Προχώρησε πρώτη. Τα άδεια μάτια των πεθαμένων έμοιαζαν να τους κοιτάζουν, καθώς περνούσαν.

«Πολύ ωραία είναι», είπε τελικά ο Νταν. «Ίσως θα μπορούσα να...»

«Όχι, Νταν», τον έκοψε αποφασιστικά η Έιμι. «Δεν θ' αρχίσεις να κάνεις συλλογή από ανθρώπινα κόκαλα».

«Καλά, εντάξει».

Η Νέλι μουρμούριζε κάτι που έμοιαζε σαν ισπανική προσευχή. «Γιατί, όμως, να 'ρθει εδώ κάτω ο Μπέντζαμιν Φράνκλιν;»

«Ήταν επιστήμονας». Η Έιμι συνέχισε να περπατάει, διαβάζοντας τις χρονολογίες στις μπρούντζινες πλακέτες. «Και του άρεσαν τα δημόσια έργα. Οι κατακόμβες ασφαλώς τον ενθουσίασαν».

«Εκατομμύρια πεθαμένοι», είπε η Νέλι. «Είναι να μην ενθουσιαστεί κανείς;»

Έστριψαν σ' έναν στενό διάδρομο και βρέθηκαν μπροστά σε μια πόρτα με σιδερένια κάγκελα. Η Έιμι την τράνταξε κι η πόρτα υποχώρησε τρίζοντας, σαν να είχε αιώνες να χρησιμοποιηθεί.

«Είσαι σίγουρη ότι πρέπει να πάμε από 'δώ;» ρώτησε η Νέλι.

Η Έιμι έγνεψε καταφατικά. Οι χρονολογίες που συναντούσαν ήταν όλο και πιο παλιές. Από την άλλη, όμως, η οροφή εδώ δεν είχε μεταλλικούς σωλήνες· άρα, ούτε ηλεκτρικό φως.

«Μήπως έχει κανείς φακό;» ρώτησε.

«Ναι», είπε η Νέλι. «Στο μπρελόκ μου».

Και βγάζοντας τα κλειδιά της από την τσέπη της, τα έδωσε στην Έιμι. Από το μπρελόκ της κρεμόταν ένας μικροσκοπικός ροζ φακός, που άναβε όσο πίεζες το κουμπί του. Δεν ήταν τίποτα σπουδαίο, αλλά απ' ολότελα... Συνέχισαν να προχωρούν. Μετά από πενήντα μέτρα έφτασαν σε μια μικρή κάμαρα, που είχε μία ακόμα έξοδο.

Η Έιμι φώτισε με τον φακό μια πλακέτα ανάμεσα στα κρανία. «1785! Αυτοί πρέπει να 'ναι οι πρώτοι σκελετοί που μεταφέρθηκαν εδώ».

Ο τοίχος που κοίταζαν, είχε τα χάλια του. Τα κόκαλα ήταν καφετιά και έτοιμα να διαλυθούν, μερικά είχαν τριφτεί κι είχαν πέσει κατάχαμα. Τα κρανία στην κορυφή της στοίβας ήταν σπασμένα. Αλλά εκείνα που στηρίζονταν στον τοίχο, στο μέσο της στοίβας, έδειχναν άθικτα. Είχαν τοποθετηθεί έτσι που να σχηματίζουν τετράγωνο – τίποτα το ιδιαίτερο.

«Ψάξτε», είπε η Έιμι. «Κάπου εδώ πρέπει να είναι».

Ο Νταν έχωσε τα χέρια του σε κάποιες σχισμές στον τοίχο με τα κόκαλα. Η Νέλι κοίταξε πάνω-πάνω στη στοίβα. Η Έιμι έψαξε με τον φακό μέσα στις άδειες κόγχες των κρανίων. Δεν βρήκε τίποτα.

«Τζάμπα κόπος», είπε τέλος. «Αν υπήρχε κάτι εδώ μέσα, οι άλλες ομάδες θα το είχαν ήδη βρει».

Ο Νταν έξυσε το κεφάλι του. Μετά έξυσε ένα από τα κρανία μπροστά του. «Γιατί είναι αριθμημένα;» ρώτησε.

Η Έιμι δεν είχε καμιά όρεξη για παιχνίδια κι εξυπνάδες. «Πού είναι αριθμημένα;» ρώτησε.

«Εδώ, στο μέτωπο». Ο Νταν ακούμπησε το δάχτυλό του σ' ένα από τα κρανία. «Ετούτος ο τύπος έχει το τρία. Ομάδα ποδοσφαίρου ήταν;»

Η Έιμι πλησίασε να δει καλύτερα. Ο Νταν είχε δίκιο. Ο αριθμός φαινόταν αχνά, αλλά ήταν χαραγμένος στο μέτωπο του κρανίου, πιθανότατα με μαχαίρι: ο λατινικός αριθμός III.

Εξέτασε το κρανίο ακριβώς από κάτω. XIX. Ένα τετράγωνο από κρανία. Κρανία με αριθμούς. «Ψάξτε τα όλα! Γρήγορα!»

Δεν τους πήρε πολλή ώρα. Στη στοίβα υπήρχαν δεκαέξι κρανία: τέσσερις σειρές και τέσσερις στήλες. Τρία απ' τα κρανία αυτά δεν είχαν αριθμούς. Τα υπόλοιπα είχαν. Κι ήταν έτσι:

Ρίγος διέτρεξε την πλάτη της Έιμι. «Συντεταγμένες μέσα στο τετράγωνο. Μέσα σ' ένα μαγικό τετράγωνο!»

«Τι;» ρώτησε ο Νταν. «Ποιο μαγικό τετράγωνο;»

«Νταν, μπορείς να απομνημονεύσεις αυτούς τους αριθμούς; Και τη θέση τους μέσα στο τετράγωνο;»

«Φυσικά. Το 'χω κάνει ήδη».

«Ωραία. Πάμε να φύγουμε. Πρέπει να βγούμε έξω, να συμβουλευτούμε έναν χάρτη. Αυτό είναι το στοιχείο που ψάχναμε – δηλαδή, το στοιχείο που θα μας βοηθήσει να λύσουμε τον *πραγματικό* γρίφο. Αυτό που ήθελε να κρύψει ο Φράνκλιν».

«Μισό λεπτό», είπε η Νέλι. «Ο Φράνκλιν χάραξε νούμερα σε μερικά κρανία. Γιατί;»

«Είναι ένα μαγικό τετράγωνο», είπε η Έιμι. «Ο Φράνκλιν έπαιζε με τους αριθμούς, όταν βαριόταν και ήθελε να περάσει την ώρα του. Όταν ήταν, ας πούμε, στη Συνέλευση της Φιλαδέλφειας κι έπρεπε ν' ακούει τους λόγους των άλλων, έφτιαχνε μαγικά τετράγωνα, μαθηματικά προβλήματα που τα έλυνε μόνος του – συμπληρώνοντας τα κενά. Τα αθροίσματα έπρεπε να συμφωνούν, οριζοντίως και καθέτως».

Η Νέλι έσμιξε τα φρύδια της. «Θέλεις να πεις, δηλαδή, ότι ο Μπέντζαμιν Φράνκλιν βρήκε το σουντόκου;»

«Μμμ.. Ναι, κατά κάποιον τρόπο. Κι αυτά εδώ...»

«Είναι συντεταγμένες», την πρόλαβε ο Νταν. «Τα αθροίσματα που λείπουν, θα μας δείξουν πού βρίσκεται το επόμενο στοιχείο».

Χειροκροτήματα ακούστηκαν από την άλλη άκρη της κάμαρας. «Μπράβο».

Η Έιμι γύρισε. Όρθιοι στο άνοιγμα της πόρτας έστεκαν ο Ίαν και η Ναταλί Κάμπρα.

«Σ' το είχα πει ότι θα τα κατάφερναν», είπε ο Ίαν στην αδερφή του.

«Εντάξει, εντάξει», παραδέχτηκε η Ναταλί. Η Έιμι την μισούσε, που ακόμα και κάτω από το έδαφος, μέσα σ' ένα δωμάτιο γεμάτο σκελετούς, η Ναταλί κατάφερνε να λάμπει ολόκληρη. Φορούσε ένα εφαρμοστό κοστούμι από μαύρο βελούδο, που την έκανε να δείχνει τουλάχιστον είκοσι χρονών. Τα μαλλιά της έπεφταν λυτά στους ώμους της. Το μόνο αταίριαστο πράγμα στην εμφάνισή της, ήταν ο μικρός ασημένιος εκτοξευτήρας που κρατούσε στο χέρι της. «Ίσως ήταν για *καλό* τελικά, που η Ιρίνα δεν τα κατάφερε με τη δουλειά που της αναθέσαμε».

«*Εσείς!*» ούρλιαξε ο Νταν. «Εσείς πείσατε την Ιρίνα να μας στήσει παγίδα στο Ιλ Σεν Λουί. Λίγο έλειψε να μας θάψετε στο τσιμέντο!»

«Κρίμα που δεν έπιασε το κόλπο», είπε η Ναταλί. «Θα 'σασταν σπουδαίο κατώφλι στην πόρτα του μαυσωλείου».

«Μα – μα γιατί;» τραύλισε η Έιμι.

Ο Ίαν χαμογέλασε. «Για να σας βγάλουμε από το παιχνίδι, φυσικά. Και για να κερδίσουμε χρόνο, ώστε να βρούμε εμείς αυτό το μέρος. Έπρεπε να σιγουρευτούμε πως δεν ήταν καμιά εξυπνάδα της εξαδέρφης Ιρίνας. Θα 'πρεπε να 'χω προσέξει νωρίτερα το μαγικό τετράγωνο. Σ' ευχαριστώ για τη βοήθειά σου, Έιμι. Τώρα κάντε στην άκρη, παρακαλώ. Θ' αντιγράψουμε αυτά τα νούμερα και θα φύγουμε».

Η Έιμι πήρε βαθιά ανάσα. «Όχι».

Ο Ίαν γέλασε. «Δεν είναι χαριτωμένη, Ναταλί; Φέρεται λες κι έχει τη δύναμη να μας πει όχι».

«Ναι», συμφώνησε η Ναταλί ζαρώνοντας περιφρονητικά τη μύτη της. «Χαριτωμένη».

Η Έιμι κοκκίνισε. Οι Κάμπρα την έκαναν πάντα να νιώθει αδέξια και χαζή. Αλλά δεν μπορούσε να τους αφήσει να φύγουν με τη λύση του γρίφου. Άρπαξε ένα κόκαλο από τη στοίβα δίπλα της. «Στην παραμικρή κίνηση, θα τα ρίξω όλα κάτω. Και δεν θα πάρετε ποτέ τους αριθμούς», είπε.

Η απειλή της δεν ακούστηκε και πολύ πειστική – ούτε καν στα δικά της αυτιά. Αλλά ο Ίαν χλώμιασε. «Έλα τώρα, Έιμι. Μην κάνεις χαζομάρες. Ξέρω ότι ανησυχείς, αλλά δεν πρόκειται να σας πειράξουμε».

«Καθόλου», είπε κι η Ναταλί. «Δεν πρόκειται να πάθετε τίποτα», πρόσθεσε ανεμίζοντας τον εκτοξευτήρα της μπροστά στο πρόσωπο της Έιμι. «Νομίζω πως 0.6 ml θα είναι ό,τι πρέπει. Δεν θα σας σκοτώσει. Ίσα που θα σας ρίξει σε ύπνο βαθύ. Είμαι σίγουρη ότι κάποιος θα σας βρει εδώ κάτω... κάποια μέρα».

Μια σκιά πρόβαλε πίσω από τους Κάμπρα. Και ξαφνικά, όρμησε μέσα στην κάμαρα ο θείος Άλιστερ και μ' ένα χτύπημα έριξε τη Ναταλί κατάχαμα. Ο εκτοξευτήρας κύλησε από το χέρι της στο δάπεδο κι ο Ίαν βούτηξε να τον πιάσει.

«Τρέξτε!» φώναξε ο Άλιστερ.

Η Έιμι δεν του 'φερε αντίρρηση. Μαζί με τη Νέλι και τον Νταν χίμηξαν τρέχοντας προς την άλλη πόρτα, προς το σκοτάδι – ακολουθώντας τον διάδρομο που χωνόταν ακόμα πιο βαθιά στις κατακόμβες.

Συνέχισαν να τρέχουν για ώρες –ή, τουλάχιστον, έτσι τους φάνηκε– με μόνο τον μικρό φακό της Νέλι να φωτίζει τον δρόμο τους. Στρίβοντας σε μια γωνιά βρήκαν τον διάδρομο φραγμένο από ένα σωρό πέτρες. Γύρισαν πίσω κι ακολούθησαν άλλη στοά, ώσπου αυτή βυθίστηκε σε κίτρινα λασπόνερα. Πολύ γρήγορα η Έιμι δεν είχε ιδέα προς τα πού έπρεπε να πάνε.

«Ο Άλιστερ είπε ότι περιπολούν φύλακες εδώ κάτω», μουρμούρισε. «Ας ελπίσουμε πως θα μας βρουν».

Μα δεν συνάντησαν κανέναν. Κι ο μικρός φακός τους άρχισε να τρεμοσβήνει.

«Όχι», είπε η Έιμι. «Όχι, όχι, όχι!»

Προχώρησαν κι άλλο. Είκοσι, τριάντα μέτρα. Κι ο φακός τους έσβησε.

Η Έιμι βρήκε στα σκοτεινά το χέρι του Νταν και το έσφιξε.

«Όλα θα πάνε καλά, παιδιά», είπε η Νέλι, αλλά η φωνή της έτρεμε. «Δεν γίνεται να χαθούμε εδώ κάτω για πάντα».

Γίνεται και παραγίνεται, σκέφτηκε η Έιμι. Οι κατακόμβες συνεχίζουν χιλιόμετρα ολόκληρα και δεν υπάρχει χάρτης που να καλύπτει όλη την έκτασή τους. Και κανείς δεν είχε λόγο να έρθει να τους ψάξει.

«Ας φωνάξουμε! Να ζητήσουμε βοήθεια!» είπε ο Νταν.

«Δεν θα κερδίσουμε τίποτα», είπε η Έιμι χωρίς να κρύβει τη στενοχώρια της. «Λυπάμαι, παιδιά. Δεν ήθελα να τελειώσουν έτσι τα πράγματα».

«Δεν τελειώνουν!» είπε ο Νταν. «Θ' ακολουθήσουμε έναν τοίχο, ώσπου να φτάσουμε σε κάποια έξοδο. Θα...»

«Σσστ!» είπε η Έιμι.

«Λέω μόνο...»

«Νταν, σταμάτα να μιλάς! Σώπα! Νομίζω πως κάτι άκουσα!»

Στη σήραγγα δεν ακουγόταν το παραμικρό – πέρα από τον ήχο του νερού, που έσταζε στο βάθος. Τότε η Έιμι το άκουσε πάλι – ένα αχνό μουγκρητό, από κάπου μπροστά τους.

«Τρένο;» ρώτησε η Νέλι.

Η Έιμι αναθάρρησε. «Μάλλον είμαστε κοντά σε κάποιο σταθμό του μετρό», είπε. «Ελάτε!»

Προχώρησε απλώνοντας μπροστά τα χέρια της. Ανατρίχιασε όταν ακούμπησε τους σκελετούς που στοιβάζονταν στον τοίχο, αλλά ακολούθησε τον διάδρομο, όταν διαπίστωσε ότι έστριβε προς τα δεξιά. Σιγά σιγά τα μουγκρητά δυνάμωναν. Η Έιμι ένιωσε στ' αριστερά της κάτι αλλιώτικο από τα κόκαλα. Ψαχουλεύοντας, το χέρι της άγγιξε μέταλλο.

«Πόρτα!» φώναξε. «Νταν, υπάρχει κάτι σαν μηχανισμός ασφαλείας εδώ. Για έλα και προσπάθησε να τον ανοίξεις».

«Πού;»

Η Έιμι τον βρήκε στα σκοτεινά και οδήγησε τα χέρια του στην κλειδαριά. Λίγα δευτερόλεπτα αργότερα η μεταλλική επιφάνεια υποχώρησε και δυνατό ηλεκτρικό φως τούς ανάγκασε να μισοκλείσουν τα μάτια τους.

Η Έιμι δεν χρειάστηκε πάνω από μερικά λεπτά μόνο να καταλάβει τι έβλεπε. Το άνοιγμα δεν ήταν πόρτα, ήταν μάλλον φεγγίτης – ένας τετράγωνος φεγγίτης κάπου ενάμισι μέτρο από το δάπεδο της στοάς, απ' όπου μόλις θα χωρούσαν να περάσουν. Και βρισκόταν στο ύψος ακριβώς απ' όπου περνούσαν οι ράγες της σήραγγας του μετρό – ράγες μεταλλικές με ξύλινα πατήματα ανάμεσά τους. Κάτι καφετί και τριχωτό σουλατσάριζε στα λερωμένα χαλίκια μπροστά στα μάτια της.

Η Έιμι τινάχτηκε ξαφνιασμένη προς τα πίσω. «Ένας αρουραίος!»

Το τρωκτικό την κοίταξε ατάραχο για μια στιγμή, κι ύστερα συνέχισε τον δρόμο του.

«Είναι σήραγγα του μετρό», είπε ο Νταν. «Μπορούμε να σκαρφαλώσουμε και...»

Το φως δυνάμωσε. Η σήραγγα ολόκληρη τραντάχτηκε. Η Έιμι έπεσε προς τα πίσω κι έκλεισε τ' αυτιά της με τα χέρια της για να φυλαχτεί από τον τρομερό θόρυβο – σαν αγέλη δεινοσαύρων ήταν. Το τρένο πέρασε, μια αστραπή από μεταλλικούς τροχούς. Και ρούφηξε τον αέρα από τη δική τους στοά, τραβώντας τα ρούχα και τα μαλλιά τους προς τον μικρό φεγγίτη. Ύστερα, το ίδιο ξαφνικά όπως είχε έρθει, χάθηκε.

Όταν σιγουρεύτηκε πως μπορούσε να βγάλει ξανά φωνή, η Έιμι είπε: «Δεν μπορούμε να βγούμε από 'δώ! Θα σκοτωθούμε!»

«Κοίτα», είπε ο Νταν. «Υπάρχει μια σιδερένια σκάλα περίπου τρία μέτρα πιο πέρα. Θα συρθούμε στις ράγες, θα πάμε τρέχοντας ως τη σκάλα και θα σκαρφαλώσουμε στην αποβάθρα. Πανεύκολο!»

«Σιγά το πανεύκολο! Κι αν έρθει άλλο τρένο την ώρα που θα 'μαστε εκεί... έξω;»

«Μπορούμε να το χρονομετρήσουμε», πρότεινε η Νέλι. «Έχω ρολόι στο iPod μου...»

Το 'βγαλε από την τσέπη της, αλλά πριν προλάβει να πιέσει το κατάλληλο πλήκτρο, ένα άλλο τρένο πέρασε μουγκρίζοντας έξω από τον φεγγίτη.

Η αστραφτερή σκιά που φορούσε στα μάτια της, έκανε τη Νέλι να μοιάζει με φάντασμα στο μισόφωτο. «Μμμ... λιγότερο από πέντε λεπτά. Φαίνεται πως απ' αυτές τις ράγες περνάνε οι υπερταχείες. Θα πρέπει να βιαστούμε».

«Σωστά!» είπε ο Νταν. Και χωρίς δεύτερη κουβέντα σκαρφάλωσε και βγήκε από τον φεγγίτη.

«Νταν!» τσίριξε η Έιμι.

Γύρισε έρποντας πάνω στις ράγες. «Έλα!»

Ζαλισμένη η Έιμι άφησε τη Νέλι να την σπρώξει έξω. Με τη βοήθεια του Νταν κατάφερε να περάσει τον φεγγίτη. «Και τώρα βοήθησέ με να βγάλουμε τη Νέλι!» είπε ο Νταν. «Αλλά πρόσεχε τη σιδερένια βέργα ανάμεσα στις ράγες».

Η Έιμι πάγωσε. Μισό μέτρο πιο πέρα βρισκόταν η μαύρη ηλεκτροφόρα βέργα, που έδινε κίνηση στα τρένα. Ήξερε αρκετά για τους υπόγειους σιδηροδρόμους, ώστε να καταλαβαίνει πως ένα άγγιγμα θα ήταν χειρότερο από χίλιες μπαταρίες του Μπέντζαμιν Φράνκλιν. Βοήθησαν τη Νέλι να βγει από τον φεγγίτη, αλλά δυσκολεύτηκαν – κι έχασαν πολύτιμα λεπτά. Οι ράγες άρχισαν να τραντάζονται και να κουνιούνται δίπλα τους.

«Είμαι εντάξει!» είπε η Νέλι τινάζοντας τις σκόνες από τα ρούχα της. «Πάμε στη σκάλα».

Ο Νταν έκανε να τις ακολουθήσει, αλλά ξανάπεσε καθώς προσπάθησε να σηκωθεί, λες κι είχε πιαστεί από κάπου.

«Νταν;» είπε η Έιμι.

«Το σακίδιό μου», απάντησε ο αδερφός της. «Σφήνωσε...»

Το τράβηξε απεγνωσμένα. Ένα λουρί είχε χωθεί κάτω από τη σιδερένια ράγα που όπως τρανταζόταν, το είχε σφηνώσει γερά.

«Άσ' το να φύγουμε!» φώναξε η Έιμι.

Η Νέλι βρισκόταν ήδη στη σκάλα και τους φώναζε να βιαστούν. Επιβάτες που περίμεναν στην αποβάθρα, τους πήραν είδηση κι άρχισαν ανήσυχοι να φωνάζουν, στα γαλλικά.

Ο Νταν έβγαλε το σακίδιο από τον ώμο του, αλλά δεν κατάφερε να το ξεκολλήσει από τη σιδερένια ράγα. Έσκυψε και προσπάθησε να το ανοίξει, αλλά δεν μπόρεσε.

«Τώρα!» ούρλιαξε η Νέλι.

Η Έιμι ένιωσε τις ράγες δίπλα στα πόδια της να τρέμουν πιο έντονα.

«Νταν!» τον ικέτεψε. «Μη σκοτωθούμε για ένα σακίδιο!»

«Μπορώ να το βγάλω. Ένα δευτερόλεπτο ακόμα».

«Νταν, *όχι!* Παράτα το!»

«Μισό λεπτό! Δεν ανοίγει!»

Στο βάθος της σήραγγας φάνηκε φως. Η Νέλι, ακριβώς από πάνω τους στην αποβάθρα, τέντωνε το χέρι της. Το ίδιο έκαναν κι άλλοι πολλοί από τους επιβάτες, που περίμεναν εκεί το τρένο, ικετεύοντάς τους να πιαστούν.

«Έιμι!» φώναξε η Νέλι. «Έλα εσύ πρώτη!»

Δεν ήθελε, αλλά μπορεί ο Νταν, βλέποντάς την, να έβαζε μυαλό και να την ακολουθούσε. Άρπαξε το χέρι της Νέλι και η Νέλι την ανέβασε στην αποβάθρα με μια κίνηση – σαν να 'τανε φτερό. Αμέσως η Έιμι γύρισε κι άπλωσε το χέρι της στον Νταν.

«Νταν, σε παρακαλώ!» φώναξε. «Τώρα!»

Ο προβολέας του τρένου φάνηκε. Αέρας φύσηξε από το βάθος της σήραγγας. Το έδαφος άρχισε να τρέμει.

Ο Νταν τράβηξε ξανά το σακίδιό του, μα δεν μπόρεσε να το κουνήσει ούτε πόντο. Γύρισε και κοίταξε το τρένο και η Έιμι είδε δάκρυα να κυλούν από τα μάτια του. Δεν καταλάβαινε γιατί.

«Νταν, πιάσε – ΤΟ – ΧΕΡΙ – ΜΟΥ!»

Τεντώθηκε όσο μπορούσε. Το τρένο ερχόταν σφαίρα καταπάνω τους. Με μια κραυγή αγωνίας, ο Νταν άρπαξε το χέρι της. Και με δύναμη περισσότερη απ' όση φανταζόταν πως είχε, η Έιμι τον τράβηξε πάνω στην αποβάθρα. Τα δυο παιδιά κουτρουβαλιάστηκαν το ένα πάνω στο άλλο.

Το τρένο πέρασε σαν αστραπή από μπροστά τους, δεν σταμάτησε καν στον σταθμό. Όταν ο θόρυβος έσβησε, οι επιβάτες στην αποβάθρα ξέσπασαν όλοι ταυτόχρονα – τους μάλλωναν στα γαλλικά κι η Νέλι πάσχιζε να δώσει εξηγήσεις και δικαιολογίες. Η Έιμι δεν τους έδινε σημασία. Κρατούσε στην αγκαλιά της τον αδερφό της, που έκλαιγε με δυνατούς λυγμούς. Είχε να κλάψει έτσι από τότε που ήταν μωρό.

Έριξε μια ματιά στις ράγες, αλλά το σακίδιο είχε χαθεί – το είχε παρασύρει η ορμή του τρένου κάπου μέσα στις σήραγγες. Κάθισαν εκεί αρκετή ώρα, ενώ ο Νταν έτρεμε και σκούπιζε τα μάτια του. Τελικά οι άλλοι έχασαν το ενδιαφέρον τους, σκόρπισαν, μπήκαν στα τρένα που περίμεναν, έφυγαν. Η αστυνομία δεν ήρθε. Σύντομα βρέθηκαν οι τρεις τους, η Νέλι, η Έιμι και ο Νταν, σε μια άκρη της αποβάθρας – σαν άστεγη οικογένεια.

«Νταν», είπε η Έιμι σιγανά. «Τι είχες μέσα στο σακίδιο;»

Ο αδερφός της ρούφηξε τη μύτη του κι έτριψε τα μάτια του. «Τίποτα».

Ήταν το χειρότερο ψέμα που είχε ακούσει η Έιμι στη ζωή της. Συνήθως, με μια ματιά στο πρόσωπό του, καταλάβαινε τι είχε στο μυαλό του ο Νταν. Τώρα, όμως, ο μικρός τής έκρυβε τις σκέψεις του. Μόνο ένα διάβαζε με σιγουριά στο ύφος του: πως ήταν δυστυχισμένος.

«Ξέχνα το», της είπε. «Δεν έχουμε καιρό».

«Είσαι βέβαιος;...»

«Ξέχνα το, είπα! Πρέπει να βρούμε τους αριθμούς από το μαγικό τετράγωνο, πριν από τους Κάμπρα!»

Δεν της άρεσε, αλλά ο Νταν είχε δίκιο. Κι έπειτα, κάτι της έλεγε πως αν έμεναν κι άλλο εδώ, η αστυνομία θα ερχόταν και θ' άρχιζε τις ερωτήσεις. Έριξε μια τελευταία ματιά στις ράγες, όπου ο Νταν παραλίγο να σκοτωθεί· και στο σκοτεινό τετράγωνο άνοιγμα, που οδηγούσε στις κατακόμβες. Ο φόβος εξακολουθούσε να σφίγγει με τα παγωμένα του δάχτυλα το σώμα της. Αλλά είχαν περάσει τόσα πολλά... Ήταν κρίμα να τα παρατήσουν τώρα.

«Πάμε, λοιπόν», είπε. «Έχουμε να βρούμε ένα στοιχείο».

Έξω έβρεχε.

Μέχρι να βρουν ένα *καφέ* να χωθούν, ο Νταν είχε συνέλθει – ή μάλλον, είχαν σιωπηρά συμφωνήσει ότι θα φέρονταν όλοι *σαν να μην είχε συμβεί τίποτα*. Κάθισαν κάτω από το υπόστεγο για να στεγνώσουν, ώσπου να παραγγείλει η Νέλι. Η Έιμι ένιωθε πως δεν θα μπορούσε να κατεβάσει μπουκιά· μα διαπίστωσε πως πεινούσε πολύ περισσότερο απ' όσο νόμιζε. Ήταν πέντε το απόγευμα. Είχαν μείνει ώρες πολλές μέσα στις κατακόμβες.

Ανατρίχιασε φέρνοντας στο μυαλό της τον Ίαν και τη Ναταλί και το μικρό ασημένιο όπλο τους, που πετούσε δηλητηριασμένα βελάκια. Ήλπιζε πως ο θείος Άλιστερ δεν είχε πάθει τίποτα. Δεν τον εμπιστευόταν, αλλά ήταν βέβαιο πως εκεί κάτω, στις κατακόμβες, τους είχε σώσει. Την βασάνιζε η σκέψη του γέρου, αναίσθητου ίσως κι αβοήθητου στα βάθη του λαβύρινθου.

Την ώρα που έτρωγαν σάντουιτς με γαλλικό μπρι και μανιτάρια, ο Νταν σχεδίασε κρανία και ρωμαϊκούς αριθμούς σε μια χαρτοπετσέτα.

«Δώδεκα, πέντε, δεκατέσσερα», δήλωσε τέλος. «Αυτοί είναι οι αριθμοί που λείπουν».

Η Έιμι δεν έκανε καν τον κόπο να ελέγξει τη λύση του. Ο Νταν δεν έκανε ποτέ λάθος στα προβλήματα της αριθμητικής.

«Ίσως είναι διεύθυνση. Ο αριθμός του τομέα και ο αριθμός του σπιτιού...», είπε.

Η Νέλι έβαλε στην τσέπη της το iPod της. «Μα... δεν θα 'χει αλλάξει η διεύθυνση μετά από διακόσια χρόνια;» ρώτησε.

Η Έιμι ένιωσε ένα κενό στο στομάχι της. Η Νέλι είχε πιθανότατα δίκιο. Το Παρίσι, σήμερα, μάλλον δεν ήταν χωρισμένο σε περιοχές και τομείς, όπως την εποχή του Φράνκλιν. Και η αρίθμηση των σπιτιών στους δρόμους, είχε σίγουρα αλλάξει – οπότε, το στοιχείο του Φράνκλιν ήταν άχρηστο. Ναι. Αλλά θα τους έστελνε ποτέ η Γκρέις να βρουν κάτι, που δεν μπορούσε πια να βρεθεί;

Γιατί όχι; άκουσε μια στενοχωρημένη φωνή μέσα της. *Η Γκρέις δεν σας είπε λέξη για τα στοιχεία και για το κυνήγι του θησαυρού. Αν ο Νταν δεν προλάβαινε τελευταία στιγμή να γλιτώσει, αν τον πατούσε το τρένο... Το φταίξιμο θα 'τανε της Γκρέις.*

Όχι, αποφάσισε. Δεν ήταν έτσι. Η Γκρέις είχε σίγουρα κάποιον σοβαρό λόγο. Οι αριθμοί κρύβουν κάτι άλλο. Η Έιμι έναν μόνο τρόπο μπορούσε να σκεφτεί για να το μάθει – την ίδια μέθοδο που χρησιμοποιούσε πάντα, όταν αντιμετώπιζε ένα άλυτο πρόβλημα. «Πρέπει να βρούμε μια βιβλιοθήκη».

Η Νέλι μίλησε στον σερβιτόρο στα γαλλικά κι αυτός έδειξε να καταλαβαίνει τι έψαχναν.

«Pas de probleme», της απάντησε.

Και σχεδίασε έναν πρόχειρο χάρτη σε μια καθαρή χαρτοπετσέτα, γράφοντας από κάτω το όνομα ενός σταθμού του μετρό: *Ecole Militaire.*

«Πρέπει να βιαστούμε», είπε η Νέλι. «Είπε πως η βιβλιοθήκη κλείνει στις έξι».

Μισή ώρα αργότερα, μούσκεμα ακόμα και με τη μυρωδιά της μούχλας να 'χει ποτίσει τα ρούχα τους, έφτασαν στην Αμερικανική Βιβλιοθήκη της πόλης.

«Τέλεια», είπε η Έιμι. Το παλαιό κτίριο είχε μαύρες μεταλλικές μπάρες ασφαλείας πάνω από την πόρτα του, αλλά ήταν ακόμα ανοιχτό. Κοιτάζοντας μέσα η Έιμι είδε αμέτρητα βιβλία κι ένα σωρό άνετα τραπέζια για διάβασμα.

«Πώς είσαι βέβαιη ότι αυτοί οι τύποι θα μας βοηθήσουν;» ρώτησε ο Νταν. «Θέλω να πω... δεν έχουμε κάρτα, δεν είμαστε γραμμένοι σ' αυτή τη βιβλιοθήκη».

Αλλά η Έιμι ανέβαινε ήδη τα σκαλιά. Για πρώτη φορά εδώ και πολλές μέρες, ένιωθε απόλυτη αυτοπεποίθηση. Αυτός εδώ ήταν *ο κόσμος της*. Ήξερε τι έπρεπε να κάνει.

Οι βιβλιοθηκάριοι έτρεξαν να τους βοηθήσουν, σαν τους στρατιώτες που ακούνε το πρόσταγμα της μάχης. Η Έιμι τους είπε πως έκανε μια έρευνα για τον

Μπέντζαμιν Φράνκλιν και λίγα λεπτά αργότερα βρέθηκε καθισμένη, μαζί με τη Νέλι και τον Νταν, σ' ένα γραφείο χωριστό, γύρω από ένα μεγάλο τραπέζι, να ξεφυλλίζει αντίγραφα από διάφορα χειρόγραφα του Φράνκλιν – κάποια από τα οποία ήταν τόσο σπάνια, που μόνο στο Παρίσι μπορούσε κανείς να τα δει.

«Ναι, εδώ ας πούμε έχουμε μια πολύ σπάνια λίστα με ψώνια», μουρμούρισε ο Νταν. «Ουάου!»

Ήταν έτοιμος να παραμερίσει το χαρτί αδιάφορα, όταν η Έιμι του το άρπαξε από το χέρι.

«Νταν, δεν μπορείς να ξέρεις τι είναι σημαντικό και τι όχι. Την εποχή εκείνη δεν υπήρχαν και πολλά μαγαζιά. Όποιος ήθελε ν' αγοράσει κάτι, έπρεπε να στείλει την παραγγελία του στον έμπορο και να περιμένει να φτάσουν τα πράγματα με καράβι. Τι αγόρασε ο Φράνκλιν;»

Ο Νταν αναστέναξε. «"Παρακαλώ στείλτε μου τα παρακάτω:

3 Οδηγίες για την παραγωγή μηλίτη, εκδ. Κέιβ· *2 Περί της Ανατροφής των Παιδιών*, του Νέλσον, 8ος τόμος, εκδ. Ντούντσλι· 1 μέρος διάλυμα σιδήρου· *Επιστολές ενός Ρώσου αξιωματικού..."*»

«Στάσου», είπε η Έιμι. «Διάλυμα σιδήρου. Πού αλλού το συναντήσαμε αυτό;»

«Ήταν και στην άλλη λίστα», είπε ο Νταν χωρίς δισταγμό. «Σ' ένα από τα γράμματα που είδαμε στη Φιλαδέλφεια».

Η Έιμι ζάρωσε τα φρύδια της. «Μα το διάλυμα σιδήρου δεν είναι βιβλίο. Αυτή η λίστα έχει μόνο βιβλία...»

«Καλά. Τι στην ευχή είναι το διάλυμα σιδήρου;» ρώτησε ο Νταν.

«Αυτό, παιδιά, μπορώ να σας το πω εγώ!» δήλωσε η Νέλι. Και έκλεισε με τις παλάμες τα μάτια της, λες και προσπαθούσε να συγκεντρωθεί για ν' απαντήσει σε κάποιο τεστ. «Είναι σαν χημική ένωση. Διάλυμα κάποιας ένωσης του σιδήρου. Το χρησιμοποιούν στην επεξεργασία μετάλλων, στις εκτυπωτικές μηχανές και σε πολλά άλλα πράγματα».

Η Έιμι την κοίταξε απορημένη. «Πού τα ξέρεις όλα αυτά;»

«Ε, είχα πάρει χημεία στο περασμένο εξάμηνο. Και το θυμάμαι γιατί μας μίλησε γι' αυτό ο καθηγητής μας. Το χρησιμοποιούσαν και για την κατασκευή ορισμένων εργαλείων της κουζίνας. Ο Φράνκλιν μάλλον το χρησιμοποιούσε στο πιεστήριό του, αφού είχε τυπογραφείο».

«Πολύ ωραία όλα αυτά», είπε ο Νταν. «Μόνο που είναι εντελώς *ασήμαντα!* Μπορούμε τώρα ν' ασχοληθούμε ξανά με τις συντεταγμένες στο μαγικό τετράγωνο;»

Η Έιμι, όμως, ένιωθε κάτι ακόμα να την τρώει στο πίσω μέρος του μυαλού της· σαν να της ξέφευγε κάτι ολοφάνερο. Συνέχισε, ωστόσο, να διαβάζει. Τελικά ξεδίπλωσε ένα πελώριο κιτρινισμένο χαρτί, που αποδείχτηκε ένας παλιός χάρτης του Παρισιού. Τα μάτια της άνοιξαν διάπλατα.

«Αυτό είναι». Η Έιμι ακούμπησε το δάχτυλό της όλο καμάρι σ' ένα σημείο του χάρτη. «Μια εκκλησία.

Ο ναός του Αγίου Πέτρου στη Μονμάρτρη. Εκεί πρέπει να πάμε».

«Πώς είσαι τόσο σίγουρη;» ρώτησε η Νέλι.

«Οι αριθμοί σχηματίζουν ένα πλέγμα, το βλέπετε;» έδειξε στα περιθώρια του χάρτη. «Αυτός ο χάρτης χρησιμοποιήθηκε από δυο Γάλλους επιστήμονες, τον Κοντ ντε Μπουφόν και τον Τομά Φρανσουά ντ' Αλιμπάρ. Έχω διαβάσει γι' αυτούς. Ήταν οι πρώτοι που δοκίμασαν στην πράξη τις θεωρίες του Φράνκλιν για το αλεξικέραυνο. Όταν διαπίστωσαν ότι πράγματι δούλευε, ο βασιλιάς Λουδοβίκος 16ος τούς διέταξε να σχεδιάσουν την εγκατάσταση αρκετών αλεξικέραυνων, ώστε να προστατεύονται τα σημαντικότερα κτίρια της πόλης. Αυτή η εκκλησία ήταν η δέκατη τέταρτη εγκατάσταση – και οι συντεταγμένες της, σύμφωνα με τον χάρτη, ήταν πέντε-δώδεκα. Ο Φράνκλιν είχε σίγουρα ενημερωθεί γι' αυτό το έργο. Καμάρωνε πολύ, που οι Γάλλοι είχαν δεχτεί με ενθουσιασμό τις ιδέες του. Πρέπει να 'ναι *αυτό*. Βάζω στοίχημα ένα κουτί γαλλικά σοκολατάκια πως η εκκλησία έχει είσοδο προς τις κατακόμβες».

Ο Νταν την κοίταξε όλο αμφιβολία. Έξω η βροχή είχε δυναμώσει. Τα τζάμια της βιβλιοθήκης έτριζαν από τις βροντές. «Κι αν οι Κάμπρα φτάσουν εκεί πρώτοι;»

«Πρέπει να φροντίσουμε να μη συμβεί αυτό», είπε η Έιμι. «Ελάτε!»

ΚΕΦΑΛΑΙΟ 17

Ο Νταν ένιωθε σαν αυτά τα κρανία, που είχαν δει στις κατακόμβες: κούφιος από μέσα.

Ωστόσο, ήταν αποφασισμένος να μην το δείξει. Αρκετά είχε ρεζιλευτεί κλαίγοντας στην αποβάθρα του μετρό. Όμως, άπλωνε συνέχεια το χέρι του ψάχνοντας το σακίδιό του – και το σακίδιό του δεν κρεμόταν στην πλάτη του. Δεν μπορούσε να βγάλει από το μυαλό του τη φωτογραφία των γονιών του, που είχε παρασυρθεί και χαθεί μέσα στις σήραγγες του παριζιάνικου μετρό. Ίσως είχε σκιστεί. Ίσως, πάλι, οι γονείς να χαμογελούσαν αιώνια μέσα στο σκοτάδι, με μοναδική τους συντροφιά τους αρουραίους. Είχε θελήσει μόνο να τους κάνει περήφανους. Τώρα δεν ήξερε αν θα τον συγχωρούσαν ποτέ.

Η βροχή έπεφτε όλο και πιο δυνατά. Βροντές έκαναν τον ουρανό να τρέμει. Κάθε λίγα λεπτά, αστραπές αυλάκωναν τον ορίζοντα.

Αν ο Νταν είχε τα κέφια του, θα 'θελε σίγουρα να εξερευνήσει τη Μονμάρτρη. Έδειχνε πολύ πρώτη γειτονιά. Ήταν ολόκληρη ένας λόφος, που είχε στην κορυφή του μια μεγάλη εκκλησία με άσπρο τρούλο, που γυάλιζε στη βροχή.

«Εκεί πάμε;» ρώτησε την αδερφή του.

Η Έιμι κούνησε αρνητικά το κεφάλι της. «Αυτή είναι η Σακρέ Κερ, η Βασιλική της Ιερής Καρδιάς. Εμείς θέλουμε τη μικρότερη εκκλησία ακριβώς από κάτω: τον ναό του Αγίου Πέτρου. Δεν φαίνεται από 'δώ».

«Δυο εκκλησίες μαζί;»

«Ναι».

«Και γιατί ο Φράνκλιν δεν διάλεξε τη μεγάλη; Που είναι και πιο φανταχτερή;»

Η Έιμι ανασήκωσε τους ώμους. «Δεν ήταν τέτοιος τύπος ο Φράνκλιν. Του άρεσε η απλή αρχιτεκτονική. Και μάλλον θα το βρήκε έξυπνο και διασκεδαστικό να διαλέξει μια μικρή απλή εκκλησία στη σκιά μιας μεγάλης και επιβλητικής».

Ο Νταν δεν κατάλαβε και πολλά από την απάντησή της, αλλά ήταν πολύ βρεγμένος και πολύ κουρασμένος για ν' αρχίσει να διαφωνεί μαζί της. Ανηφόρισαν τα στενά δρομάκια, προσπέρασαν νυχτερινά κέντρα με δυνατή μουσική και επιγραφές νέον, που καθρεφτίζονταν στα μουσκεμένα πεζοδρόμια.

«Κάποτε έβγαινα τις νύχτες», αναστέναξε η Νέλι.

Σκαρφαλώνοντας προς την κορυφή του λόφου, η Έιμι τους είπε ό,τι ήξερε για τη γειτονιά: για τους διάσημους καλλιτέχνες που ζούσαν εδώ, τον Πικάσο, τον Βαν Γκογκ, τον Σαλβατόρ Νταλί.

Η Νέλι τυλίχτηκε πιο σφιχτά στην καμπαρντίνα της. «Η μαμά μου μού έχει πει μια άλλη ιστορία – πώς πήρε η Μονμάρτρη το όνομά της. Μονμάρτρη θα πει Όρος των Μαρτύρων. Κι ονομάστηκε έτσι επειδή εδώ, στην κορυφή του λόφου, αποκεφαλίστηκε ο Άγιος Διονύσιος. Ακριβώς εκεί που πάμε, δηλαδή».

Αυτό δεν ήταν και πολύ καλό σημάδι. Ο Νταν αναρωτήθηκε αν φύλαγαν ακόμα το κεφάλι του στην εκκλησία. Κι αν τα κεφάλια των αγίων είχαν στ' αλήθεια φωτοστέφανα.

Λίγα λεπτά αργότερα στέκονταν στην είσοδο ενός λασπωμένου νεκροταφείου και κοίταζαν τον σκοτεινό όγκο του Αγίου Πέτρου της Μονμάρτρης. Η εκκλησία ήταν προφανώς ψηλότερη απ' όσο έδειχνε. Αλλά με τη λευκή βασιλική να υψώνεται πίσω της, φαινόταν μικρότερη. Χτισμένη από γκρίζες πέτρες, είχε στ' αριστερά της ένα τετράγωνο καμπαναριό, στην κορυφή του οποίου ήταν στημένο –δίπλα στον σταυρό– ένα αλεξικέραυνο. Ο Νταν σκέφτηκε άθελά του πως το κτίριο είχε όψη θυμωμένη, αγριεμένη. Αν οι εκκλησίες μπορούσαν να μουτρώνουν, ετούτη εδώ ήταν μουτρωμένη.

«Πού θα ψάξουμε;» ρώτησε.

«Μέσα;» πρότεινε η Νέλι. «Τουλάχιστον δεν θα βρεχόμαστε».

ΜΠΟΥΟΥΜ! Ένας κεραυνός έπεσε. Η αστραπή ακολούθησε σε κλάσματα δευτερολέπτου. Και τη στιγμή εκείνη, ο Νταν είδε κάτι.

«Κοιτάξτε εκεί», είπε. «Την ταφόπλακα».

«Νταν», διαμαρτυρήθηκε η Έιμι. «Δεν είναι ώρα ν' ασχοληθείς με τη συλλογή σου!»

Ο αδερφός της, όμως, έφυγε τρέχοντας προς τη μαρμάρινη πλάκα που είχε διακρίνει στο φως της αστραπής. Αν δεν ήταν θαυμαστής των τάφων, δεν θα την είχε προσέξει. Χρονολογίες δεν είχε χαραγμένες. Ούτε όνομα. Στην αρχή ο Νταν νόμισε πως η σκαλισμένη μορφή στο μάρμαρο ήταν άγγελος. Αλλά το σχήμα δεν ταίριαζε. Ήταν παμπάλαιη, σβησμένη σχεδόν από τα χρόνια, αλλά ξεχώρισε καθαρά...

«Τ' αγκαλιασμένα φίδια», ψέλλισε κατάπληκτη η Έιμι. «Το οικόσημο των Λούσιαν. Κι εκεί...»

Γονάτισε κι έσυρε το δάχτυλό της σ' ένα βέλος σκαλισμένο στη βάση της μαρμάρινης πλάκας – ένα βέλος που έδειχνε προς τα κάτω, στο χώμα.

Η Έιμι και ο Νταν κοιτάχτηκαν και κούνησαν ταυτόχρονα τα κεφάλια τους.

«Ω, σίγουρα αστειεύεστε», είπε η Νέλι. «Μη μου πείτε ότι θα...»

«... σκάψουμε τον τάφο», είπε ο Νταν.

Βρήκαν μια αποθήκη μ' εργαλεία στο πλάι της εκκλησίας. Δανείστηκαν ένα φτυάρι, δυο μικρά τσαπιά κι έναν φακό, που μάλιστα είχε μπαταρίες και δούλευε. Και πολύ σύντομα βρίσκονταν και πάλι δίπλα στο μνήμα, σκάβοντας τη λάσπη. Η βροχή τούς δυσκόλευε. Σε χρόνο μηδέν είχαν πασαλειφτεί από την κορυφή ως τα νύχια. Ο Νταν θυμήθηκε τον παλιό καλό καιρό, όταν η Έιμι κι αυτός ήταν ακόμα νήπια. Έπαιζαν λασπομαχίες, η νταντά τους τσίριζε με φρίκη και τους έβαζε όλο το απόγευμα στην μπανιέρα να ξεβρομιστούν.

Ο Νταν δεν πίστευε πως η Νέλι θα τους ανάγκαζε να μπουν απόψε στην μπανιέρα.

Σιγά σιγά ο λάκκος βάθυνε. Γέμιζε, βέβαια, συνέχεια με νερό. Στο τέλος, όμως, το τσαπί του Νταν χτύπησε πέτρα. Παραμέρισε με τις χούφτες του τη λάσπη και είδε μια μαρμάρινη πλάκα, κάπου ένα μέτρο και είκοσι εκατοστά μήκος και ενενήντα εκατοστά φάρδος.

«Πολύ μικρή για φέρετρο», είπε η Έιμι.

«Εκτός κι αν είναι παιδικό», είπε ο Νταν. «Εγώ θα χωρούσα εκεί μέσα».

«Μη λες τέτοια πράγματα!»

Ο Νταν σκούπισε τη λάσπη από το πρόσωπό του, έτσι που το πασάλειψε ακόμα χειρότερα. «Μόνο ένας τρόπος υπάρχει για να το διαπιστώσουμε», δήλωσε. Και χώνοντας το τσαπί κάτω από την πλάκα, προσπάθησε να την ανασηκώσει. «Χρειάζομαι βοήθεια».

Η Έιμι ένωσε τις δυνάμεις της με τις δικές του. Η Νέλι έσπρωξε το φτυάρι στη σχισμή και μαζί οι τρεις τους κατάφεραν να σπρώξουν το μάρμαρο στο πλάι. Από κάτω είδαν ένα τετράγωνο άνοιγμα. Που δεν ήταν τάφος. Σκαλιά στο βάθος του, οδηγούσαν στις κατακόμβες και στο σκοτάδι.

Όταν έφτασαν στο πλατύσκαλο, ο Νταν φώτισε με τον φακό γύρω τους. Είδαν ένα τετράγωνο δωμάτιο με πέτρινους τοίχους. Μια σήραγγα ξεκινούσε προς τ' αριστερά και μια προς τα δεξιά τους. Εδώ δεν υπήρχαν σκελετοί ή στοιβαγμένα κόκαλα. Στις πέτρες, όμως, διακρίνονταν ξεθωριασμένες τοιχογραφίες. Στη μέση της κάμαρας υψωνόταν ένα πέτρινο βάθρο με περίτεχνα σκαλίσματα, ένα μέτρο ψηλό περίπου. Πάνω του ήταν τοποθετημένο ένα πορσελάνινο βάζο.

«Μην το αγγίξει κανείς!» είπε η Έιμι. «Μπορεί να είναι παγιδευμένο με εκρηκτικά».

Ο Νταν πλησίασε και περιεργάστηκε το βάζο από κοντά. «Είναι ζωγραφισμένο με πολλούς μικρούς Φράνκλιν».

Έβλεπε έναν Μπέντζαμιν να πετάει χαρταετό μέσα στην μπόρα, έναν άλλον με γούνινο καπελάκι, έναν τρίτο ν' ανεμίζει το μπαστούνι του φοβερίζοντας τον ωκεανό, λες κι έκανε κάποιο μαγικό κολπάκι.

«Είναι αναμνηστικό βάζο», είπε η Έιμι. «Έφτιαχναν τέτοια τον δέκατο όγδοο αιώνα. Πρόκειται μάλλον για ένα απ' αυτά που φτιάχτηκαν για να γιορτάσουν την άφιξη του Φράνκλιν στο Παρίσι».

«Είκοσι δολάρια στοίχημα πως κάτι έχει μέσα», είπε ο Νταν.

«Δεν βάζω στοιχήματα», είπε η Έιμι.

«Παιδιά», είπε η Νέλι. «Κοιτάξτε εδώ».

Στεκόταν κοντά στον πίσω τοίχο. Ο Νταν την πλησίασε και φώτισε με τον φακό τη ζωγραφιά στις πέτρες. Τα χρώματα είχαν ξεθωριάσει, αλλά ο Νταν διέκρινε τέσσερις μορφές: δυο άντρες και δυο γυναίκες. Ήταν όλοι ντυμένοι με παλιομοδίτικα ρούχα – πιο παλιομοδίτικα ακόμα απ' αυτά που φορούσαν την εποχή του

Φράνκλιν. Έμοιαζαν με ρούχα του Μεσαίωνα ή της Αναγέννησης. Ήταν κι οι τέσσερις μεγαλύτεροι απ' το φυσικό μέγεθος. Στ' αριστερά, άκρη άκρη, ήταν ένας λεπτός άντρας με μαύρα μαλλιά και σκληρό πρόσωπο. Κρατούσε ένα στιλέτο κρυμμένο σχεδόν στο μανίκι του. Με αχνά μαύρα γράμματα κάτω από τα πόδια του φαινόταν γραμμένο το όνομα *Λ. Κέιχιλ*. Δίπλα του στεκόταν μια νεαρή γυναίκα με κοντά ξανθά μαλλιά και έξυπνα μάτια. Κρατούσε στα χέρια της έναν αρχαίο μηχανισμό με μπρούντζινα γρανάζια – κάτι σαν εξάντα ή ρολόι. Κάτω από τον ποδόγυρο της καφετιάς φούστας της ήταν γραμμένο το όνομα *Κ. Κέιχιλ*. Στα δεξιά της στεκόταν ένας σωματώδης άντρας με χοντρό σβέρκο και πυκνά, πεταχτά φρύδια. Στη ζώνη του είχε περασμένο ένα σπαθί. Το σαγόνι του φαινόταν σφιγμένο, το ίδιο και οι γροθιές του, σαν να 'ταν έτοιμος να ορμήσει με το κεφάλι σε κάποιον τοίχο. Το δικό του όνομα ήταν *Τ. Κέιχιλ*. Στα δεξιά τέλος, άκρη άκρη, βρισκόταν μια γυναίκα με χρυσό φουστάνι. Τα κόκκινα μαλλιά της ήταν πλεγμένα κοτσίδα κι έπεφταν στον έναν ώμο της. Κρατούσε μια μικρή άρπα – σαν τις μικρές ιρλανδέζικες άρπες που είχε δει ο Νταν στην παρέλαση του Σεν Πάτρικ, στη Βοστόνη. Το όνομά της ήταν *Τζ. Κέιχιλ*.

Ο Νταν είχε την έντονη αίσθηση πως και οι τέσσερις τον κοίταζαν. Του φάνηκαν θυμωμένοι, σαν να τους είχε διακόψει στη μέση ενός καβγά... αλλά αυτό ήταν ανόητο. Πώς μπορούσε να μαντέψει κάτι τέτοιο απλώς και μόνο από μια ζωγραφιά;

«Ποιοι είναι;» ρώτησε η Νέλι.

Η Έιμι άγγιξε τη ζωγραφιά του Λ. Κέιχιλ, του άντρα με το στιλέτο. «Λ... μήπως θα πει Λούσιαν;»

«Ναι», συμφώνησε ο Νταν. Δεν ήξερε πώς, αλλά είχε αμέσως καταλάβει πως η Έιμι είχε δίκιο. Ήταν λες και μπορούσε να διαβάσει τα πρόσωπά τους, τα μάτια τους – όπως μπορούσε μερικές φορές να το κάνει με την Έιμι.

«Και Κ. Κέιχιλ...» Η Έιμι προχώρησε και στάθηκε μπροστά στη γυναίκα με την αλλόκοτη μηχανή στα χέρια της. «Κ... ίσως σημαίνει Κατρίνα... Ή Κάθριν... Ή Εκατερίνα... Ο κλάδος των Εκατερίνα;»

«Ίσως». Ο Νταν κοίταξε τον τύπο με το σπαθί. «Και Τ... θα πει Τόμας. Αυτός, όμως, μοιάζει με τους Χολτ».

Η ζωγραφιά του Τ. Κέιχιλ έμοιαζε να τον αγριοκοιτάζει. Ο Νταν μπορούσε ωραιότατα να τον φανταστεί με κόκκινη αθλητική φόρμα. Στράφηκε στην τελευταία φιγούρα – στην κυρία με την άρπα. «Και... Τζ θα πει Τζάνους. Λες να την έλεγαν Τζέιν;»

Η Έιμι έγνεψε καταφατικά. «Μπορεί. Η πρόγονος των Τζάνους. Κοίτα, έχει...»

«Μάτια ίδια με του Τζόνα Γουίζαρντ», είπε ο Νταν.

Η ομοιότητα ήταν εκπληκτική.

«Αυτοί οι τέσσερις», είπε η Έιμι. «Είναι σαν...»

«Αδέρφια», συμπλήρωσε τη φράση της ο Νταν. Δεν ήταν μόνο τα χαρακτηριστικά τους, αλλά και η στάση τους, το ύφος τους. Ο Νταν είχε καβγαδίσει αρκετές φορές με την Έιμι, ώστε να μπορεί ν' αναγνωρίσει αυτό που έβλεπε: αυτοί οι τέσσερις ήταν αδέρφια, που είχαν περάσει χρόνια με τσακωμούς μεταξύ τους. Το έδειχνε ο τρόπος που στέκονταν – σαν να γνωρίζονταν πολύ καλά, μα σαν να προσπαθούσαν ταυτόχρονα να μην αρπαχτούν από τα μαλλιά.

«Κάτι συνέβη. Κάτι συνέβη μεταξύ τους», είπε η Έιμι. «Κάτι...»

Ξαφνικά, τα μάτια της άνοιξαν διάπλατα. Πήγε στη μέση του τοίχου και σκούπισε με το χέρι τις αραχνιές που ήταν απλωμένες ανάμεσα στην Κ. και στον Τ. Κέιχιλ. Κι εκεί, μικρό αλλά ξεκάθαρα ζωγραφισμένο στο φόντο της τοιχογραφίας, φάνηκε ένα σπίτι τυλιγμένο στις φλόγες. Και μια σκοτεινή φιγούρα, που ξεμάκραινε τρέχοντας – ένας άνδρωπος με μαύρο πανωφόρι.

«Πυρκαγιά», είπε η Έιμι φέρνοντας το χέρι της στις χάντρες από νεφρίτη, που κρέμονταν στον λαιμό της. «Ένα σπίτι που καίγεται. Σαν το σπίτι της Γκρέις. Σαν το δικό μας. Τόσοι αιώνες πέρασαν και δεν έχουμε αλλάξει. Εξακολουθούμε να καταστρέφουμε ο ένας τον άλλον».

Ο Νταν άγγιξε με τ' ακροδάχτυλά του τη ζωγραφιά. Δεν είχε νόημα η ταυτότητα αυτών των ανθρώπων. Αλλά βαθιά μέσα του ένιωθε σίγουρος πως η Έιμι είχε δίκιο. Απλώς το ήξερε. Είχαν μπροστά τους τέσσερα αδέρφια – τους προγόνους των τεσσάρων κλάδων της οικογένειας Κέιχιλ. Κοίταξε προσεκτικά τα πρόσωπά τους, όπως είχε κάνει με τη φωτογραφία των γονιών του, κι αναρωτήθηκε σε ποιον απ' όλους έμοιαζε περισσότερο.

«Μα τι συνέβη;» ρώτησε η Νέλι. «Τι υπήρχε μέσα σ' αυτό το σπίτι;»

Ο Νταν στράφηκε προς το πέτρινο βάθρο. «Δεν ξέρω. Αλλά είναι καιρός, νομίζω, να δούμε τι έχει μέσα αυτό το βάζο».

Ο Νταν δήλωσε εθελοντής. Η Έιμι και η Νέλι στάθηκαν πιο πέρα, καθώς ανασήκωσε αργά το βάζο από το βάθρο. Δεν τινάχτηκαν δηλητηριασμένα βέλη. Δεν έπεσαν μαχαίρια από την οροφή. Δεν άνοιξαν λάκκοι με φίδια κάτω από τα πόδια τους. Ο Νταν σχεδόν απογοητεύτηκε.

Ετοιμαζόταν ν' ανοίξει το σκέπασμα του βάζου, όταν η Έιμι είπε: «Περίμενε».

Και του έδειξε τα σκαλίσματα στο πλάι του βάθρου. Ο Νταν τα είχε δει, αλλά δεν είχε συνειδητοποιήσει τι ακριβώς ήταν.

«Είναι... είναι παρτιτούρα; Με νότες;» ρώτησε.

Η Έιμι έγνεψε καταφατικά.

Νότες, πεντάγραμμα και στροφές ήταν χαραγμένα στην πέτρα – ένα σύνθετο μουσικό κομμάτι. Ο Νταν θυμήθηκε τη δασκάλα του πιάνου, την κυρία Χαρς· είχε σταματήσει να του κάνει μαθήματα πέρυσι, όταν ο Νταν κόλλησε με κόλλα στιγμής τα μαύρα πλήκτρα του πιάνου της.

«Τι θα πει αυτό τώρα;» ρώτησε.

«Δεν ξέρω», είπε η Έιμι. «Ο Φράνκλιν αγαπούσε πολύ τη μουσική...»

«Καλά. Μάλλον για διακόσμηση μπήκε», την έκοψε ανυπόμονα ο Νταν. Κάτι άκουγε, καθώς κουνούσε το πορσελάνινο βάζο. Κάτι υπήρχε στο εσωτερικό του.

Και βιαζόταν να το δει. Ακούμπησε το χέρι του στο σκέπασμα.

«Νταν, μη!» είπε η Έιμι.

Αλλά ο Νταν το άνοιξε. Τίποτα κακό δεν έγινε. Ο Νταν έχωσε το χέρι του μέσα και τράβηξε έξω έναν γυάλινο κύλινδρο, κλεισμένο με φελλό και τυλιγμένο με χαρτί.

«Τι είναι;» ρώτησε η Έιμι.

«Υγρό», είπε ο Νταν. «Ένα μπουκαλάκι που κάτι έχει μέσα».

Ξετύλιξε το μπουκαλάκι και πέταξε το χαρτί.

«Ε!» φώναξε η Έιμι. «Γιατί το πετάς; Μπορεί να είναι σημαντικό!»

«Ένα περιτύλιγμα είναι».

Μα εκείνη το μάζεψε και το ίσιωσε. Κι αφού το κοίταξε, το 'χωσε γρήγορα στην τσέπη της. Ο Νταν δεν έδωσε σημασία. Προσπαθούσε να διαβάσει τις λέξεις που ήταν χαραγμένες πάνω στο μπουκαλάκι. Μέσα υπήρχε ένα πηχτό πρασινωπό υγρό, σαν τις χλαπάτσες που είχε κι έπαιζε με τους φίλους του. Απέξω στο γυαλί έγραφε:

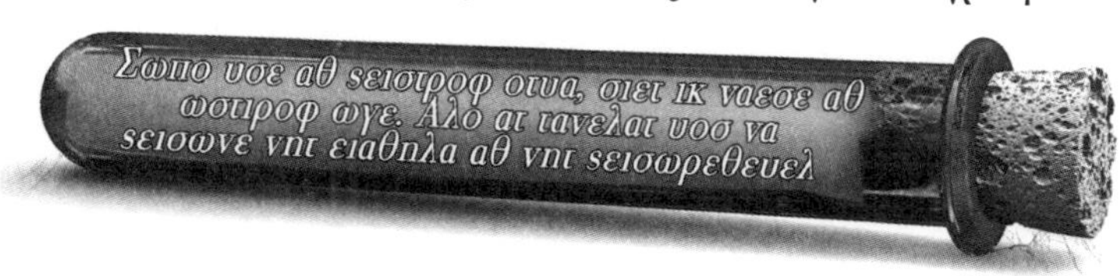

«Τι σημαίνουν *αυτά πάλι;*» είπε η Νέλι.

«Μήπως είναι γερμανικά;» ρώτησε η Έιμι.

«Α, μπα», είπε η Νέλι. «Δεν είναι από καμιά γνωστή γλώσσα αυτές οι λέξεις».

Ξαφνικά, ο Νταν ένιωσε όλο του το κορμί να μυρμηγκιάζει. Τα γράμματα άρχισαν να μετακινούνται από μόνα τους μέσα στο μυαλό του. «Είναι γρίφος, απ' αυτούς που λύνονται με αναγραμματισμούς», δήλωσε με σιγουριά. «Πρέπει να βάλουμε τα γράμματα με άλλη σειρά».

«Αναγραμματισμός;» είπε η Έιμι. «Πώς το κατάλαβες;»

Ο Νταν δεν ήξερε πώς το είχε καταλάβει. Απλώς το *είχε καταλάβει.* Όπως καταλάβαινε και τους αριθμούς, τις κλειδαριές, ή την αξία των συλλεκτικών καρτών. «Δώσε μου ένα χαρτί κι ένα μολύβι».

Η Έιμι ψαχούλεψε στο σακίδιό της. Το μόνο χαρτί που μπόρεσε να βρει, ήταν ένα κρεμ χαρτονάκι – το πρώτο στοιχείο, που είχαν για τον Φτωχό Ρίτσαρντ. Μα ο Νταν δεν δίστασε. Έδωσε στην αδερφή του το μπουκαλάκι και πήρε το χαρτί. Το γύρισε από την άλλη μεριά κι άρχισε να γράφει, λύνοντας τον γρίφο λέξη λέξη:

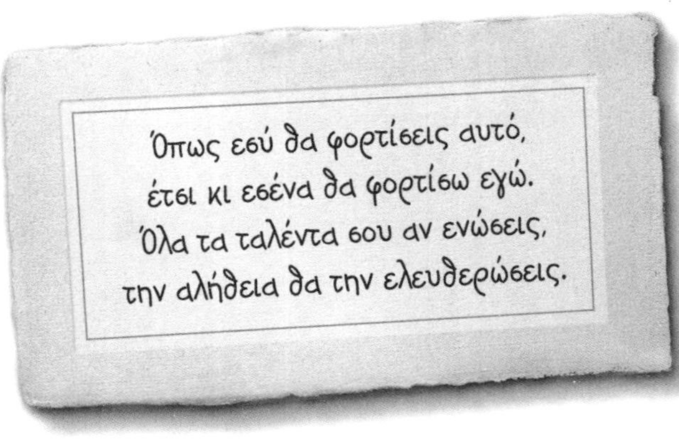

Η Νέλι σφύριξε σιγανά. «Εντάξει. Έχω μείνει άναυδη».

«Είναι το δεύτερο στοιχείο», είπε ο Νταν. «Το δεύτερο *μεγάλο* στοιχείο. Αποκλείεται να μην είναι».

Η Έιμι ζάρωσε σκεφτική το μέτωπό της. «Μπορεί. Αλλά τι σημαίνει; Τι θα πει *Όπως εσύ φορτίζεις αυτό;*»

Ξάφνου, φως πλημμύρισε το δωμάτιο.

«Τα καταφέρατε μια χαρά, ξαδερφάκια!» Στη βάση της σκάλας, στάζοντας ολόκληρος, αλλά λάμποντας από ικανοποίηση και αυταρέσκεια, στεκόταν ο Τζόνα Γουίζαρντ. Και πίσω του ο μπαμπάς του, με μια βιντεοκάμερα στο χέρι.

«Καλά, ε; Θα είναι αχτύπητα όλα αυτά στην τηλεόραση!» Ο Τζόνα χαμογέλασε πονηρά. «Και πάνω εκεί θα βγω εγώ. Τα φώτα θα πέσουν απάνω μου και θα... βρω το δεύτερο στοιχείο!»

ΚΕΦΑΛΑΙΟ 18

Ένα κύμα απελπισμένης ορμής πλημμύρισε το κορμί της Έιμι, όπως τότε που τράβηξε τον Νταν από τις ράγες του τρένου. Δεν είχε φτάσει ως εδώ, για να της πάρει μέσα από τα χέρια τη λύση ένα φαντασμένο ψώνιο σαν τον Τζόνα Γουίζαρντ. Μέσα στο μυαλό της, άκουσε ξανά τη φωνή της Γκρέις να της λέει με ακλόνητη σιγουριά: *Θα με κάνεις περήφανη μια μέρα, Έιμι.*

Σήκωσε ψηλά το μπουκαλάκι. «Κάνε πίσω, Τζόνα... Αλλιώς... αλλιώς θα το σπάσω!»

Ο ξάδερφός της γέλασε. «Δεν θα το σπάσεις». Μα ο τόνος της φωνής του είχε μια δόση ανησυχίας.

«Τρομερό πλάνο!» είπε ο μπαμπάς του Τζόνα. «Συνέχισε, γιε μου. Τα πας σπουδαία!»

«Και άσε κάτω αμέσως αυτή την κάμερα!» φώναξε έξαλλη η Έιμι.

Ο Νταν και η Νέλι την κοίταξαν σαστισμένοι, αλλά η Έιμι δεν σκοτίστηκε. Τη στιγμή εκείνη δεν την ένοιαζε πόσο πολύτιμο ήταν ίσως το μπουκαλάκι που κρατούσε στα χέρια της. Είχε βαρεθεί τα πισώπλατα χτυπήματα ανάμεσα στα μέλη της οικογένειας των Κέιχιλ.

Ένιωθε τόσο θυμωμένη, που *στ' αλήθεια* δεν θα δίσταζε να πετάξει το μπουκαλάκι στο πάτωμα και να το κάνει χίλια κομμάτια.

Φαίνεται πως ο Τζόνα το μάντεψε. «Εντάξει, ξαδερφούλα», είπε. «Χαλάρωσε. Όλοι φίλοι είμαστε εδώ...»

«Σταμάτα την κάμερα!» Η Έιμι έκανε ένα βήμα μπροστά, σαν να ετοιμαζόταν να του χιμήξει.

Ο Τζόνα υποχώρησε. «Μπαμπά, σταμάτα!»

«Μα, γιε μου...»

«Κάνε αυτό που σου είπα!»

Απρόθυμα ο μπαμπάς του Τζόνα σταμάτησε να βιντεοσκοπεί τη σκηνή.

«Εντάξει, Έιμι». Ο Τζόνα φόρεσε το εκτυφλωτικό του χαμόγελο. «Είμαστε εντάξει τώρα; Αυτό είναι το δεύτερο στοιχείο και το ξέρεις. Αν το καταστρέψεις, τέρμα το κυνήγι του θησαυρού. Κανείς μας δεν θα πάρει τίποτα. Αυτό θέλεις;»

«Κάντε πίσω», τον πρόσταξε. «Στη γωνία! Άντε να σταθείς δίπλα στην Τζέιν!»

Ο Τζόνα ζάρωσε τα φρύδια του. «Δίπλα σε ποιαν;»

«Στη ζωγραφιά στον τοίχο. Άντε να σταθείς δίπλα στην κυρία με τα κίτρινα – που είναι η προ-προ-προ-προ-προγιαγιά σου».

Ο Τζόνα δεν κατάλαβε τι του έλεγε. Αλλά υπάκουσε. Μαζί με τον μπαμπά του πήγαν και στάθηκαν στη γωνία.

Ο Νταν σφύριξε σιγανά. «Καλή δουλειά, αδερφούλα».

«Ανέβα τις σκάλες», τον πρόσταξε. «Κι εσύ το ίδιο, Νέλι. Γρήγορα!»

Όταν οι δυο τους ανέβηκαν, η Έιμι τους ακολούθησε. Αλλά ήξερε πως ο Τζόνα και ο μπαμπάς του δεν θα έμεναν με τα χέρια σταυρωμένα για πολλή ώρα.

«Τρομερό!» Ο Νταν χοροπηδούσε από τον ενθουσιασμό του. «Υπάρχει τρόπος να τους αμπαρώσουμε εκεί κάτω;»

«Νταν, άκουσέ με», είπε η Έιμι. «Η επιγραφή λέει *Όπως εσύ φορτίζεις αυτό.* Νομίζω πως το υλικό μέσα στο μπουκαλάκι είναι αδρανές».

«Τι θα πει δρανές;»

«Α-δρανές! Θα πει ότι δεν είναι ενεργό. Χρειάζεται έναν καταλύτη, για να το ενεργοποιήσει. Χρειάζεται ενέργεια. Ο Φράνκλιν είχε ασχοληθεί πολύ και με τη χημεία. Όταν, λοιπόν, χρησιμοποιεί το ρήμα "φορτίζω"...»

Ο Νταν χαμογέλασε πλατιά. «Φυσικά!»

«Είναι επικίνδυνο».

«Δεν γίνεται αλλιώς».

«Μπορείτε να μου πείτε κι εμένα τι...;» Η Νέλι κοίταξε προς τον δρόμο. «Ω, τώρα μάλιστα! Κοιτάξτε!»

Ένα κόκκινο παγωτατζίδικο ανέβαινε προς το μέρος τους. Μπροστά στην πόρτα του νεκροταφείου σταμάτησε. Κι είδαν στη θέση του οδηγού τον Άιξενχάουερ Χολτ, να ψάχνει αγριεμένος ολόγυρα.

«Μέσα στην εκκλησία!» είπε η Έιμι. «Γρήγορα!»

Ανηφόρισαν τρέχοντας. Η Έιμι άνοιξε την πόρτα του ναού κι έπεσε σε μια αγκαλιά κόκκινη, κερασί για την ακρίβεια.

«Γεια σας, αγαπητά μου παιδιά», είπε χαμογελώντας ο θείος Άλιστερ. Με τα δυο στρογγυλά μαύρα ματάκια του, έμοιαζε με ρακούν. Δίπλα του στεκόταν η Ιρίνα Σπάσκι.

Η Έιμι ένιωσε την καρδιά της να σφίγγεται τόσο, που έγινε μικρή σαν καρύδι – ένα καρύδι που της έκλεινε τον λαιμό και την εμπόδιζε ν' ανασάνει. «Εσύ... εσύ *κι αυτή;*»

«Α, μην κάνεις έτσι τώρα!» είπε ο γέρος. «Σας έσωσα τη ζωή στις κατακόμβες, έτσι δεν είναι; Και σας το είπα: οι συμμαχίες είναι μεγάλη υπόθεση. Πιάνω φιλίες, όπου μπορώ. Προτείνω να μου παραδώσεις αυτό το μπουκαλάκι, αγαπητή μου. Δεν θα 'θελα να χρησιμοποιήσει η εξαδέρφη Ιρίνα τις δικές της πειστικές μεθόδους».

Η Ιρίνα τέντωσε τα δάχτυλά της, δείχνοντας τα νύχια της. Μια μικροσκοπική βελόνα πρόβαλλε κάτω από το καθένα.

Η Έιμι γύρισε έτοιμη να το βάλει στα πόδια, αλλά έμεινε ακίνητη, με τα μάτια της διάπλατα. Κάτι ερχόταν καταπάνω της από τον δρόμο – ένας μεγάλος άσπρος κύβος.

«Σκύψτε!» φώναξε. Η Νέλι, ο Νταν και η ίδια έπεσαν στο δάπεδο, τη στιγμή ακριβώς που μια κούτα παγωτά περνούσε πάνω από τα κεφάλια τους. Η κούτα αυτή πρέπει να 'ταν από το βάθος της κατάψυξης, γιατί έπεσε πάνω στον Άλιστερ και στην Ιρίνα σαν τσιμεντόλιθος ρίχνοντάς τους και τους δυο αναίσθητους.

«Ήρθε η ώρα της εκδίκησης!» μούγκρισε ο Άιζενχάουερ Χολτ, βγάζοντας κι άλλες κατεψυγμένες ρουκέτες από το πίσω μέρος του φορτηγού του. Ο Άρνολντ, το σκυλί, γάβγιζε σαν λυσσασμένο. Όλα τα μέλη της οικογένειας Χολτ είχαν παραταχθεί στο πεζοδρόμιο, κρατώντας κούτες με παγωτά.

«Έιμι», ρώτησε ανήσυχος ο Νταν. «Είσαι...»

Δεν αποτέλειωσε τη φράση του, μα η αδερφή του κατάλαβε τι την ρωτούσε. Την τελευταία φορά που συναντήθηκαν με τους Χολτ, η Έιμι είχε πανικοβληθεί. Αυτή τη φορά δεν προλάβαινε ούτε να σκεφτεί τον πανικό της. Κι εξάλλου, αυτή η τοιχογραφία με τους τέσσερις Κέιχιλ στη μυστική υπόγεια κάμαρα, είχε ατσαλώσει τη θέλησή της.

«Νέλι, βγες έξω», πρόσταξε. «Δεν θέλουν εσένα. Φύγε! Και ειδοποίησε την αστυνομία!»

«Μα...»

«Αυτός είναι ο καλύτερος τρόπος για να μας βοηθήσεις. Φύγε!» Η Έιμι δεν περίμενε απάντηση. Μαζί με τον Νταν όρμησαν προς το εσωτερικό του ναού, πηδώντας πάνω από τον Άλιστερ και την Ιρίνα, που βογκούσαν πεσμένοι κατάχαμα. Και τρέχοντας κατευθύνθηκαν προς το ιερό.

Η Έιμι δεν είχε χρόνο να θαυμάσει την εκκλησία. Της φάνηκε, όμως, πως είχε βρεθεί με μια βουτιά στον Μεσαίωνα. Γκρίζες πέτρινες κολόνες υψώνονταν προς τον τρούλο. Ατελείωτες σειρές ξύλινα στασίδια κοίταζαν προς το ιερό. Στα πολύχρωμα τζάμια, στα παράθυρα, καθρεφτίζονταν οι μικρές φλογίτσες των κεριών. Το πέτρινο πάτωμα κάτω από τα πόδια τους πολλαπλασίασε την ηχώ των βημάτων τους.

«Εκεί!» φώναξε ο Νταν. Μια πόρτα έστεκε μισάνοιχτη στ' αριστερά τους – και μια απότομη σκάλα οδηγούσε προς τα πάνω. Η Έιμι την έκλεισε πίσω τους και την μαντάλωσε με τον σύρτη· αλλά ήξερε πως δεν θα κατάφερνε να καθυστερήσει για πολύ τους Χολτ.

Άρχισαν ν' ανεβαίνουν τις σκάλες όσο μπορούσαν πιο γρήγορα. Ο Νταν λαχάνιασε αμέσως. Η Έιμι τον αγκάλιασε και σχεδόν τον φορτώθηκε.

Όλο και πιο πάνω. Πιο πάνω. Δεν είχε συνειδητοποιήσει πως το καμπαναριό ήταν τόσο ψηλό. Στο τέλος έφτασαν σε μια καταπακτή κι η Έιμι την άνοιξε. Η μπόρα την χτύπησε καταπρόσωπο. Σκαρφάλωσαν στο στενό καμαράκι γύρω από την καμπάνα, που ήταν εκτεθειμένο απ' όλες τις μεριές στη βροχή και στον αέρα. Είδαν μια μπρούντζινη καμπάνα, μεγάλη σαν ντουλάπα, τραβηγμένη σε μια γωνιά. Έδειχνε λες κι είχαν περάσει αιώνες από την τελευταία φορά που χρησιμοποιήθηκε.

«Βοήθησέ με!» φώναξε η Έιμι. Μόνη της δεν μπορούσε να μετακινήσει την καμπάνα. Μαζί κι οι δυο τους, όμως, κατάφεραν να την σύρουν πάνω από την καταπακτή.

«Πιστεύω – πως – θα – αντέξει», είπε ο Νταν με κομμένη την ανάσα. «Για – λίγο».

Η Έιμι έγειρε έξω από το στηθαίο, στη βροχή και στο σκοτάδι. Το νεκροταφείο ήταν τρομακτικά μακριά, τρομακτικά κάτω. Τα αυτοκίνητα έμοιαζαν με τα Matchbox, που είχε κι έπαιζε ο Νταν. Η Έιμι ψηλάφισε τον πέτρινο τοίχο έξω από το περβάζι. Τα δάχτυλά της τυλίχτηκαν γύρω από μια παγωμένη μεταλλική μπάρα. Μια σειρά μικροσκοπικά σκαλιά ανέβαιναν κάθετα την πλευρά του καμπαναριού, φτάνοντας μέχρι την τοξωτή κορυφή του, που βρισκόταν κάπου τρία μέτρα ψηλότερα. Αν έπεφτε...

«Μείνε εδώ», είπε κοφτά στον Νταν.

«Όχι! Αδερφούλα, δεν μπορείς...»

«Πρέπει. Να, πάρε». Του 'δωσε το χαρτί μέσα στο οποίο ήταν τυλιγμένο το μπουκαλάκι. «Κράτο το στεγνό και κρυμμένο».

Ο Νταν το 'χωσε στην τσέπη του. «Έιμι...»

Το πρόσωπό του είχε πανιάσει από τον τρόμο. Η Έιμι συνειδητοποίησε τώρα περισσότερο παρά ποτέ, πόσο μόνοι τους ήταν στον κόσμο. Δεν είχαν παρά ο ένας τον άλλον.

Του 'σφιξε τον ώμο. «Θα γυρίσω, Νταν. Μη φοβάσαι».

ΜΠΟΥΟΥΜ! Η καμπάνα τραντάχτηκε. Κάποιος την είχε χτυπήσει ανοίγοντας απότομα την καταπακτή. Κάποιος πολύ δυνατός. *ΜΠΟΥΟΥΜ!*

Η Έιμι έκρυψε το μπουκαλάκι στην τσέπη της, πέρασε το ένα της πόδι έξω από το παράθυρο και βγήκε στο μαύρο σκοτάδι.

Με δυσκολία κρατιόταν στο σιδερένιο σκαλί. Η βροχή την μαστίγωνε καταπρόσωπο, την ανάγκαζε να κλείνει τα μάτια. Συγκέντρωσε την προσοχή της στο επόμενο σκαλοπάτι κι αργά, πολύ αργά, άρχισε ν' ανεβαίνει την απότομη στέγη.

Ώσπου έφτασε στην κορυφή. Ένα παλιό σιδερένιο αλεξικέραυνο έδειχνε τον ουρανό. Στη βάση του υπήρχε ένας μεταλλικός κρίκος, σαν μικρό στεφάνι του μπάσκετ. Κι από κάτω ένα σύρμα για τη γείωση, σαν αυτό που χρησιμοποιούσε ο Φράνκλιν στα πρώτα του πειράματα. Η Έιμι τύλιξε το σύρμα γύρω από τον καρπό της, ύστερα έβγαλε από την τσέπη της το μπουκαλάκι. Γλιστρούσε τόσο πολύ, που λίγο έλειψε να της φύγει από τα χέρια. Με προσοχή το έβαλε μέσα στον σιδερένιο κρίκο – ταίριαζε γάντι.

Κατέβηκε δυο, τρία σκαλιά. «Ας γίνει, Θεούλη μου», είπε μέσα της γαντζωμένη από τη σιδερένια μπάρα.

Δεν χρειάστηκε να περιμένει πολύ. Ένιωσε τις τριχούλες στον σβέρκο της να ορθώνονται. Πρώτα, της μύρισε κάτι σαν καμένο αλουμινόχαρτο. Και ξαφνικά, *ΚΡΑΑΑΑΚ!*

Ο ουρανός τινάχτηκε γύρω της, σε μια βροχή από σπίθες που έσβηναν σφυρίζοντας πάνω στα βρεγμένα κεραμίδια. Ζαλισμένη έχασε την ισορροπία της και κατρακύλησε στη στέγη. Προσπάθησε απεγνωσμένα να γαντζωθεί από κάπου κι αρπάχτηκε με τόση δύναμη από ένα σκαλί, που νόμισε για μια στιγμή ότι τα χέρια της θα κόβονταν από τους καρπούς. Κρατήθηκε, όμως. Κι άρχισε να σκαρφαλώνει ξανά προς τα πάνω.

Το γυάλινο μπουκαλάκι έλαμπε. Το πράσινο υγρό μέσα του, δεν ήταν πια θολό και πηχτό. Έμοιαζε φτιαγμένο από καθαρό φως, παγιδευμένο μέσα στο μπουκάλι. Η Έιμι το άγγιξε με προσοχή. Δεν την τίναξε. Δεν ήταν καν ζεστό. Το 'βγαλε από τον σιδερένιο κρίκο και το ξανάβαλε στην τσέπη της.

Όπως εσύ θα το φορτίσεις, έτσι κι εγώ θα σε φορτίσω.

Το δυσκολότερο βρισκόταν ακόμα μπροστά της. Έπρεπε να φύγει από 'κεί, χωρίς να πάθει τίποτα. Και μετά να καταλάβει τι στην ευχή είχε φτιάξει μέσα στο μπουκάλι.

«Νταν! Τα κατάφερα!» είπε μπαίνοντας ξανά μέσα από το παράθυρο. Αλλά το χαμόγελό της έσβησε. Ο Νταν βρισκόταν πεσμένος κατάχαμα, δεμένος και φιμωμένος. Όρθιος από πάνω του, με μαύρη στολή παραλλαγής, ήταν ο Ίαν Κάμπρα.

«Γεια σου, ξαδέρφη», είπε και της πρόσφερε τη σύριγγα που κρατούσε στο χέρι του. «Αλλάζουμε;»

«*ΜΜΜΜΜ!*» Ο Νταν σάλεψε με δυσκολία, προσπαθώντας κάτι να πει. «*ΜΜΜΜΜΜ! ΜΜΜΜΜΜ!*»

«Ά-άφησέ τον!» τραύλισε η Έιμι – σίγουρη πως το πρόσωπό της είχε γίνει κατακόκκινο. Μισούσε τον εαυτό της, που είχε ξαναρχίσει να τραυλίζει. Γιατί δενόταν η γλώσσα της κόμπο, μόλις έβλεπε τον Ίαν Κάμπρα;

Η μπρούντζινη καμπάνα τραντάχτηκε. Οι Χολτ εξακολουθούσαν να την σπρώχνουν από κάτω, προσπαθώντας ν' ανοίξουν την καταπακτή.

«Έχεις λίγα μόνο δευτερόλεπτα, πριν ανέβουν», είπε ο Ίαν. «Και ο αδερφός σου χρειάζεται το αντίδοτο».

Ένα παγωμένο χέρι έσφιξε το στομάχι της Έιμι. «Τι-τι-τι του έκανες;»

«Τίποτα που δεν μπορεί να διορθωθεί. Φτάνει να πάρει το αντίδοτο μέσα σε... ένα λεπτό». Ο Ίαν της έδειξε τη σήριγγα με το φάρμακο. «Δώσε μου το μπουκαλάκι του Φράνκλιν. Και πάρ' το. Νομίζω πως η ανταλλαγή που σου προτείνω είναι δίκαιη».

«*ΜΜΜΜΜ!*» Ο Νταν κούνησε πέρα-δώθε το κεφάλι του, αλλά η Έιμι δεν μπορούσε να πάρει τέτοιο ρίσκο. Δεν μπορούσε να τον χάσει. Τίποτα δεν άξιζε τόσο ώστε να ριψοκινδυνέψει τη ζωή του αδερφού της. Ούτε τα στοιχεία, ούτε ο θησαυρός, ούτε τίποτα.

Έδωσε στον Ίαν το λαμπερό πράσινο μπουκαλάκι. Ο Ίαν το πήρε και η Έιμι άρπαξε το αντίδοτο από το χέρι του. Γονάτισε δίπλα στον Νταν και άρχισε να λύνει το μαντίλι, που τον φίμωνε.

Ο Ίαν γέλασε. «Είναι ωραίο να δουλεύει κανείς μαζί σου, ξαδέρφη».

«Δεν-δεν-δεν θα τα καταφέρεις να βγεις από 'δώ μέσα. Είσαι παγιδευμένος, όπως και...»

Ξαφνικά, μια σκέψη άστραψε μέσα στο μυαλό της. Πώς είχε φτάσει ως εδώ πάνω ο Ίαν; Πρόσεξε λουριά δεμένα στο στήθος του, σαν εξάρτυση αναρρίχησης. Στα πόδια του ήταν μερικά μακριά μεταλλικά ραβδιά και μαύρο μεταξωτό πανί.

«Άλλο ένα πράγμα που λάτρευε ο Φράνκλιν». Ο Ίαν σήκωσε τον εξοπλισμό του κι άρχισε να τυλίγει το μαύρο μετάξι στο μεταλλικό πλαίσιο. «Οι χαρταετοί. Κάποτε πέρασε μ' έναν τέτοιον πάνω από τον ποταμό Τσαρλς. Το ήξερες;»

«Δεν το πιστεύω ότι μπόρεσες...»

«Κι όμως. Μπόρεσα». Της έδειξε τον λευκό τρούλο της μεγαλύτερης εκκλησίας στην κορυφή του λόφου. «Ήρθα πετώντας από ’κεί ως εδώ. Και τώρα θα φύγω με τον ίδιο τρόπο».

«Είσαι κλέφτης», είπε η Έιμι.

Ο Ίαν έδεσε τα λουριά της στολής του στον πελώριο μαύρο χαρταετό. «Όχι κλέφτης, Έιμι. *Λούσιαν* είμαι, όπως ήταν κι ο Φράνκλιν. Ό,τι κι αν έχει μέσα αυτό το μπουκαλάκι, ανήκει στους Λούσιαν. Αν θέλεις τη γνώμη μου, ακόμα κι ο ίδιος ο γερο-Μπεν θα γελούσε με την ειρωνεία του πράγματος!»

Χωρίς άλλη λέξη, ο Ίαν πήδησε έξω από το παράθυρο του καμπαναριού. Ο αέρας τον πήρε. Ο χαρταετός πρέπει να ’ταν ειδικά σχεδιασμένος ώστε ν’ αντέχει το βάρος ενός ανθρώπινου κορμιού, γιατί ο Ίαν πέταξε όμορφα πάνω από το νεκροταφείο, προσγειώθηκε μαλακά έξω από τον φράχτη κι άρχισε να τρέχει στο πεζοδρόμιο.

Κάπου εκεί έξω, όπου η μπόρα λυσσομανούσε, ακούστηκαν οι σειρήνες των περιπολικών. Η καμπάνα τραντάχτηκε δυνατά, καθώς ολόκληρη η οικογένεια Χολτ όρμησε με φόρα ν’ ανοίξει την καταπακτή.

«*ΜΜΜΜΜ!*»

«Νταν!» Η Έιμι είχε ξεχάσει τελείως τον αδερφό της. Έλυσε το μαντίλι που του έκλεινε το στόμα.

«Ουφ!» πήρε βαθιά ανάσα το παιδί.

«Κάτσε ακίνητος. Θα σου δώσω το αντίδοτο».

«Ο Ίαν μπλοφάριζε!» βόγκηξε ο Νταν. «Αυτό προσπαθούσα να σου πω. Δεν μου είχε δώσει τίποτα! Είμαι μια χαρά!»

«Είσαι σίγουρος;»

«Απολύτως! Αυτό που σου 'δωσε είναι τελείως άχρηστο. Εκτός κι αν *είναι* το δηλητήριο».

Έξω φρενών με τον εαυτό της, που πιάστηκε τόσο κορόιδο, η Έιμι πέταξε τη σύριγγα, έλυσε τον Νταν και τον βοήθησε να σηκωθεί όρθιος.

Η μπρούντζινη καμπάνα τραντάχτηκε άλλη μια φορά κι έγειρε στο πλάι. Η καταπακτή άνοιξε. Ο Άιζενχάουερ Χολτ σκαρφάλωσε βιαστικός και βρέθηκε δίπλα τους.

«Άργησες», του είπε ο Νταν. «Το πήρε ο Ίαν».

Και του 'δειξε τον δρόμο. Ένα ταξί είχε μόλις φτάσει· στο πίσω κάθισμα καθόταν η Ναταλί Κάμπρα. Ο Ίαν μπήκε μέσα και το ταξί ξεκίνησε για να χαθεί λίγα δευτερόλεπτα αργότερα στα στενά δρομάκια της Μονμάρτρης.

«Θα μου το πληρώσετε. Θα...», γρύλισε έξαλλος ο κύριος Χολτ.

Οι σειρήνες δυνάμωσαν. Το πρώτο περιπολικό εμφανίστηκε στη γωνία με το γαλάζιο φως ν' αναβοσβήνει στην οροφή του.

«Μπαμπά!» ακούστηκε η φωνή της Ρέγκαν από τα σκαλοπάτια. «Τι γίνεται;»

Το δεύτερο περιπολικό κατέφθασε και τα φρένα του στρίγκλισαν, καθώς σταμάτησε μπροστά στην εκκλησία.

«Φεύγουμε», αποφάσισε ο Άιζενχάουερ. Και γυρίζοντας προς το μέρος της οικογένειάς του, γάβγισε: «Μεεεε-ταβολή!» Έριξε μια τελευταία ματιά στην Έιμι και στον Νταν. *«Την επόμενη φορά...»*

Άφησε την απειλή του μετέωρη κι εξαφανίστηκε στην καταπακτή. Τα δυο αδέρφια έμειναν μόνα τους στο καμπαναριό.

Η Έιμι κοίταξε έξω από το παράθυρο. Η βροχή συνέχιζε να πέφτει. Είδε τον θείο Άλιστερ να στρίβει κουτσαίνοντας σ' ένα πλαϊνό δρομάκι. Το κερασί σακάκι του είχε στην πλάτη έναν σκούρο κόκκινο λεκέ από παγωτό σοκολάτα. Η Ιρίνα Σπάσκι βγήκε παραπατώντας από την εκκλησία, είδε τα περιπολικά και το 'βαλε στα πόδια.

«*Arretez!*» της φώναξε ένας αστυνομικός και δυο έτρεξαν αμέσως πίσω της. Η Νέλι στεκόταν στο πεζοδρόμιο με μερικούς ακόμα αξιωματικούς. Κάτι φώναξε στα γαλλικά, δείχνοντας προς την εκκλησία.

Παρά το χάος γύρω της, η Έιμι ένιωθε αλλόκοτα ήρεμη. Ο Νταν ήταν ζωντανός. Είχαν γλιτώσει απ' αυτή την περιπέτεια. Είχε κάνει ακριβώς αυτό που έπρεπε να κάνει. Ένα χαμόγελο φώτισε το πρόσωπό της.

«Γιατί τόση χαρά;» γκρίνιαξε ο Νταν. «Χάσαμε μέσα από τα χέρια μας το δεύτερο μεγάλο στοιχείο. Αποτύχαμε!»

«Όχι», είπε η Έιμι. «Δεν αποτύχαμε καθόλου!»

Ο Νταν την κοίταξε. «Μήπως ο κεραυνός εκεί πάνω σου τηγάνισε το μυαλό;»

«Νταν, το μπουκαλάκι δεν ήταν το στοιχείο», είπε. «Το μπουκαλάκι ήταν... Δεν είμαι σίγουρη τι ακριβώς ήταν. Δώρο από τον Μπέντζαμιν Φράνκλιν. Κάτι για να μας βοηθήσει ίσως στην έρευνα. Αλλά το αληθινό στοιχείο είναι το χαρτί που σου 'δωσα να κρύψεις στην τσέπη σου».

ΚΕΦΑΛΑΙΟ 19

Ο Νταν ήταν ενθουσιασμένος που το δεύτερο στοιχείο είχε βγει με ασφάλεια από την εκκλησία μέσα στην τσέπη του παντελονιού του.

«Λοιπόν, ωραία!» δήλωσε. «Άρα εγώ έσωσα την κατάσταση».

«Για μισό λεπτό», είπε η Έιμι. «*Εγώ* σκαρφάλωσα στη στέγη του καμπαναριού μέσα στην καταιγίδα».

«Ναι. Αλλά το στοιχείο ήταν μέσα *στη δική μου* τσέπη».

Η Έιμι κοίταξε ψηλά, προσπαθώντας να κρατήσει την ψυχραιμία της. «Σωστά, Νταν. Εσύ είσαι ο ήρωας της ημέρας».

Η Νέλι χαμογέλασε. «Αν θέλετε τη γνώμη μου, τα πήγατε κι οι δυο σας μια χαρά».

Κάθονταν σ' ένα *καφέ* στη Σανζ Ελιζέ, χαζεύοντας τους περαστικούς και τρώγοντας *κρουασάν με σοκολάτα*. Ήταν το πρωί μετά τη βροχή. Ο ουρανός έλαμπε γαλανός. Είχαν ήδη μαζέψει τα πράγματά τους κι είχαν φύγει από το *Μεζόν ντε Γκαρντόν*. Σε τελική ανάλυση, ο Νταν ένιωθε πως είχαν σταθεί τυχεροί.

Διατηρούσε, βέβαια, μερικές αμφιβολίες. Δεν του άρεσε καθόλου, ας πούμε, που ο Ίαν και η Ναταλί είχαν καταφέρει να ξεφύγουν ατιμώρητοι. Είχε τσατιστεί πολύ, όταν ο Ίαν τον έδεσε. Και ήθελε να πάρει το αίμα του πίσω. Αλλά θα μπορούσαν να είναι και πολύ χειρότερα τα πράγματα. Είχαν τουλάχιστον βγει ζωντανοί από τις Κατακόμβες. Και δεν είχαν φάει κατάμουτρα κανένα από τα κατεψυγμένα βλήματα των Χολτ.

«Εγώ, πάντως, θα ήθελα να μάθω τι είχε μέσα το μπουκαλάκι», είπε.

Σκεφτική η Έιμι στριφογύρισε στα δάχτυλά της μια τούφα απ' τα μαλλιά της. «Ό,τι κι αν είναι, θα βοηθήσει φαντάζομαι κάποια από τις ομάδες να φτάσει στην αλήθεια – άρα, στον θησαυρό που ψάχνουμε. Κι αφού το μπουκαλάκι το 'χουν ο Ίαν με τη Ναταλί... έχω ένα κακό προαίσθημα ότι πολύ σύντομα θα μάθουμε».

«Αφού το 'φτιαξαν αυτοί οι Λούσιαν», είπε η Νέλι μπουκωμένη, «μπορεί να είναι κανένα πολύ σούπερ δηλητήριο. Οι τύποι την βρίσκουν με τα δηλητήρια».

«Δεν αποκλείεται», είπε ο Νταν. Αλλά η σκέψη δεν του άρεσε καθόλου. Δεν το χωρούσε το μυαλό του πως ο Μπεν Φράνκλιν ήταν συγγενής του Ίαν και της Ναταλί. Είχε αρχίσει να τον θαυμάζει – με το δοκίμιο για τις πορδές και την κεραυνολογία του κι όλα τ' άλλα. Δεν ήξερε πια στα σίγουρα, αν ο γερο-Μπεν ήταν καλός ή κακός. «Αλλά τι σχέση μπορεί να έχει ένα δηλητήριο με μια παρτιτούρα;»

Η Έιμι έβγαλε το χαρτί από το σακίδιό της και το άπλωσε στο τραπέζι. Ο Νταν το είχε ήδη κοιτάξει και ξανακοιτάξει. Ήξερε πως ήταν ακριβές αντίγραφο του τραγουδιού που είχαν δει χαραγμένο στο πέτρινο βάθρο, μέσα στην κρύπτη. Αλλά δεν ήξερε γιατί ήταν τόσο σημαντικό. Όταν ξύπνησε το πρωί, είχε βρει την Έιμι να το ψάχνει κιόλας, με το λάπτοπ του ανοιχτό μπροστά της. Συνήθως δεν της άρεσε το ίντερνετ. Για κάποιον μυστήριο λόγο, που μόνο η ίδια καταλάβαινε, επέμενε πως τα βιβλία ήταν καλύτερα. Που θα πει ότι καιγόταν πραγματικά τώρα για να βρει άκρη με το θέμα.

«Το βρήκα online», είπε η Έιμι.

«Πώς;»

«Έψαξα "Μπέντζαμιν Φράνκλιν *και* μουσική". Μου το 'βγαλε αμέσως. Είναι ένα αντάτζιο για αρμόνικα».

«Το όργανο που είχε σκαρώσει ο ίδιος», θυμήθηκε ο Νταν. «Αυτό με τα βρεγμένα γυάλινα ποτήρια».

«Ακριβώς. Αλλά έχω την αίσθηση πως είναι κάτι περισσότερο από ένα μουσικό κομμάτι». Η Έιμι ανακάθισε. Τα μάτια της έλαμπαν, σαν να 'χε ανακαλύψει κάποιο μυστικό. «Βρήκαμε το τραγούδι και το κατεβάσαμε. Άκουσέ το».

Η Νέλι του 'δωσε το iPod της. «Εμένα αυτού του είδους η μουσική δεν μ' αρέσει. Αλλά τέλος πάντων».

Ο Νταν έβαλε τ' ακουστικά στ' αυτιά του. Άρχισε ν' ακούει. Κι ένιωσε σαν να τον είχαν γεμίσει με ήλιον. Η μελωδία ήταν τόσο γνώριμη, τόσο όμορφη, που τον έκανε να θέλει να πετάξει πάνω από το Παρίσι. Την ίδια στιγμή, όμως, τον μπέρδευε. Συνήθως θυμόταν τα πάντα. Μα τώρα δεν μπορούσε να θυμηθεί πού την είχε ξανακούσει τούτη τη μελωδία. «Το ξέρω αυτό το τραγούδι...»

«Το άκουγε ο μπαμπάς», είπε η Έιμι. «Στο γραφείο του, όταν δούλευε. Το άκουγε συνέχεια».

Ο Νταν θα ήθελε να θυμηθεί για ποιο πράγμα μιλούσε η Έιμι. Θα ήθελε ν' ακούσει και να ξανακούσει το τραγούδι, ώσπου να *δει* κι αυτός τον μπαμπά τους στο γραφείο του. Αλλά η Νέλι τού ζήτησε πίσω το iPod της. «Σόρι, μικρέ. Έχεις... έχεις ακόμα λάσπη στ' αυτιά σου».

«Οι νότες είναι κώδικας», είπε η Έιμι. «Όλη η παρτιτούρα είναι το μήνυμα».

«Οι γονείς μας το ήξεραν», είπε με δέος ο Νταν. «Και τι λέει;»

«Δεν ξέρω», παραδέχτηκε η Έιμι. «Θυμάσαι, Νταν, αυτό που είπε ο κύριος Μακιντάιρ; Για τα τριάντα εννέα στοιχεία, που είναι τα κομμάτια ενός παζλ;»

«Ναι».

«Το ξανασκέφτηκα χτες βράδυ, όταν αποκρυπτογράφησες το μήνυμα στο μπουκάλι. Άρχισα ν' αναρωτιέμαι... γιατί δεν ήταν έτσι και το *πρώτο* στοιχείο;»

Έβγαλε από το σακίδιό της το χαρτονάκι, που είχαν πληρώσει δυο εκατομμύρια δολάρια. Από πίσω υπήρχαν τα ορνιθοσκαλίσματα του Νταν. Στην μπροστινή πλευρά του ήταν το πρώτο τους στοιχείο:

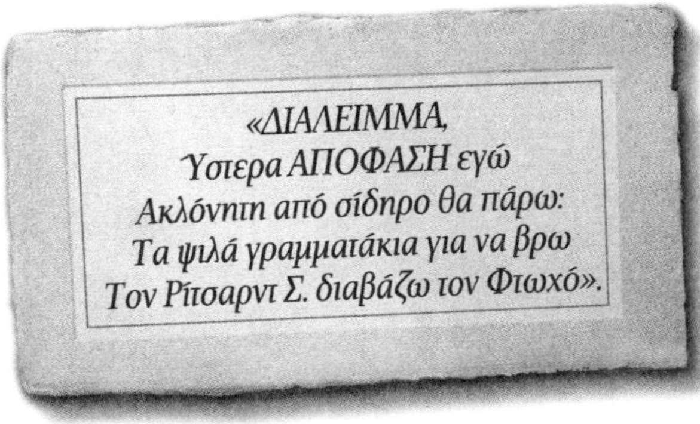

Η Νέλι ζάρωσε το μέτωπό της. «Αυτό σας οδήγησε στον Φράνκλιν, έτσι δεν είναι; Αυτή δεν είναι η λύση του;»

«Ναι. Αλλά δεν ήταν μόνο αυτό. Το στοιχείο είναι και το πρώτο κομμάτι του παζλ, ένα στοιχείο, που θα μας οδηγήσει σε *κάτι πραγματικό*, κάτι χειροπιαστό. Χτες βράδυ, όταν μίλησες για αναγραμματισμούς, αυτή η σκέψη έκανε κλικ στο μυαλό μου, Νταν».

Ο αδερφός της κούνησε το κεφάλι του. «Δεν το πιάνω».

Η Έιμι πήρε ένα μολύβι κι έγραψε τη λέξη ΔΙΑΛΕΙΜΜΑ. «Με ρώτησες γιατί ήταν κι αυτή η λέξη μέσα στο στοιχείο. Δεν ήξερα. Τώρα ξέρω. Υποτίθεται ότι πρέπει να διαβάσουμε τα ψιλά γράμματα. Να βρούμε τη λέξη που δεν φαίνεται».

Ο Νταν κοίταξε τα γράμματα. Και ξαφνικά ένιωσε σαν να τον είχαν συνδέσει με μια από τις μπαταρίες του Φράνκλιν. Τα γράμματα χόρεψαν και τακτοποιήθηκαν από μόνα τους μέσα στο μυαλό του – σε άλλη σειρά.

Πήρε το μολύβι κι έγραψε: ΔΙΑΛΥΜΑ σιδήρου.

«Δεν το πιστεύω!» είπε η Νέλι. «Ώστε όλη αυτή η ιστορία έγινε για το διάλυμα σιδήρου;»

«Είναι το πρώτο κομμάτι του παζλ», είπε η Έιμι. «Είναι ένα συστατικό, ένα μέρος μιας ένωσης. Κάτι τέτοιο».

«Τι ένωσης;» ρώτησε ο Νταν.

Η Έιμι έσφιξε τα χείλια της. «Το διάλυμα σιδήρου χρησιμοποιείται στη χημεία, στην επεξεργασία των μετάλλων, στην τυπογραφία. Ακόμα δεν ξέρω τι ακριβώς εννοεί. Ούτε μπορούμε να ξέρουμε πόσο ακριβώς θα μας χρειαστεί. Κάθε φορά που το ανέφερε ο Φράνκλιν έγραφε απλώς *1 μέρος*».

«Πρέπει να το βρούμε!»

«Θα το βρούμε», υποσχέθηκε η Έιμι. «Και η παρτιτούρα...»

Ακούμπησε τα χέρια της πάνω στο απλωμένο χαρτί.

«Είναι κι αυτό συστατικό», είπε η Νέλι.

«Έτσι νομίζω κι εγώ», είπε η Έιμι. «Και μάλλον μ' αυτό τον τρόπο ξεχωρίζουν τα *μεγάλα* στοιχεία από τα μικρότερα. Η λύση τους είναι ταυτόχρονα κι ένα συστατικό. Απλώς δεν έχουμε καταλάβει ακόμα πώς πρέπει να διαβάσουμε αυτό το δεύτερο στοιχείο».

«Και πώς θα το βρούμε;» διαμαρτυρήθηκε ο Νταν.

«Όπως βρήκαμε και τον Φράνκλιν. Θα βρούμε ποιος έγραψε αυτή τη μελωδία. Ο συνθέτης ήταν...» Η Έιμι σταμάτησε απότομα.

Από τον δρόμο ερχόταν προς το μέρος τους μια γνώριμη φυσιογνωμία – ένας αδύνατος άντρας με αραιά μαλλιά και γκρίζο κοστούμι. Στο χέρι του κρατούσε μια πάνινη τσάντα με μάλλον αλλόκοτο σχήμα. «Κύριε Μακιντάιρ!» φώναξε ο Νταν.

«Α, παιδιά μου, εδώ είστε!» χαμογέλασε ο ηλικιωμένος δικηγόρος. «Μπορώ να καθίσω;»

Η Έιμι μάζεψε αμέσως το πρώτο και το δεύτερο στοιχείο από το τραπέζι και έχωσε τα χαρτιά στο σακίδιό της. Ο κύριος Μακιντάιρ κάθισε μαζί τους και παράγγειλε καφέ. Επέμεινε να πληρώσει και το πρόγευμά τους. Ο Νταν δεν είχε αντίρρηση, αλλά ο κύριος Μακιντάιρ έδειχνε νευρικός και ταραγμένος. Τα μάτια του ήταν κατακόκκινα. Κοίταζε συνεχώς προς το μέρος του δρόμου, σαν να φοβόταν μήπως τον παρακολουθούσαν.

«Άκουσα για τα χτεσινοβραδινά», είπε. «Λυπάμαι πολύ».

«Δεν πειράζει», είπε ο Νταν.

«Κι όμως. Είμαι βέβαιος ότι θα τα καταφέρετε. Αλλά είναι αλήθεια; Σας έκλεψαν πράγματι οι Κάμπρα το δεύτερο στοιχείο μέσα από τα χέρια σας;»

Ο Νταν ένιωσε ξανά τον θυμό να τον γαργαλάει μέσα του. Ετοιμάστηκε να κοκορευτεί για την παρτιτούρα που είχαν βρει και για το διάλυμα σιδήρου. Αλλά η Έιμι δεν τον άφησε.

«Αλήθεια είναι», είπε. «Τώρα δεν ξέρουμε ούτε τι να κάνουμε ούτε πού να πάμε».

«Ω!» αναστέναξε ο κύριος Μακιντάιρ. «Πολύ φοβάμαι ότι πίσω δεν μπορείτε να γυρίσετε. Η Κοινωνική Πρόνοια έχει ειδοποιηθεί. Η θεία σας προσέλαβε ιδιωτικό ντετέκτιβ για να σας βρει. Αλλά ούτε εδώ μπορείτε να μείνετε. Το Παρίσι είναι πανάκριβη πόλη».

Τα μάτια του καρφώθηκαν στις χάντρες από νεφρίτη που φορούσε η Έιμι στον λαιμό της. «Αγαπητή μου», είπε. «Έχω φίλους εδώ. Καταλαβαίνω πως είναι μια κίνηση απελπισίας, αλλά θα μπορούσα να βρω αγοραστή για το περιδέραιο της γιαγιάς σου...»

«Όχι, ευχαριστούμε», είπε η Έιμι. «Θα τα βγάλουμε πέρα μόνοι μας».

«Όπως θέλετε». Ο τόνος του κυρίου Μακιντάιρ έδειχνε καθαρά πως δεν την πίστευε. «Τέλος πάντων. Αν μπορώ να σας φανώ χρήσιμος με οποιονδήποτε τρόπο... Αν χρειάζεστε συμβουλή...»

«Ευχαριστούμε, κύριε Μακιντάιρ», είπε ο Νταν. «Αλλά θα τα καταφέρουμε».

Ο γέρος δικηγόρος τούς κοίταξε επίμονα. «Πολύ καλά. Πολύ καλά. Δυστυχώς, έχω κάτι ακόμα να σας ζητήσω».

Άπλωσε το χέρι του στην πάνινη τσάντα που είχε ακουμπήσει δίπλα στα πόδια του· τότε είδε ο Νταν τις γραντζουνιές στα χέρια του.

«Πο, πο! Τι πάθατε;»

Ο γέρος βόγκηξε σιγανά. «Ναι. Έεε... Δηλαδή...»

Ανέβασε την τσάντα στο τραπέζι. Από το εσωτερικό της ακούστηκε ένα «*Μρρρρπ!*»

«Σαλαντίν!» φώναξαν μ' ένα στόμα η Έιμι και ο Νταν. Ο Νταν έπιασε την τσάντα και άνοιξε το φερμουάρ της. Ο μεγαλόσωμος ασημένιος γάτος βγήκε από μέσα με ύφος αγανακτισμένο.

«Φοβάμαι ότι δεν τα πήγαμε και πολύ καλά οι δυο μας». Ο κύριος Μακιντάιρ έτριψε τα γραντζουνισμένα χέρια του. «*Δεν* του άρεσε καθόλου που τον αφήσατε σε μένα. Αυτός κι εγώ... Θέλω να πω, μου έδωσε με σαφή και κατηγορηματικό τρόπο να καταλάβω πως ήθελε να γυρίσει σε σας. Δυσκολεύτηκα πολύ να τον περάσω από το τελωνείο, δεν σας το κρύβω. Αλλά αναγκάστηκα να το κάνω. Δεν υπήρχε άλλη λύση. Ελπίζω να με συγχωρέσετε».

Άθελά του ο Νταν χαμογελούσε από το ένα αυτί ως το άλλο. Δεν το 'χε συνειδητοποιήσει πόσο πολύ του έλειπε ο γάτος. Ο ερχομός του παρηγόρησε κατά κάποιον τρόπο το παιδί, για το μπουκαλάκι που είχαν χάσει. Μαλάκωσε ακόμα και τη λύπη του για τη φωτογραφία των γονιών του, που δεν είχε καταφέρει να σώσει από τη σήραγγα του τρένου. Με τον Σαλαντίν κοντά του, ένιωθε σαν να 'χε και πάλι όλη του την οικογένεια. Για πρώτη φορά εδώ και πολλές μέρες σκέφτηκε πως ίσως, *ίσως*, η Γκρέις εξακολουθούσε να τους προσέχει και να τους φροντίζει. «Πρέπει να 'ρθει μαζί μας. Θα μας βοηθάει στις δυσκολίες! Πώς υπάρχουν πολεμικά άλογα; Ε, ο Σαλαντίν θα είναι ο πολεμικός μας γάτος!»

Ο Σαλαντίν τον κοίταξε μ' ένα ύφος που έλεγε: *Για δείξε μου κανένα μπαρμπουνάκι, μικρέ. Και θα σκεφτώ την πρότασή σου.*

Ο Νταν περίμενε πως η Έιμι θα έφερνε αντιρρήσεις. Αλλά η αδερφή του χαμογελούσε όπως κι ο ίδιος: μ' ένα χαμόγελο ως τ' αυτιά. «Δίκιο έχεις, Νταν. Σας ευχαριστούμε πολύ, κύριε Μακιντάιρ!»

«Ναι, ναι, ωραία. Και τώρα πρέπει να σας αφήσω, παιδιά μου! Σας εύχομαι καλή συνέχεια!»

Άφησε στο τραπέζι ένα χαρτονόμισμα πενήντα ευρώ και απομακρύνθηκε βιαστικά, κοιτάζοντας συχνά-πυκνά γύρω του, σαν να φοβόταν μήπως τον κυνηγούσαν.

Ο σερβιτόρος τούς έφερε γάλα σ' ένα πιατάκι κι ένα κομματάκι φρέσκο ψάρι για τον Σαλαντίν. Κανένας στο *καφέ* δεν έδειξε να παραξενεύεται που στο τραπεζάκι τους καθόταν και ένας αιγυπτιακός Μάου.

«Δεν αναφέρατε τίποτα στον κύριο Μακιντάιρ για την παρτιτούρα», είπε η Νέλι. «Νόμιζα πως ήταν φίλος σας».

«Ο κύριος Μακιντάιρ μάς είπε να μην εμπιστευόμαστε κανέναν», απάντησε η Έιμι.

«Ναι», συμφώνησε ο Νταν. «Άρα, δεν πρέπει να εμπιστευόμαστε ούτε αυτόν!»

Η Νέλι σταύρωσε τα χέρια της στο στήθος. «Μήπως δεν πρέπει να εμπιστεύεστε ούτε εμένα; Τι θα γίνει με τη συμφωνία μας;»

Ο Νταν σάστισε. Το είχε ξεχάσει πως η Νέλι είχε συμφωνήσει να τους συνοδέψει σ' ένα μόνο ταξίδι. Η καρδιά του βούλιαξε. Θεωρούσε την παρουσία της και τη βοήθειά της δεδομένη. Δεν ήταν καθόλου σίγουρος ότι μπορούσαν να τα καταφέρουν χωρίς αυτήν.

«Εγώ... εγώ σ' εμπιστεύομαι, Νέλι», είπε. «Δεν θέλω να φύγεις».

Η Νέλι ήπιε μια γουλιά από τον καφέ της. «Αλλά δεν θα γυρίσετε στη Βοστόνη. Πράγμα που σημαίνει πως αν εγώ γυρίσω χωρίς εσάς, θα μπλέξω άσχημα».

Ούτε αυτό το είχε σκεφτεί ο Νταν. Η Έιμι είχε σκύψει το κεφάλι και κοίταζε με ύφος ένοχο το κρουασάν της.

Η Νέλι έβαλε τ' ακουστικά στ' αυτιά της. Χάζεψε για λίγο κάτι νεαρούς, που σουλατσάριζαν στο πεζοδρόμιο. «Δεν ήταν και τόσο άσχημη δουλειά, εδώ που τα λέμε. Θέλω να πω... αν είναι κανείς *αναγκασμένος* να κάνει αυτή τη δουλειά και να προσέχει δυο εκνευριστικά πιτσιρίκια... τότε εσείς δεν είστε ό,τι χειρότερο υπάρχει. Ίσως θα μπορούσαμε να κάνουμε μια κάπως αλλιώτικη συμφωνία».

Ο Νταν μετακινήθηκε νευρικά στην καρέκλα του. «Αλλιώτικη συμφωνία;»

«Κάποια μέρα, όταν βρείτε τον θησαυρό σας», είπε η Νέλι, «θα με πληρώσετε. Προς το παρόν, θα δουλέψω τζάμπα. Γιατί αν νομίζετε ότι θα σας αφήσω να γυρίσετε όλο τον κόσμο και να διασκεδάσετε χωρίς εμένα, είστε πολύ γελασμένοι!»

Η Έιμι αγκάλιασε τη Νέλι.

Ο Νταν άστραψε από τη χαρά του. «Νέλι, είσαι και η πρώτη».

«Το ξέρω», απάντησε η κοπέλα. «Έλα, Έιμι... μου χαλάς το λουκ μου».

«Σόρι», είπε η Έιμι μην μπορώντας να διώξει το χαμόγελο από το πρόσωπό της. Κάθισε στην καρέκλα της κι έβγαλε από το σακίδιό της την παρτιτούρα. «Λοιπόν, όπως σας έλεγα...»

«Α, ναι, ο συνθέτης», θυμήθηκε ο Νταν.

Η Έιμι έδειξε στο κάτω μέρος της σελίδας. «Κοιτάξτε».

Στην κάτω δεξιά γωνία, κάτω από το τελευταίο μέτρο, ο Νταν είδε τρία ξεθωριασμένα γράμματα. Ήταν γραμμένα καλλιγραφικά, με μαύρο μελάνι.

W.A.M.

«Wam», είπε ο Νταν. «Ένα συγκρότημα δεν είναι;»

«Όχι, χαζούλη! Αρχικά είναι. Αρχικά κάποιου ονόματος. Σας είπα πως κάποιοι διάσημοι συνθέτες έγραψαν μουσική για τον Φράνκλιν. Ανάμεσά τους κι ετούτος ο τύπος. Ο Φράνκλιν πρέπει να τον συνάντησε προς το τέλος της ζωής του. Νομίζω πως ήταν και οι δυο μέλη της οικογένειας Κέιχιλ. Σίγουρα ήξεραν αρκετά μυστικά σχετικά μ' αυτό το κυνήγι του θησαυρού. Έτσι κι αλλιώς, το 'ψαξα το θέμα. Αυτό το κομμάτι ήταν η τελευταία σύνθεση μουσικής δωματίου του συνθέτη. Το επίσημο όνομά της είναι KV 617».

«Ωραίος τίτλος για τραγούδι», μουρμούρισε η Νέλι.

«Το θέμα είναι», συνέχισε η Έιμι, «πως υπάρχουν πολλά αντίγραφα αυτής της παρτιτούρας. Και φυσικά, την είδαμε και σκαλισμένη στην πλάκα σ' εκείνο το πέτρινο βάθρο. Οι άλλες ομάδες δεν θ' αργήσουν να βρουν την άκρη. Πρέπει να βιαστούμε και να πάμε πρώτοι στη Βιέννη».

«Έεε, για μισό λεπτό», είπε ο Νταν. «Στη Βιέννη... Εννοείς στην Αυστρία; Γιατί να πάμε στη Βιέννη;»

Τα μάτια της Έιμι άστραψαν όλο ευχαρίστηση. «Γιατί εκεί έζησε ο Βόλφγκανγκ Αμαντέους Μότσαρτ. Κι εκεί θα βρούμε το επόμενο στοιχείο».

ΚΕΦΑΛΑΙΟ 20

Ο Γουίλιαμ Μακιντάιρ έφτασε στην ώρα του στο ραντεβού του και βγήκε στον εξώστη του Πύργου του Άιφελ. Μετά τη χτεσινή μπόρα, ο αέρας ήταν καθαρός και δροσερός. Το Παρίσι γυάλιζε στα πόδια του, λες κι η βροχή είχε ξεπλύνει όλα τα σκοτεινά μυστικά του.

«Δεν σ' εμπιστεύτηκαν», είπε ο άντρας με το μαύρο κοστούμι.

«Όχι», ομολόγησε ο Γουίλιαμ.

Ο συνεργάτης του χαμογέλασε. «Μαθαίνουν γρήγορα».

Ο Γουίλιαμ Μακιντάιρ έκρυψε την ενόχλησή του. «Θα μπορούσαν να έχουν εξελιχθεί πολύ χειρότερα τα πράγματα».

«Θα μπορούσαν να έχουν εξελιχθεί και πολύ καλύτερα. Θα πρέπει να τους παρακολουθούμε στενά, δεν συμφωνείς;»

«Το 'χω ήδη φροντίσει». Ο Γουίλιαμ Μακιντάιρ έβγαλε το κινητό του κι έδειξε στον συνεργάτη του τη μικρή οθόνη: το τελευταίο νούμερο, που είχε καλέσει. Στη Βιέννη. Στην Αυστρία.

Ο άντρας με τα μαύρα σφύριξε σιγανά. «Είσαι σίγουρος πως είναι φρόνιμο αυτό;»

«Όχι», παραδέχτηκε ο Γουίλιαμ. «Αλλά είναι αναγκαίο. Δεν έχουμε πια περιθώρια για λάθη».

«Τέρμα τα λάθη», συμφώνησε ο άντρας με τα μαύρα.

Σώπασαν και βάλθηκαν να κοιτάζουν το Παρίσι στα πόδια τους: δέκα εκατομμύρια άνθρωποι, που δεν υποψιάζονταν πως η μοίρα του κόσμου κρεμόταν από μια κλωστή.

αγκυρούλες club

Γίνε μέλος του **αγκυρούλες club**
των εκδόσεων ΑΓΚΥΡΑ

Φωτοτύπησε τη σελίδα, συμπλήρωσε τα στοιχεία σου και στείλε τα στο fax: 210 2693806 ή ταχυδρόμησέ τα στη διεύθυνση: Λ. Κατσώνη 271 και Γ. Παπανδρέου, Άγ. Ανάργυροι, Τ.Κ. 13562 ή στείλε μας e-mail στη διεύθυνση: info@agyra.gr΄

Εμείς θα σου στείλουμε την κάρτα μέλους, την εφημερίδα μας, καταλόγους μας, σελιδοδείκτες, προσκλήσεις για εκδηλώσεις σε βιβλιοπωλεία, και θα σε ενημερώνουμε για τις εκδηλώσεις του ΑΓΚΥΡΑ Πολυχώρος.
Μπες στο site των εκδόσεων ΑΓΚΥΡΑ, www.agyra.gr, κέρδισε δώρα και ενημερώσου για όλα όσα σε ενδιαφέρουν.

αγκυρούλες club

ΟΝΟΜΑΤΕΠΩΝΥΜΟ: ....

....

ΟΔΟΣ: .... ΑΡΙΘΜΟΣ: ....

ΠΟΛΗ: .... Τ.Κ.: .... e-mail: ....

ΗΜ/ΝΙΑ ΓΕΝΝΗΣΗΣ: .... ΤΗΛ.: ....

Αν θέλεις να σταματήσεις να είσαι μέλος του **αγκυρούλες club** των εκδόσεων ΑΓΚΥΡΑ, τηλεφώνησέ μας στο 210 2693800-4.

ΜΟΝΟ ΓΙΑ ΚΕΪΧΙΛ

TOP SECRET

Υπόμνημα

Για τα μέλη της οικογένειας Κέιχιλ

Αν κρατάς στα χέρια σου αυτό το υπόμνημα, τότε ασφαλώς είσαι κάποιο από καιρό χαμένο μέλος της οικογένειας Κέιχιλ – της πιο ισχυρής οικογένειας στην ιστορία της ανθρωπότητας. Η πηγή και το μυστικό της δύναμης των Κέιχιλ έχουν χαθεί και δεν θα βρεθούν, αν δεν συγκεντρωθούν οι λύσεις των 39 γρίφων, που κρύβονται διασκορπισμένοι σ' όλη την υφήλιο.

Οι φήμες λένε πως η Έιμι και ο Νταν Κέιχιλ έχουν τις περισσότερες πιθανότητες να βρουν και τις 39 λύσεις. Μα δεν έχουν έρθει ακόμα αντιμέτωποι με τον πιο επικίνδυνο αντίπαλό τους... ΕΣΕΝΑ!

Σε περιμένουν πολλά βραβεία. Ξεκίνα, λοιπόν, αμέσως! Πρέπει να λύσεις τους γρίφους όσο πιο γρήγορα μπορείς.

Άρχισε να κυνηγάς τις λύσεις από τώρα

1. Πήγαινε στο site www.the39clues.gr
2. Κάνε κλικ στο "Create an Account" και διάλεξε username και password
3. Ανακάλυψε σε ποιο παρακλάδι των Κέιχιλ ανήκεις.
4. Εξερεύνησε τον κόσμο των Κέιχιλ και βρες τις λύσεις.

Διάβασε τα βιβλία. Παίξε τα παιχνίδια. Κέρδισε τα βραβεία.